폭군들

우리가 몰랐던 희대의 폭군 5인의
은밀하고 기이한 사적 이야기들

폭군들
우리가 몰랐던 희대의 폭군 5인의
은밀하고 기이한 사적 이야기들

초판 1쇄 인쇄일 • 2005년 1월 24일

초판 1쇄 발행일 • 2005년 1월 27일

지은이 • 다니엘 마이어슨

옮긴이 • 임경민

펴낸이 • 김미숙

편 집 • 여문주, 이동준, 허인, 엄미정

디자인 • 엄애리

마케팅 • 곽홍규

관 리 • 박민자

펴낸곳 • 이마고

121- 838 서울시 마포구 서교동 368-12 2층

전화 (02)337- 5660 | 팩스 (02)337- 5501

E-mail : imagopub@chollian.net

출판등록 2001년 8월 31일 제10-2206호

ISBN 89-90429-29-3 03900

✳ 값은 뒤표지에 있습니다.

● 잘못된 책은 바꿔드립니다.

89-90429-29-3

다니엘 마이어슨 지음 | 임경민 옮김

BLOOD AND SPLENDOR

우리가 몰랐던 희대의 폭군 5인의 은밀하고 기이한 사적 이야기들

이마고

역사를 사랑하고 언제나 수많은
이야깃거리를 담고 다니는 통찰력 있는 사람,
천재적인 프로듀서이자 탁월한 비평가인 나의 절친한 친구
에마누엘 L. 울프에게 이 책을 바친다.

누가 폭군을 만드는가

이디 아민(Idi Amin, 1924~)이 우간다를 지배하던 시절, 웬일인지 악어들이 점점 나태해지고 무기력해져가는 모습이 관찰되었다. 알고 보니 아민이 너무나 많은 시체들을 강에 버린 탓에 악어들이 인육으로 포식을 했기 때문이었다. 악령의 힘을 빌려 사람들을 치료하는 주술사 어머니에게서 사생아로 태어난 아민은 수단과 우간다 국경 근처 무인지대에서 빈곤한 어린 시절을 보냈다. 군인들에게 몸을 파는 어머니를 지켜보면서 아민은 굴욕감과 수치심을 느껴야만 했다.

'종신 대통령'이 된 후 아민은 주술에 심취했다. 그는 행운을 가져다준다는 의식(儀式)으로, 열 살 난 아들 모이즈를 죽여 아이의 심장을 꺼내 먹었다. 이와 동시에 아민은 지극히 정상적인 사람처럼 영국과 무역협정을 협상하고, '아프리카통일기구(Organization of African Unity)'의 회의에 참석했으며, '국제통화기금(International Monitary Fund)'에 대해 논의했다.

무시무시한 강박관념에 사로잡혀 있으면서도 객관적 현실의 문제들을 처리하던 그의 능력, 즉 정신착란 증세와 온전한 정신상태의 공

존은 모든 폭군들의 공통된 특징이었다. 처칠(Sir Winston Churchill)이 스탈린에게 히틀러를 가리켜 미치광이라고 하자, 스탈린은 고개를 가로저으며 이렇게 말했다고 한다. "만약 히틀러가 미치광이라면 그렇게까지는 하지 못했을 겁니다." 스탈린은 잘 알고 있었다. '광기'가 때때로 천재적이기까지 한 '교활함'과 만나면 권력을 쥐는 데 아주 훌륭한 수단이 된다는 것을 말이다.

여기에 하나의 등식이 있다. 정신적으로 온전한 상태와 광적인 집착 상태가 서로 균형을 이루면 폭군의 임기는 영원히 지속되지만, 만약 이 균형이 깨진다면 폭군은 오래지 않아 무너지고 만다. 겉으로 합리적으로 보이는 폭군들의 성향은 그들을 더욱 위험한 존재로 만든다. 표면적인 고요 속에 정신이상적이고 살인적인 충동이 잠재되어 있어 아무런 이유 없이, 또 어떤 사전 경고도 없이 돌발적으로 행동할 수 있기 때문이다. 한 예로 후세인은 국회 연설 중에 한 의원이 동료 의원에게 쪽지를 건네는 모습을 보고서 음모를 꾸민다며 즉석에서 그 의원을 사살해버렸다. 사람들의 두려움 섞인 박수소리가 이어지자 그는 아무 일도 없었다는 듯이 연설을 계속했다.

그런데 이런 후세인을 정신병자라고 부르는 것에 어떤 의미가 있을까? 이러한 표현은 그의 행동과 우리 같은 일반인들의 행동을 구분해주는 손쉬운 방법에 속한다. '그는 정신병자이고 우리는 온전하다' '그는 야만적이고 우리는 정상이다' 라는 식으로. 하지만 분명히 알아두어야 하는 것은 이러한 구분이 본질의 차이에 의한 것이 아니라 정도의 차이에 의한 것이라는 점이다. 우리가 아민이나 히틀러보다 '공격적'이거나 '자기중심적'인 성향을 좀 더 자제하고 조절할 수 있을지도 모르지만, 우리 또한 그들과 같은 인간이라고 말할 수 있다.

정신분석학자 프로이트(Sigmund Freud)의 가장 큰 업적 중 하나는 초기 연구과정에서 이미 "인간적인 것 중에 내게 낯선 것이란 없다."고 당당히 주장하면서 소위 우리가 말하는 정신이상, 변태 혹은 병적이라는 것이 지극히 타당성을 지닌 인간적 요소라는 새로운 인식을 깨우쳐주었다는 점이다. 인간 정신의 심연은 극단적인 형태로 표출된다. 극악무도하고 격세유전적인 일들을 깊이 들여다 보면 거기에서 우리는 스스로 잊고 싶어하는 우리 자신들의 모습을 보게 된다.[1]

미국의 영화감독 존 휴스턴(Jone Huston)은 영화 〈차이나타운(Chinatown)〉을 보고 이렇게 말했다고 한다. "우리가 알아야 할 것은 많은 사람들이 온전한 정신상태에서 어떤 잔학한 일도 저지를 수 있다는 사실이다." 휴스턴이 개인에 대해 말하고 있는 것은 마찬가지로 모든 사회에도 그대로 적용된다. 퀴스틴 후작(Marquis de Custine)은 1800년대 초기 러시아를 다녀와서 다음과 같이 성찰하였다. "학대나 억압을 받는 사람들은 그런 상황을 언제나 운명처럼 받아들인다. 전제정치는 전 국민에 의해 이루어지는 것이지 한 개인에 의해 가능해지는 것이 아니다."

즉 정치적으로 폭군은 국민에 의해 단순히 허용된 정도가 아니라 기꺼이 받아들여졌다는 말이다. 폭군은 국민의 마음속 깊이 내재된 두려움과 욕망을 몸소 실천하고 이를 표명하는 하나의 매개체 또는 예언자 같은 존재였던 것이다. 이것은 단순히 전제정치 체제가 폭력으로 한 나라를 지배한다는 이야기가 아니라 이러한 상황이 국민의 무의식적이고 잠재된 바람과 연계되어 있었다는 의미이다.

이 책 속에 나오는 '성공 스토리'들을 한번 살펴보자.

로마제국의 수많은 사람들이 네로의 죽음을 애도했다. 이반은 40년

1_ 현대사상의 결정판이라 할 프로이트의 이 유명한 신조는 외설적인 로마시대의 어떤 희극 대사에서 따온 것이라는 재미있는 여담도 있다. 매음굴에서 우연히 아버지와 마주친 운 나쁜 아들의 재치 있는 답변이 그것이었다.

이 넘도록 러시아를 지배했으며 간혹 그의 퇴위를 위협하는 테러가 있었을 뿐이었다. 히틀러는 12년 동안 독일 국민의 충성을 한 몸에 받았고 스탈린은 죽기 전까지 30년 동안 2억의 러시아 국민으로부터 신처럼 떠받들어졌다. 그리고 사담 후세인은 불안한 정세 속에서 고통받던 한 나라를 30년 동안이나 통치했다. 그러나 이들 중 그 누구도 다른 장소, 다른 시대에서는 성공하지 못했을 것이다.

폭군과 국민 사이의 이런 바람직하지 못한 결합에 필요한 핵심 요인들 중 하나는 바로 '적'이었다. 폭군이 하나같이 국민의 가슴속에 숨어 있는 공포의 대상을 찾아내어, 그들을 향한 국민의 분노와 증오심을 끌어낸 것은 우연의 일치가 아니다.

네로에게는 기독교인이 그러한 대상이었으며, 이반에게는 보수적인 러시아 귀족, 그리고 히틀러에게는 유대인, 스탈린은 혁명 방해자, 사담 후세인에게는 서양 제국주의자들이 그 대상이었다. 이외에도 폴 포트(Pol Pot, 1925~1998, 캄보디아의 정치지도자—옮긴이)에게는 지식인들이 적대시해야만 하는 대상이었으며, 아민에게는 아시아인이 그 대상이었다. 세계 역사에서 실제로 이러한 사례들은 셀 수도 없이 많다.

또 다른 주요 요인은 '카리스마'로, 폭군에게 이것은 어떤 예언자나 영화배우에게만큼이나 중요한 역할을 한다. 잠시 아민에게로 돌아가 보자. '각하, 원수, 지상의 모든 동물들과 바닷속 모든 물고기들의 신, 좁게는 우간다, 넓게는 아프리카에서 대영제국을 무찌른 정복자.' 이것은 아민이 모든 공문서에서 자신을 가리켜 겸손하게 부른 명칭이었다. 농촌부족사회를 벗어나지 못하고 있는 우간다에 대한 불만과 증오를 어머니로부터 물려받은 아민은 살인적 분노로 가득 찬 폭군이었다. 그런데다 아민은 욕정적이고 매력적이고 냉소적이었으며 우간다가 영국의 식민지였을 때 복싱 헤비급 챔피언이었을 정도로 육체적으로도 강인한 인물이다. 그가 한 '농담'은 나라 이곳저곳에서 유행어처럼 입에 오르내렸다. 이웃나라인 탄자니아의 대통령이 아민의 정책을 비난하자 그는 마치 상심한 듯 천연덕스럽게 다음과 같이 조롱했다. "나는 탄자니아 대통령을 너무 사랑한다. 그가 여자였더라면 흰머리에도 불구하고 그와 결혼하려 했을 것이다." 아민은 또한 '워터게이트 사건'(Watergate, 1972년 워싱턴 D.C.에 있는 민주당 본부 건물에 도청장치를 한 정치활동. 1974년 닉슨 대통령 사임의 직접적인 원인이 된 사건이다―옮긴이) 당시 닉슨 대통령에게 축하의 메시지를 담은 전보도 보냈다. 이러한 아민의 농담들 속에는 때때로 매우 진지한 면모도 있었다. 아민은 자신이 "백인들에게 짐 같은 존재"라는 것을 상징하기 위해 여섯 명의 백인들이 둘러맨 들것에 실려 '아프리카통일기구'의 회의장에 입장한 적도 있었다. 독일 평론가 슐레겔 식으로 말하자면 '심오한 익살'인 셈이다.

아민은 결국 사우디아라비아로 망명한 뒤 그곳에서 성병으로 고통받으며 기도로 나날을 보내는 것으로 막을 내렸지만 다른 폭군들은 그들이 자행한 비극과 고통에도 불구하고 끝까지 카리스마 어린 호소를 무기로 국민의 마음을 붙잡았다. 쿠웨이트가 붕괴된 뒤에 후세인은 이라크인들의 불행을 애국적 자긍심으로 바꿔놓았다. 나라가 온통 황폐해졌음에도 후세인은 퍼레이드와 연설, 대규모 집회를 통해 그와 국민이 서양세력에 맞서 승리를 거두었다며 축하했다. 인간을 방패막이로 사용하고 계획적으로 유정에 불을 질러 대기를 오염시키거나 엄청난 유막으로 바다를 오염시키는 사담 후세인의 비뚤어진 모습은 지각 있는 서양인들을 경악시켰다. 그러나 서양인들이 아닌 이라크 국민을 대상으로 연기를 하고 있던 후세인은 자신이 무너질지도 모르는 위기상황에서는 볼 만한 구경거리가 필요하다는 사실을 깨닫고 있었

다. 즉 한 폭군의 개인적 카리스마가 화려한 볼거리와 함께 뒤섞여 전제정치로 그 빛을 발했던 것이다.

1934년 이탈리아를 처음으로 방문한 히틀러는 노란색 비옷에 줄무늬 바지를 입고 에나멜 가죽구두를 신고 있었다. 이런 히틀러의 모습을 보고 이탈리아 사람들은 웃음을 참지 못했다. 반면에 무솔리니는 자신이 직접 디자인한 근엄해 보이는 옷에 허리에는 제례용 단검을 차고 은빛 박차가 달린 검은 부츠를 신고 나타났다. 이를 보고 창피함을 느낀 히틀러는 다시는 똑같은 실수를 되풀이하지 않았다고 한다.

세계무대를 활보하기 전부터 무솔리니의 이런 화려한 모습은 그의 전형이 되었다. 초등학교 교사가 되기 위한 임용고시를 치르면서 그는 무정부주의자를 상징하는 검은 옷을 입고 입에 담배를 문 채 등장했다. 그리고 우익적 성향의 잡지인 『일 포폴로 디탈리아(Il Popolo d'Italia)』의 이름난 기자로 일할 당시에는 수류탄을 문진(文鎭)으로 사용했다. 이탈리아 파시즘에서 '스타일'은 그 내용을 결정할 만큼 매우 중요한 역할을 했는데, 이것은 무솔리니 자신이 부활한 고대 로마인으로서 영광을 재현하고 있다는 이미지를 더욱 강화시켜주었다. 무솔리니 자신을 로마와 연관시키는 일은 그의 통치기간 중 계속되었다.

독재자들이 지닌 카리스마는 부분적으로 사람들을 매혹시키는 동시에 혐오감을 불러일으키는 그 어떤 행위에 탐닉하고 있다는 데에서 비롯된다. "살인의 행복! 타인을 피흘리게 하는 기쁨!" 하고 카프카(Franz Kafka) 소설 속의 한 등장인물은 열광적으로 부르짖는다. 그리고 폭군은 야만적인 폭력을 마음내키는 대로 휘둘러 원초적 금기를 깨뜨림으로써 권력을 쟁취한다. 가장 강한 육식동물이 먹이사슬의 맨 위를 차지하는 것이 자연세계의 실제 모습이라면 인류 역시 자연의 한 부분이라는 점을 생각할 때 인간은 마치 어떤 '생리적인 요구' 처럼 폭력과 공격에 유혹을 느끼는 것이다.

그러나 우리가 자연의 후손이기는 하지만 관점에 따라서는 자연보다 더한 혹은 덜한 그 무엇일 수 있다. 아리스토텔레스(Aristoteles)는 인간을 정치적 동물이라고 했다. 이 철학자는 여기서의 '정치적(political)'이라는 단어를 도시를 뜻하는 '폴리스(police)'라는 그리스 어원과 밀접한 것으로 보았다. 그리고 그는 '폴리스'라는 인간사회를 형성하기 위해서 인간은 무분별한 공격적 성향을 버려야 한다고 말했다.

그로부터 2,000년 후, 도스토예프스키(Fyodor Dostoyevsky)는 인간이 다른 동물들과 다른 이유를 정치적이어서가 아니라 "인간만이 저주를 할 줄 아는 유일한 동물"이기 때문이라고 보았다. 문명화되면서 인간의 잔인성은 소멸된 것이 아니라 단지 정제되었을 뿐이라고 그는 말한다. 도스토예프스키의 이러한 정의는 폭군들의 과도하고도 극악무도한 잔인성을 염두에 둘 때 타당하다 하지 않을 수 없다.

폭군들의 끊임없는 살인과 고문은 분명 생존의 차원을 넘어서는 문제였다. 그들의 공포심에는 현실과의 그 어떤 연관성도 존재하지 않는다. 그들의 잔인성은 자연주의자 다윈(Charles Darwin)이 말한 '적자생존(The Survival of Fittest)'이 아니라 니체가 말한 '(윤리적) 부적자생존(The Survival of Unfittest)'을 입증해주고 있다.

심지어 폭군들은 부성 본능에 있어서도 비뚤어진 모습을 보였다. 이미 본 바와 같이 아민은 그의 아들을 식인종의 의식을 통해 살해했다. 자신의 새끼를 잡아먹는 동물이 있는 것은 사실이지만 자연세계에서조차도 이런 모습은 일반적인 현상이 아니다. 그러나 이 책에 나오는 폭군들 중 세 사람이 자신의 아이를 죽인다.

네로는 임신한 아내를 발로 차 숨지게 하고, 폭군 이반은 아들을 두들겨패 죽인다. 그리고 스탈린은 나치의 포로가 된 아들을 구해주지

않아 결국 그를 죽음으로 몰아넣는다. 아들을 자신과 같은 괴물로 키운 사담 후세인은 아내가 미쳐 날뛰며 간청하는 바람에 마지못해 아들을 살려준다. 히틀러에게는 아들이 없었는데, 그는 극단적인 피학성향(매저키즘) 행위를 통해서만 성적 만족을 느끼는 사람이었다.

폭군들의 이러한 정신적 질환은 그들이 지닌 권력의 중심에 자리잡고 있다. 만약 우리가 가공의 인물 '한니발 렉터'와 같은 정신질환자들에게 매료된다면 그것은 부분적으로 명석함과 광기를 동시에 표출해내는 그의 능력에 매료되는 것이다. 하지만 폭군 이반이나 히틀러는 이보다 한걸음 더 나아간 인물이었다. 그들은 국민들이 지닌 가장 악하고 격세유전적인 충동을 불러일으키면서 자신들의 돌연변이적 강박관념을 중심 또는 표준으로 삼았던 것이다.

이런 점에서 볼 때 도쿠가와 쓰나요시(德川綱吉, 1646~1709)의 기나긴 전제정치는 신처럼 행세하는 독재권력의 결정판이라 할 수 있다. 그는 물고기에서부터 매, 모기에 이르기까지 모든 동물들의 '복지'에 대해 너무나 큰 관심을 가졌던 나머지 '개 쇼군(일본에서는 이누고보로 불림—옮긴이)'으로 통했다. 그러나 1680년부터 1709년까지 30년에 걸친 통치기간에 쓰나요시는 동물들의 보호 및 복지에 힘썼던 만큼 일본 백성들에게는 심한 수치심을 안겨준 군주이기도 했다. '살아 있는 모든 것들을 위한 동정법'이라는 제목의 성명서를 통해 그가 통과시켰던 무수한 율령, 포고령들은 마치 공상소설을 읽는 듯한 느낌을 준다. 그는 전국에 밀정들을 풀어 개들에게 '존경하는 개 나으리'라고 깍듯이 경어를 쓰지 않는 어리석은 자들을 무더기로 잡아들였다.

쓰나요시의 전제정치가 막바지로 치달으면서 그의 변덕은 마침내 잔인한 광기로 변한다. 사람들은 개를 다치게 했다는 죄목으로 고문을 당하거나 개싸움을 말리지 않았다는 이유로 참수형에 처해졌다.

재판을 기다리다가 감옥에서 죽은 죄수들이라고 해서 처벌의 대상에서 제외되지는 않았다. 그들의 시체를 소금물에 절여 재판관 앞에 데려가 판결을 받게 했던 것이다. 에도(江戶, 동경) 외곽에는 5만여 마리의 버려진 개들을 위해 여기저기 보호소가 세워졌으며 극심한 기근 중에도 백성들로부터 가혹하게 걷은 세금으로 개들을 먹이고 보살폈다. 17세기에 위대한 극작가 지카마쓰 몬자에몬(近松門左衛門, 1653~1725)이 이를 희화해 만든 풍자극을 보면서 사람들은 이 어처구니없는 상황에 실소를 금치 못할 수도 있지만, 당시 얼마나 많은 사람들이 고통받았는지를 알게 된다면 그 참상에 돌연 숙연해질 것이다.

쓰나요시는 비록 엇나가기는 했어도 불교와 유교에 대해 매우 진지한 태도를 보인 사람이었다. 그의 극단적인 강령들은 불교와 유교적 윤리에 대한 그의 특이한 해석에 기초하고 있다. 그리고 그의 모든 기이한 법령들은 모든 전제정치를 상징하는 하나의 요소를 내포하고 있다. 즉 전제정치는 혁명적인 변화를 약속하고, 어떤 이상이나 신조 또는 교리를 열정적으로 찬양한다. 그리고 그러한 미명하에 독재자는 사람들에게 삶과 죽음에 대한 복종을 요구한다.

이렇듯 잔인한 전제정치 체제들 중에서도 가장 경악할 만한 것은 캄보디아의 폭군 폴 포트의 체제일 것이다. 정글과 산악에서 수년 동안 게릴라전을 치른 폴 포트는 1975년을 새 시대가 열리는 첫 해로 선포했고, 실제로 캄포디아의 공식 달력에는 이 해가 원년으로 표시되었다. 폴 포트의 크메르루주(Khmer Rouge, 1975~1979년까지 캄보디아를 통치한 급진 공산주의 운동단체. 통치기간 중에 150만 명의 캄보디아 국민들을 학살함―옮긴이)가 마침내 수도 프놈펜에 입성했고, 나라 전역에서 온 국민이 하루종일 도랑을 파고 쌀을 심는 강제노동을 해야만 했다. 병약하고 나이가 들어 이런 가혹한 통치체제를 견뎌내지 못

한 사람들은 당시 자주 인용되던 다음과 같은 원칙 아래 죽임을 당했다. "네가 살아 있는 것은 우리에게 도움이 되지 않는다. 너를 죽여도 우리가 잃는 것은 없다."

폴 포트의 통치 아래서 화폐의 사용은 금지되었다. 당시에는 책을 소지하거나 안경을 착용하는 등 지식인처럼 보이는 어떤 기미만으로도 사형선고를 받을 수 있었다. 소수민족들은 학살의 대상이 되었고, 소년병들은 누구든 원하는 사람을 쏘아죽일 수 있었다. 즉 무지가 찬양받는 세상이었다. 캄보디아는 아무도 알지 못하는 '제1의 동지' 즉 '최고위원회'에 의해 통치되었다. '폴 포트'라는 명칭은 원래 사람 이름이 아니다. 베일에 싸인 이 지도자는 단지 그 이름이 워낙 평범하기 때문에 사용한 것이었는데, 말하자면 폴 포트는 '존 도(John Doe, 영국에서 원래 토지점유 회복 소송에 쓰인 '원고'의 가상적 이름—옮긴이)'의 캄보디아 판이라 할 수 있다. 폴 포트가 권좌에 앉은 지 1년 만에 미국의 분석가들은 수수께끼의 조각들을 짜맞춰 '폴 포트는 살로트 사르(Saloth Sar)라는 이름을 갖고 태어난 인물'이라는 결론에 도달한다. 그렇다면 이 살로트 사르는 또 누구인가?

분명 폴 포트는 풀기 힘든 수수께끼 같은 인물이었다. 그에 대해 새로운 사실을 발견하면 할수록 해답보다는 더 많은 의문들이 생겨났다. 그가 한 모든 일은 비밀리에 이루어졌으며 심지어 그의 삶 중에 아예 종적을 알 수 없는 몇 년간의 시기도 있었다. 개인숭배를 공고히 하는 데 심혈을 기울였던 히틀러나 스탈린 또는 무솔리니 같은 폭군들과는 달리 폴 포트는 아예 얼굴 없는 공포였던 것이다.

30년 이상 변치 않는 폴 포트의 가장 인상적인 모습을 그려본다면 그것은 걸어가면서 끊임없이 부채질해대는 그의 작고 섬세한 손과 뭔가를 자세히 설명하고 토론할 때의 그 노래를 부르는 듯 부드러운 목소리일 것이다. 게릴라 막사에 숨어 있든, 그가 만들어낸 유령 같은 도시를 통치하고 있든, 폴 포트와 그의 추종자 간에는 사상을 불어넣는 선생님과 제자 같은 관계가 형성되어 있었다.

폴 포트는 학생시절부터 그의 통치체제가 무너져갈 때까지 언제나 같은 이상을 설교했다. 그의 목표는 마오쩌둥의 문화혁명, 스탈린의 집단농장과 같은 사례들을 전범(典範)으로 해서 형성되었는데 아이러니인 것은 그들 역시 폴 포트가 자기 나름대로 해석한 캄보디아식 불교 교리, 즉 금욕, 정도(正道) 그리고 자기수양 등을 많이 수용했다는 것이다. 폴 포트에게 인생, 현실, 사실 그리고 한 국가가 겪고 있는 고통은 아무런 교훈이 되지 못했다.

시간과 현실 경험 역시 실현 불가능한 이상에 대한 그의 열정을 약화시키지는 못했다. '죽음의 관료 정치' '끔찍한 투올 슬렝(Tuol Sleng) 감옥' '터무니없는 4개년 계획' 그리고 '베트남 전쟁'의 근간이 된 이 열정은 결국 캄보디아를 제2차 세계대전 이후 가장 황폐한 나라로 만들었다. 절대 실현될 수 없는 혁명적 이상 때문에 캄보디아의 200여만 국민이 무자비하게 학살당했다.

이와 비근한 예로 어린 시절 라틴어 공부를 하며 할머니 무릎 위에서 레이스 짜는 법을 배우던 로베스피에르(Maximilien François-Marie-Isadore de Robespierre, 1758~1794, 프랑스 혁명기의 정치가—옮긴이)는 날카로운 발톱을 지닌 사자 새끼였다. 그의 지식이 충분히 무르익었을 때 로베스피에르는 수천 명의 사람들을 단두대에 보내, 효율과 비인간성이 결합한 학살이 어떻게 이루어지는지를 몸소 보여주었다. 이 '공포의 대천사'는 프랑스 혁명 전반에 걸쳐 자신의 그림자를 드리웠다.

로베스피에르의 데스마스크는 그의 수많은 연설보다도 한 인간에

대해 더 많은 것을 드러내 보여주고 있다. 천연두를 앓은 자국이 남아 있는 그의 얼굴은 자존심이 강해 보이고 지적으로 보였는데, 굳게 다문 입술은 마치 '아직 해야 할 연설이 하나 더 있는데!' 하고 말하는 것 같았으며, 찌푸린 눈썹은 깊은 생각에 잠긴 듯했다.

'지능적인 폭력' 즉 '사고의 잔인함'으로 꼽히는 로베스피에르의 폭력은 나중에 레닌과 함께 다시 빛을 보게 된다.

이렇듯 악한들의 다양한 모습들을 살펴보는 동안 우리는 전제정치 하에서 반드시 수반되는 죽음과 고통의 참상을 통해 마치 포르노그래피에서 느끼게 되는 것과 같은 권태로운 단조로움을 느끼기도 한다. 네로의 기독교인 대학살에서 스탈린의 대숙청에 이르는 참상을 보며 대중들은 경외심을 느끼는 한편으로 마법에 홀린 듯 빠져들기도 했다. 에드먼드 버크(Edmund Burke, 영국의 정치가이며 사상가—옮긴이)는 〈숭고함과 아름다움에 관하여(On the Sublime and Beautiful)〉라는 그의 에세이에서 이렇게 말했다. "우리가 가진 가장 숭고하고도 감동적인 비극을 상연한다고 가정하자. ……기대감에 가득 차서 모여든 청중들에게 인접한 광장에서 한 죄수가 처형될 것이라고 전하는 순간…… 극장은 텅텅 비게 될 것이다."

처형과 진압이라는 유혈 낭자한 의식을 통해 지도자들은 인민을 구하기 위해 앞장서 나가는 고대의 신 또는 왕과 같은 존재가 되었으며, 이러한 지도자의 약속은 유혹적이면서도 아주 위험한 것이었다. 폭군들의 터무니없는 삶을 통해 우리가 얻을 수 있는 교훈이 하나 있다면, 그것은 우리의 민주주의 사회도 결국은 암울하고 폭력적인 인류 역사에서 하나의 보편적 기준이 아닌 예외적인 것에 불과하다는, 따라서 언제든지 쉽게 파괴될 수 있는 존재라는 사실일 것이다.

폭군의 역사는 지금도 계속되고 있다

인간은 역사를 만들고 평가하고 기술한다. 역사를 어떠한 눈으로 바라보든, 요컨대 생산력의 발전이 역사발전의 주요 동인이라고 주장하든 아니면 정치구조의 변화에 따라 역사를 기술하든 역사의 수레바퀴를 돌리는 주체는 여전히 인간이다. 하지만 역사상 숱한 인물들이 역사의 흐름을 되돌려놓으려는 무모한 시도를 했음에도 불구하고 역사는 그 자체로서 도도한 흐름을 보여왔던 것 또한 사실이다.

따라서 역사를 인물 중심으로 바라보는 데는 일정한 한계가 있을지 모른다. 그러나 인류 역사를 개관해보건대 이른바 '절대 자유의지'를 소유하고 있다고 스스로 착각에 빠져들거나 혹은 '신민'들에 의해 '절대 자유의지'의 소유자로 추앙받아온 인물들이 시대를 지배하던 시절이 있었다. 그들이 당대의 현실에 미친 영향력은 여타 시대에 비해 실로 막강했던 까닭에 이들 시대를 고찰할 때 그 '절대 자유의지의 소유자'를 배제시킨다는 것은 현명치 못한 일이다. 그들 시대는 이 책에 다루고 있듯이 '네로시대' '히틀러시대' '스탈린시대' 등으로 불러 손색이 없기 때문이다.

이 책은 다섯 편의 단편 '소설'로 이루어져 있다. '소설'은 각각 마성(魔性)을 지닌 인물들의 상상을 초월하는 엽기적 행각들로 아로새겨져 있다. 작가는 치밀한 구도로 시공을 넘나들며 독자들을 책 속으로 빨려들게 한다.

역사상 가장 극악한 폭군들로 기억되는 다섯 독재자들의 약식 전기를 굳이 '소설'이라 한 데에는 두 가지 이유가 있다.

그 하나는 작가가 한 인물의 전기가 갖는 일반적인 특징인 연대기적 기술과 역사적 사실들에 대한 구체적인 정보를 어느 정도 포기하면서 그 대상 인물들의 행적을 '소설적'으로 표현해 놓고 있다는 점 때문이다. 또 하나는 전기의 주인공들의 삶이 도저히 현실이라고 믿기에는 너무도 상궤를 일탈해 있다는 점에서이다. 말하자면 그들의 삶이 '소설적' 허구만큼이나 '극적'이라는 점에서 일반의 전기를 읽을 때와는 다른 느낌으로 와 닿는다는 것이다.

그러나 오해 없길 바란다. 역자는 이 전기들을 그저 재미있게 읽어 넘기라고 권하는 것은 아니다. 불행은 이들 '소설'들이 바로 '다큐멘터리 소설'이라는 데 있다. '다큐멘터리 소설들'의 주인공은 역시나 다섯 폭군들이고 조연들은 폭군의 주변에서 그와 운명을 같이 하거나 그의 주요 희생양이 된 사람들이다. 그렇다면 '단역'들은? 이 책에서 '단역'들은 통상 '수천' '수만' 심지어는 '수백만'에서 '수천만'의 '인명(人命)'으로 등장한다. 그리고 그 뒤에 반드시 따라붙는 단어가 '살해'와 '고문'이다. 앞서 얘기한 불행이란 바로 이들 '단역'들을 두고 하는 말이다.

그가 매일 저지른 고문행위는 오늘날 형법을 기준으로 분류하면 정신이상 행위에 해당한다. 남편들의 살가죽을 산 채로 벗기거나 그들이 숨을 거둘 때까지 서서히 불에 굽는 동안 그들의 면전에서 아내와 딸들을 야만적으로 겁탈하기도 했고, 영주들을 말뚝에 묶어놓고 바늘로 손톱 아래를 찔러 죽이기도 했는가 하면, 아들에게 아버지를 죽이라고 명령을 내린 뒤 이번에는 그 아들을 존속살해범으로 처형하기도 했다. 뿐만 아니라 주교들을 굶주린 곰에게 던져주기도 하고, 임신한 여성의 자궁을 찢어발겨 태아를 끄집어내기도 하며, 나이 어린 소녀들을 발가벗겨 사격 훈련의 표적으로 삼기도 했다.

그러나 이들 '단역'들의 불행은 현재진행형인지도 모른다. 저자도 이를 의식해서인지 아니면 단지 상황을 보다 생생하게 전달하기 위해서인지는 모르지만 이 책의 주요 시제를 현재형으로 고집한다(번역하는 과정에서는 독자들의 이해를 돕기 위해 일부 과거형을 채택했다). 이는 의미심장하다. 만일 그 불행이 현재진행형이 아니라면 이 책도 단순한 '소설'로 다시 전락할 수 있기 때문이다.

말하자면 '교훈'의 문제다. 아니 굳이 교훈을 의식하지 않아도 이 책을 다 읽고 덮는 순간 독자들은 '공범자'라는 단어를 떠올릴지도 모른다. 그것은 바로 역사의 희생양들이 가해자의 '공범자'가 아닌 한, 폭군의 역사가 그토록 끈질기게 역사의 숱한 페이지들을 얼룩지게 하지는 않았을 것이기 때문이다.

스탈린의 사망 소식이 공표되자 심지어 수용소에서도 엄청난 수의 사람들이 마치 집단 히스테리라도 걸린 듯이 애도했다. 말하자면 일반 사람들은 스탈린을 두려워하면서도 동시에 그를 사랑했던 것이다.

그리하여 저자는 말한다.

> 폭군들의 터무니없는 삶을 통해 우리가 얻을 수 있는 교훈이 하
> 나 있다면, 그것은 우리의 민주주의 사회도 결국은 암울하고 폭력적
> 인 인류 역사에서 하나의 보편적 기준이 아닌 예외적인 것에 불과
> 하다는, 따라서 언제든지 쉽게 파괴될 수 있는 존재라는 사실일 것
> 이다.

그러나 이 부분은 거꾸로 읽혀야 마땅하다. 저자가 '민주주의 사회'
를 예외적인 것이라 설파했을지언정 사실상 역사는 세계 민중들이 그
'예외'를 '보편'으로 돌리기 위해 숱한 투쟁을 계속해왔음을 증명해
주기 때문이다. 필자는 바로 민중이 이성적인 한, 폭군의 역사는 결국
'예외'에 불과할 수밖에 없을 것이라는 점을 역설적으로 말하고 있는
것이다. 그리고 이 책의 존재 가치도 바로 거기에 있다. 현재나 미래
에 이 같은 폭군들이 등장할지언정 그 '우수마발'들의 이성에서 희망
을 보겠다는 것이다.

이 책의 마지막 장은 이라크의 지도자 '후세인'을 다루고 있다. 안
타까운 일이지만 '후세인의 역사'는 아직도 현재진행형이다. 그리고
그로 인한 고통은 고스란히 이라크 민중의 몫으로 돌아가고 있다. 후
세인 역시 앞선 네 명의 독재자들과 마찬가지로 비극적인 결말을 볼
것인지는 알 수 없는 노릇이지만 그 결말을 선택하는 것은 후세인 자
신도, 미국도 아닌 이라크 민중이어야 한다는 당위를 또한 믿고 싶다.

발간 과정에서 힘써주신 이마고 출판사 관계자께 감사드린다.

2005년 1월 임경민

차례

네로 NERO 직업가수가 되고 싶었던 광기의 황제

이반 IVAN 수도사를 꿈꾸던 망상가

어서 옵쇼! 어서 옵쇼! 우리 함께 멋진 시간을 만끽해보십시다.
뭔가 즐길 거리를 찾고 계시는 숙녀분, 당당한 신사양반!
내 천막으로 들어와 서커스 동물 구경 좀 해보시구려.
오싹한 전율에 온몸이 다 떨릴 거요.

— 알반 베르크(Alban Berg), 《룰루(Lulu)》

직업가수가
되고 싶었던
광기의 황제

네로 NERO

▲ 네로의 황제 등극을 위해 아그리피나는 클라우디우스의 딸 옥타비아를 네로와 결혼시킨다. 겨우 아홉 살의 나이에 정략적인 결혼을 하게 된 옥타비아는 네로에게서 외면당하고 이후 포파이아에 의해 결국 이혼을 당하고 만다. 여론이 비등하고 민중이 격노했지만 황제는 그녀에게 억울한 누명을 씌워 그녀를 살해한다.

루카 페라리, 〈네로, 옥타비아를 습격하다 Nero attacking Octavia〉, 볼로냐미술관.

NERO Biography

로마의 제5대 황제(재위 54~68). 치세의 초기 약 5년 동안은 근위대장 부루스, 철학자 세네카의 후원으로 해방노예의 중용, 감세, 원로원 존중 등의 선정을 베풀었다. 그러나 점차 잔인한 성격을 나타내기 시작하여 브리탄니쿠스, 어머니, 옥타비아를 차례로 살해하였다. 64년에는 로마시 대화재의 책임을 그리스도교도에게 전가시켜 대학살을 감행하였으며, 그 폐허 위에 화려한 황금저택을 세웠다. 68년 갈리아에서 반란이 일어나 이것이 각지로 퍼지면서 히스파니아의 총독 갈바가 로마시로 진군하자 네로를 미워한 원로원, 일반 민중뿐만 아니라 그의 근위군까지 이들에게 합세하였다. 이에 네로는 로마시를 탈출, 자살하였다.

1. 살인과 음모의 연극 무대에 서다

> 당신은 자신이 지금 살고 있는 삶에 대해 알지 못한다. 심지어 당신은 자신의 이름조차 알지 못한다.
> — 에우리피데스의 《바코스의 시녀들(The Bacchae)》에서 주신(酒神)이자
> 연극의 신인 디오니소스가 던진 경고

때는 서기 59년, 전날 전령들이 전쟁에서의 승리를 알려온 이래로 로마 사람들은 너나 할 것 없이 모두들 오직 단 한 가지의 의문점에 대해 떠들어대고 있었다. 도대체 로마 군대가 어디에서 승리를 거두었단 말인가? 젊은 황제가 승리의 월계관을 쓰고 이제 막 로마로 입성하려는 찰나까지도 여전히 그 의문은 풀리지 않고 있었다.

파르티아와 전쟁이 있었단 말인가? 로마 동쪽의 막강한 라이벌이었던 이 나라는 로마와의 전쟁에서 패했지만 여전히 독립을 유지하고 있었다. 그게 아니라면 영국 내에서 봉기라도 일어났던 것일까? 이 섬

나라 왕국은 네로의 선대왕 클라우디우스(Claudius, 기원전 10~기원후 54)에 의해 정복당한 지 불과 20년도 채 안 된 상황으로 로마의 속박 아래 불안한 정세에 놓여 있었다. 혹시 스페인일지도 모르지? 아니면 독일?

하지만 어느 누구도 그 끔찍한 진실에 대해서는 짐작조차 못하고 있었다. 로마인들이 대대로 자신의 황제들이 저질러온 범죄에 이미 익숙해 있었다 할지라도, 네로는 티베리우스(Tiberius, 기원전 42~기원후 37)의 방탕함과 심지어 칼리굴라(Caligula, 12~41)의 광기조차도 훨씬 넘어서는 인물이었다. 거리는 형형색색의 주단들과 화려한 꽃들로 뒤덮였으며 사제들은 신에게 제물을 바치고 사람들은 한 곳에 운집했다. 바로 자신의 생모를 살해한 네로의 그 살인행위를 경축하기 위해서였다.

진실이 만천하에 드러난다 해도 신경 쓸 사람은 아무도 없었다. 그가 스페인이나 갈리아(고대 켈트족의 땅으로 지금의 북이탈리아, 프랑스, 벨기에 등을 포함한다—옮긴이)를 정복하건 자신의 생모를 죽이건 도대체 무슨 상관이란 말인가? 중요한 것은 볼거리였다. 네로가 아닌 다음에야 그 누가 이처럼 눈부신 장관을 연출해낼 것인가! 네로는 원로원이 단 며칠이라도 국사를 돌볼 것을 간청했을 정도로 축제를 즐겨 여는 바람에 국고를 탕진한 인물이다. 황제는 그러한 간청을 한마디로 일축해버렸다. 원로원은 평민들을 '오합지졸'이라고 경멸해 마지않았지만 황제는 오직 그런 평민들을 위무하는 데에만 관심을 쏟고 있었다.

'오합지졸'이든 아니든 간에 네로는 검투 경기나 각종 향연 그리고 기상천외한 '행운 당첨' 등의 축제를 통해 그들의 환심을 사고자 했다. 나무 공을 공중으로 던져 그 공을 잡은 노예는 일순간에 토지를 소유한 귀족이 될 수도 있었다. 사회질서는 이렇듯 한 사람의 손에 의

로마인다운 재능이 통치 기술과 세계 정복으로 발현된다면, 그리스 정신은 로마의 엄격성과 근엄성이 죄악으로 직결된다는 인식하에 예술과 연극, 철학 속에서 가장 완벽하게 발현된다. 네로에게 영감을 불어넣어 준 것은 바로 이러한 그리스 정신이었다.

그것이야말로 네로의 치세와 관련한 진정한 추문이라 할 것이다. 요컨대 그가 황제의 영광보다는 예술가의 영광을 훨씬 높게 평가한 점, 그리스적인 황홀경에 빠져 로마인의 본분을 저버린 점, 또한 그가 정치와 국정운영보다 몽상적인 삶을 더 좋아했다는 점이 그것이다. 네로가 직업가수가 되는 환상에 젖어 있을 때 그가 꿈꾸었던 도시는 호전적인 로마가 아니었다. 이집트의 도시이면서도 이집트보다는 오히려 그리스풍에 젖어 있던 교양도시, 바로 알렉산드리아였다. 따라서 귀족들은 그의 모친살해죄는 용서할 수 있을지언정 그의 음악은 용서할 수 없었던 것이다.

여타 선대 황제들의 오점이 무엇이었든 간에—예를 들어 카프리섬(이탈리아 나폴리 만의 명승지—옮긴이)에 은둔해서 주색잡기로 세월을 보낸 티베리우스나 스스로를 신격화할 정도로 방종에 빠진 과대망상증 환자였던 칼리굴라—그들은 결코 로마의 질서에 도전하지는 않았다. 그러나 성악 경연대회 심사위원들의 환심을 살 수만 있다면 무릎이라도 꿇을 위인인 네로는 황제의 본분과 관련한 로마의 상식을 위반한다. 예술에 대한 그의 절대적인 헌신은 결국 추문—연습과 연구에 쏟아부은 수많은 시간들, 발성을 개선하기 위한 마사지와 식이요법, 직업가수들과의 끝없는 상담—으로 이어진다. 노래를 잘 부르려면 횡격막을 단련해야 한다며 무거운 납판을 가슴에 얹은 채 오랜 시간을 누워 견디고, 국사를 논의하기 위해 입궁한 원로원 의원들이나 관리들을 맞아들이며 하프를 연습한다.

해 좌지우지되었고 도시 전체에서는 떠들썩한 술잔치가 벌어졌다. 여기에는 귀족들의 전통적인 로마 관습들을 경멸이라도 하듯, 네로가 푸대접해온 귀족들을 제외한 모든 사람들이 초청되었다. 배우, 전차기사, 시인, 곡예사 등등은 제각각 자기 자리를 차지하고 앉았다. 혹 귀족들이 초청받는다 해도 황제가 이 같은 연회 자리에서 그들과 국사를 논하고 싶어서 그런 것은 아니었다. 네로는 귀족들의 품위를 떨어뜨리기 위해 그들을 궁전으로 초청했던 것이다. 그들은 자신의 노예들로부터 공공연히 성적인 모욕을 당해야 했으며, 부인들은 매춘부 옆에 나란히 자리잡고 앉아야 했다. 그리고 그들의 딸들은 승리한 검투사들에게 부상으로 주어졌다.

그러한 행위의 이면에는 단지 심술궂은 동기, 요컨대 칼리굴라의 경우처럼 신에 버금가는 권력을 쥔 자의 자기과시만이 자리잡고 있는 것은 아니었다. 네로는 그 나름대로 혁명적인 면을 지니고 있었다. 그는 로마라는 무대에 새롭고도 파괴적인 그 무언가를 펼쳐 보였다. 황제가 예술가 역을 하는 것인지 아니면 예술가가 황제 역을 하는 것인지 딱히 꼬집어 말하기가 어려웠다. 군사적인 영광에 무관심한 네로는 대신에 노래하고 그림을 그리고 글을 쓰고 연기를 하는 데 혼신을 다했다. 그것은 황제 개인에게 쾌락을 가져다주는 원천이기도 하거니와 대중연예인으로서 자신의 이력을 쌓고자 하는 목적도 함께 내재해 있었다. "만일 짐이 황제의 자리에서 물러나게 된다면 언제든지 알렉산드리아에서 가수로 밥벌이를 할 수 있을 것"이라는 네로의 말은 반어적인 익살이 아니라 일종의 몽상이었다. 문명화된 세계의 우두머리라는 사실이 그를 따분하게 만들었으며 전통적인 로마 귀족들이 그를 싫증나게 했다. 네로는 그들을 속물이라고 멸시하면서 자신의 관심 대상인 그리스적인 주제들에 파묻혀 지냈다.

로마의 위대한 역사학자 수에토니우스(Suetonius)와 타키투스(Tacitus)가 네로의 성대한 공연들을 묘사하면서 썼던 그 경멸적인 언사는 2,000년이 흐른 지금의 우리들에게도 여전히 생생하게 다가온다. 최초의 공연은 모친이 죽은 뒤에 열렸다. 그 공연은 로마의 기나긴 역사 속에서도 기억에 남을 만한 행사였다. 아그리피나(Agrippina the Younger, 15~59)가 살아 있을 당시만 해도 그녀의 간섭으로 인해 네로의 행동거지는 어느 정도의 선을 지키고 있었다. 설령 노래를 부르거나 연기를 한다 해도 그것은 오로지 궁전 내에서 그것도 몇몇 선별된 친구들만을 위해서였다. 그러나 이제 그녀는 이 세상 사람이 아니었다. 네로는 예술적인 데뷔 무대를 통해 자신이 거둔 승리를 자축하기로 작정했다. 행렬은 환호하는 군중을 뚫고 거대한 원형경기장을 향해 느릿느릿 나아갈 것이다. 그는 그곳에서 모든 신하와 평민들과 귀족들이 함께 지켜보는 가운데 공연을 할 계획이었다. 설사 불만이 있는 귀족들이라 할지라도 그 공연에 참석하지 않을 수 없을 것이다. 그것은 곧 그들의 머리 위에 대역죄라는 멍에가 씌워지는 것을 의미하기 때문이다.

　하지만 일반 군중들에 대해서는 강압이라는 수단을 동원할 필요조차 없었다. 소식을 전해 들은 사람들은 이른 아침부터 황제의 입성을 기다리며 일찌감치 거리와 발코니와 지붕꼭대기를 가득 메우고 있었다. 이번 승리에 이상한 낌새를 눈치채고 수군거리는 소리도 들릴 것이고 온갖 추측과 뜬소문이 난무할지도 모를 일이었다. 하지만 이윽고 네로가 도시 입구에 그 모습을 드러내는 순간 모든 의문은 봄눈 녹듯 사라져버렸다. 엄청난 외침이 수천수만의 목구멍을 타고 올라와 거리를 가득 메웠다. "만세! 황제 폐하! 만세!" 로마 전체가 황홀경에 빠져 자신의 영웅을 응시한다. "만세, 네로 황제 폐하!"

자줏빛과 금빛 예복을 갖춰 입은 네로는 훤칠한 키에 살집 좋고 강인해 보이며 굵은 목에 운동으로 단련된 모습을 하고 있었다. 그의 인상은 섬세하면서도 어딘가 방탕해 보였다. 발가벗은 여자 노예들이 황제의 상아빛 전차를 끌고 도시의 관문을 통과했다. 그가 군중들을 향해 팔을 뻗자 행운의 나무 공이 날아가고 금화가 좌우로 비 오듯 쏟아졌다. 거리의 길목마다 사람들은 네로의 통치가 막을 내리고 그가 죽은 후에도 오랫동안 이어질 찬양의 환호성을 질러댔다. 그가 이 세상을 뜨고 나면 전설은 그렇게 전할 것이다. 군중들은 예술가이자 통치자이며 빛나는 목소리를 지녔던 네로와의 이별을 못내 아쉬워하며 "아니다! 죽지 않으셨다. 단지 사라지셨을 뿐이다."를 연호했다고.

그러나 그에 대한 민중들의 애정은 그가 그만큼 취약한 권력기반을 갖고 있다는 것을 의미한다. 하층서민들이 그를 숭배하는 만큼 네로는 군대와 근위병들, 즉 황제에게 헌신하는 엘리트 군대를 의심했기 때문이다. 네로의 신임을 얻을 수 없자 군과 근위병들은 가장 최근에 칼리굴라 황제의 살해와 그의 삼촌 클라우디우스의 권좌 옹립에 관여했던 것처럼 그들이 과거로부터 수행해왔던 보호자와 암살자라는 두 가지 역할 사이에 다시금 놓일 수밖에 없다는 사실을 생각하게 되었다(그들은 궁전의 커튼 뒤에 숨어 있는 클라우디우스를 발견하고 어깨 위로 번쩍 들어올려 사시나무 떨 듯 떨고 있는 이 학자를 황제로 옹립했다).

바로 이것이 로마의 황제 계승법이다. 그것은 결국 로마에는 황제 계승을 위한 어떠한 법도 존재하지 않는다는 것을 의미한다. 이론상으로 황제의 지위는 세습되지 않았기 때문이다. 원칙적으로 원로원은 단지 그가 살아 있는 동안만 휘두를 수 있는 막강한 권력을 황제에게 부여해왔다. 그리고 황제가 한 국가의 수장으로서 공화정 말기에 로마를 유린했던 것과 같은 내란을 막아내줄 것을 기대했다. 하지만 현실은 달랐다. 율리우스가는 황제가 그 자신의 계승자를 지명하고 군과 근위대가 그의 선택을 추인하는 식으로 제국의 왕조를 이루었다. 네로시대에 이르는 동안 근위병들은 이 황실의 주사위 게임에서 점점 더 중요한 역할을 떠맡게 되었다. 그리고 원로원은 단순한 방관자 역할로 그 위상이 위축되었다. 로마는 바야흐로 훗날 비스마르크(Otto Von Bismarch)가 러시아를 비꼬아 불렀던 바로 그런 나라, 즉 암살에 의해 단련된 전제국가가 되고 만 것이다.

네로는 살인이 그의 가계에 이어져 내려온 유산의 일부분이라는 사실을 잘 알고 있었다. 따라서 그는 가능한 모든 예방조치를 강구했다. 그는 자기가 먹을 모든 음식을 미리 시식하는 감별인을 두었고, 음모의 낌새가 느껴지는 소문들은 아무리 사소한 것일지라도 탐지해내고자 첩자들로 하여금 로마 구석구석을 들쑤시고 다니게 했다.

그러나 이런 예방조치에도 불구하고 네로는 자기를 숭배하는 신하들 속을 헤치고 지나갈 때에도 여전히 공포감 때문에 얼굴을 일그러뜨렸다. 적대적인 인물들로부터 어떤 식으로든 자신을 보호할 줄 알았던 생모의 혼령과 여타의 적들에 맞서 그가 취할 수 있는 예방조치란 없기 때문이다. 그는 모친이 아들을 위해 온갖 음모와 범죄를 동원해서 장악했던 바로 그 도시, 이제는 자신의 것인 그 도시를 경계의 눈초리로 바라보았다. 그리고 그는 결국 죽음으로도 그녀를 막을 수 없음을 깨달

아그리피나 | 남편을 독살하고 네로를 제위에 오르게 했으나 네로의 명령을 받은 근위병들에게 피살된다.

아야 했다. 일반적인 어머니나 여인의 모습과는 거리가 멀었던 그녀는 무자비하고 가차없었으며 인간의 법이나 신의 법으로 제어되지 않는 존재였다.

네로는 일찍이 겪었던 모친과의 생이별을 기억하고 있었다. 그로부터 두 해 동안 그는 그 젊고 아리따운 어머니를 다시는 볼 수 없었는데 당시 어린 아이의 입장에서 한 해는 영원과 같았으리라.

어머니는 어디로 사라져버린 것일까? 어머니가 대역죄인으로 오빠 칼리굴라 황제에 의해 유형에 처해졌다는 사실을 이해하기에는 네로의 나이가 너무 어렸다. 하지만 그녀의 죄는 정치적인 것이 아니라 성적인 범죄였다. 아그리피나는 오빠의 남성 연인 중 한 명과 동침을 했고 칼리굴라는 그를 살해해서 아그리피나가 유형생활을 보낼 불모의 섬에 그 유골을 운반해 가도록 했다. 언뜻 보면 그러한 형벌이 너무 가혹해 보일지 모르나 칼리굴라가 이중의 질투심에 사로잡혀 있었던 사실을 염두에 두면 이해 못할 일도 아니었다. 칼리굴라는 누이동생의 연인이기도 했던 것이다. 그는 아그리피나의 나이가 열두 살이었을 때 그녀를 유혹했다. 그의 나이 열다섯 살 때의 일이다. 티베리우스 황제는 추문을 두려워한 나머지 어린 나이의 아그리피나를 난폭하고 방탕한 귀족 아헤노바르부스(Lucius Domitius Ahenobarbus, ?~40)에게 시집보내버렸다. 아헤노바르부스는 자신의 유일한 아들인 네로가 태어난 직후 세상을 떠났다.

그리하여 네로는 천애고아나 마찬가지의 신세가 되고 말았다. 그는 유산을 모두 도둑맞은 채 부친의 누이인 냉정하기 짝이 없는 고모의 손에 비렁뱅이처럼 키워졌다. 그녀는 겨우 연명할 정도의 생필품도 네로를 위해 쓰는 것을 아까워했다. 그래서 남쪽 지방의 시골에 노예 둘을 붙여 그를 돌보게 했다. 그 당시 칼라브리아를 지나쳐 여행한 사

람이라면, 올챙이 배를 한 남자의 무릎에 꼬질꼬질한 개구쟁이 소년이 앉아 있고 검은 피부의 기품 있는 무용수가 그 소년을 위해 공연하는 진기한 광경을 목격했으리라. 한물간 아프리카 출신 무용수와 중풍을 앓고 있는 늙은 이발사는 불행하고 비천한 환경 속에서 네로와 한 가족을 이루고 살았다.

그러는 동안 아그리피나는 바다 한가운데의 음산한 바위섬에서 나날이 기력을 잃어가고 있었다. 설상가상으로 한 세대 전에 그녀의 어머니 대(大)아그리피나(Agrippina the Elder, 기원전 14~기원후 33)가 같은 섬에서 절망에 빠져 스스로 굶어 죽었다는 사실이 그녀의 유형생활을 더 어렵게 했다.[2]

네로의 어머니는 배가 섬 가까이로 올 때마다 행여 자신의 오빠가 사형을 언도한 것은 아닐까 하는 두려움에 떨었다. 흐르는 유성도 벼락맞은 나무도 그녀에게는 모두 죽음의 징조로 보였다. 그때 전혀 예상치 못한 일이 벌어진다. 칼리굴라가 원형경기장으로 가는 지하통로에서 근위병들의 칼에 맞아 세상을 뜨고 만 것이다. 그리고 이제 새로이 황제의 자리에 등극한 그녀의 삼촌 클라우디우스는 사랑하는 조카딸을 로마로 다시 부른다.

병약한 클라우디우스는 젊고 아리따운 아내 메살리나(Messalina Valeria, 22?~48)와 이미 결혼을 한데다 그녀와의 사이에 두 아이를 두고 있었다. 하지만 아그리피나는 자신의 앞날을 위해 삼촌의 아내가 되어 그의 아들을 밀쳐내기로 작정했다. 삼촌과 조카 사이라는 것은

2_ 대아그리피나는 티베리우스 황제에게 달랠 길 없는 원한을 품고 있었다. 그는 질투심에 불타 그녀가 너무도 사랑했던 남편 게르마니쿠스를 독살했다. 티베리우스는 그녀를 그녀의 장남, 차남과 함께 추방했고 그들은 모두 그 유배지에서 목숨을 잃었다. 그녀의 남은 세 딸과 아들 하나는 티베리우스 통치 기간을 견디고 살아남았는데, 네로의 어머니 소아그리피나가 바로 살아남은 딸 중 하나였고 아들은 훗날 칼리굴라 황제가 된다. 그는 왕좌에 오른 때를 전후해서 자신의 누이 셋 모두와 동침을 했다.

그녀에게는 아무런 문제가 되지 않았다. 사실 황족의 가계도는 너무도 복잡하게 얽혀 있어서, 아그리피나는 네로를 양육한 구두쇠 고모 도미티아 레피다(Domitia Lepida)의 딸인 메살리나의 외숙모인 동시에 조카딸이 된다. 아그리피나는 언젠가는 네로가 클라우디우스를 제치고 권좌에 올라야 한다고 생각했다. 그렇지 않을 것이라면 어찌 자신이 유형지에서 살아남았단 말인가? 만약 신이 존재한다면 바로 이 같은 목적을 위해 그녀를 로마로 되돌아오게 했을 것이고 만일 신이 존재하지 않는다면 차라리 더 잘된 일인지도 몰랐다.

그녀는 황제의 근위병들과 하인들에게 뇌물을 주고 호의를 베풀어 자기 편으로 끌어들이면서 조심스럽게 황제 집안 사람들의 환심을 샀다. 그러나 메살리나를 속일 수는 없었다. 두 여인은 이미 서로의 인물 됨됨이를 꿰뚫어보고 있어서 상대방의 마음까지 읽을 수 있었다. 대서양에서 코카서스 지방까지, 영국에서 아프리카 사막에 이르는 영토를 거느리는 대로마제국, 그 속에는 수많은 위험이 내포되어 있던 것이다.

먼저 행동에 옮긴 쪽은 메살리나였다. 자신의 아들 브리탄니쿠스(Britannicus)가 권좌에 오를 권리를 그 누구도 침해할 수 없다고 생각한 메살리나는 네로가 잠든 틈을 타 그를 살해하도록 노예들을 보낸다. 그러나 그들은 소년에게 해를 입히기도 전에 붙잡히고 만다. 네로의 침대 주변에 둘러쳐 있던 뱀가죽 부적이 그에게 행운을 가져다준 것이다(훗날 네로는 그 부적을 금으로 장식해서 팔찌로 만든 다음 즐겨 착용하게 된다). 아그리피나는 조용히 때를 기다리는 것으로 화답한다. 그녀는 메살리나의 치명적인 약점을 알고 있었다. 그것은 바로 그녀의 주체할 수 없는 색정이었다. 아그리피나 역시 근친상간에서 간통에 이르는 누구 못지않은 성적 이력을 갖고 있지만 그녀의 동기는 쾌

락이 아니라 오로지 권력일 뿐이었다. 그녀는 자신의 연인을 조종하고 앞에 닥친 장애물을 제거하기 위해 자신의 미모를 냉철하게 이용하는, 말하자면 항상 치밀한 계산하에 사리분별을 갖고 행동하는 쪽이었다.

반면에 메살리나는 정반대의 유형이었다. 털끝만큼의 자제력도 발휘할 줄 모르는 그녀는 일단 성욕이 발동하면 변태적일 만큼 위험한 행동도 불사했다. 설상가상으로 그녀의 남편 클라우디우스는 엄청난 대식가에 술주정뱅이인데다가 나이도 그녀보다 배는 많아 기력이 쇠잔해져 있었다. 이런저런 육체적 질병으로 고통받고 있었던 그는 젊은 아내보다는 골동품에 더 빠져 지내고 있었다.

그래서 아그리피나는 이 싸움에서 자신이 승리하는 유일한 길은 그저 살아남는 것이라는 점을 간파하고 있었다. 메살리나가 나날이 그 도를 더해가는 자신의 욕정으로 인해 파멸의 길을 걷게 되는 것은 그야말로 시간 문제였던 것이다. 그녀의 탐욕은 극에 달해 있었다. 나이가 젊든 늙든 가리지 않았고 외모가 멋지고 추한 것도 아랑곳하지 않았으며 항해사, 원로원 의원, 노예, 군인, 학생 등 닥치는 대로 누구든 자신의 연인으로 삼았다. 심지어 동성애자 배우인 음네스테르(Mnester)가 황후의 쾌락을 위해 동원되기도 했다. 훗날 재판정에서 음네스테르는 메살리나가 자신을 침대로 끌고 가기 위해 가한 채찍질 자국을 보여줌으로써 가까스로 위기를 모면하는 듯했지만, 귀족들조차 수도 없이 처형되는 마당에 한낱 배우의 생명을 살려주는 것은 적절치 못하다는 클라우디우스의 판단이 내려졌다. 메살리나는 자신이 탐닉하고 있는 행위에 더 짜릿한 자극을 주기 위해 화대를 받고서 매춘을 하는 지경에 이르렀다. 심지어 클라우디우스의 부인으로 있으면서 어느 연회 석상에서 자신의 연인 중 한 사람과 결혼을 감행하기도

했다. 그러나 결혼예식이 진행 중일 때 한 충성스러운 해방노예가 황제에게 그 사실을 알렸고, 황제는 자신을 제외한 모든 로마인이 익히 알고 있는 사실, 즉 메살리나가 황궁을 매춘굴로 탈바꿈시켰다는 사실을 그때 처음으로 알게 된다.

클라우디우스는 쉽게 분노하는 사람이 아니었다. 기질상 영락없는 학자인 그는 그 어떤 조롱도 참아낼 줄 아는 호인이었다. 연회에 초대된 손님들은 술에 취해 거의 제정신이 아닌 그에게 올리브 씨를 던지기도 했고 심지어 노예들조차도 때로는 그를 깨울 때 갈빗대를 쿡쿡 찔러댈 정도였다. 하지만 일단 누군가 그를 분노하게 만들면 그는 매우 잔인한 사람으로 돌변한다. 그는 아내와 그녀의 연인들을 모조리 잡아들이라고 명령한다. 그리고 일련의 치욕스러운 재판이 진행된 끝에 그들 모두에게는 사형이 언도된다. 다만 메살리나는 로마 귀족의 부인이라는 위치에 걸맞게 스스로 목숨을 끊는 것이 허용되었다. 죽음의 순간이 다가오자 메살리나는 공포에 떨었지만 결국 어머니 도미티아 레피다의 도움을 받아 생을 마감한다.

아그리피나는 아들과 함께 이 순간을 기다리고 있었다. 메살리나의 방탕에 넌더리가 난 로마는 로마의 부인이 갖춰야 할 모든 덕목을 겸비한 황후를 원하게 된다. 아그리피나는 어떤 식으로 그 역을 맡아야 할지 알고 있었다. 그녀는 클라우디우스와 결혼하고 자신의 아들이 황제의 계승자가 될 수 있도록 만반의 준비를 갖추기 시작한다. 네로는 여러 운동 경기에서 자신의 힘과 기량을 과시하는 건장하고 늠름한 청년으로 성장해 있었다. 또한 네로는 그리스어와 예술 방면에 놀라울 정도의 재능과 애정을 가지고 있었다. 아그리피나는 아들의 가정교사로 스토아 철학자 세네카(Lucius Annaeus Seneca, 기원전 4?~기원후 65)를 임명한다. 그녀는 세네카에게 예술 분야에 몰두해 있는 네로

의 고집을 꺾어 미래의 황제에 걸맞은 자격을 갖출 수 있도록 교육시
키라고 지시한다.

네로의 교사로서 세네카를 발탁한 것은 탁월한 선택이었음이 곧 입
증되었다. 네로는 세네카로부터 연설 기법을 배우고 대중을 사로잡는
법을 정확히 체득했다. 원로원에서 있었던 그의 첫 연설은 청중을 열
광의 도가니로 몰아넣었다. 그 연설문은 사실상 세네카에 의해 작성
된 것이지만 네로는 연설문을 읽는 과정에 연극적인 재능을 유감없이
발휘함으로써 강력한 인상을 남긴다. 그에 반해 클라우디우스와 메살
리나 사이에서 태어난 아들 브리탄니쿠스는 상대적으로 험난한 길을
걷는다. 어머니의 죽음으로 비통에 젖어 있던데다 간질 발작에 시달
려온 그는 대중 앞에서 수줍어하며 예민하고 소심한 모습을 보여주었
다. 그의 가장 절친한 상대는 누이 옥타비아(Octavia, 42?~62)인데 아
그리피나는 아들의 황제 등극을 위한 사전포석으로 겨우 아홉 살인
그녀를 네로와 결혼시킨다.

그 결혼은 클라우디우스가 네로를 받아들이는, 그리하여 자신의 아
들 대신에 네로를 후계자로 지명하
는 길을 여는 것이었으며 그것은 결
국 아그리피나의 승리를 의미했다.
그리고 늙은 황제는 미처 깨닫지 못
하고 있었지만 그것은 결국 자신에
대해 내려진 사형집행장과도 같은
것이었다. 그 순간부터 아그리피나는
남편을 살해하고 자신의 아들을 권

옥타비아 | 로마 황제 클라우디우스의 딸. 네로와 정략결혼을 하게
되나 그녀의 목은 절단되어 포파이아에게 결혼선물로 주어졌다.

좌에 올릴 결정적인 순간을 노리게 된다.

결국 독살이 적당할 듯한데 문제는 누가 그 일을 해낼 것인가 하는 것이었다. 성급히 독약 한 잔으로 목숨을 끊게 하는 것은 빤히 들여다 보이는 수작이 될 터이고 너무 미적거리다 보면 오히려 자기 쪽이 위험한 지경에 처할지도 모르는 일이었다. 온몸을 뒤틀리게 하는 단말마의 고통을 겪고 있는 사람이라면 언제 그 마음이 변할지 모를 일 아닌가. 따라서 클라우디우스의 목숨이 너무 오랫동안 붙어 있어서도 안 될 일이었다. 의논할 상대를 물색하던 아그리피나는 독살죄로 사형을 언도받은 로쿠스타(Locusta)라는 여인을 발견한다. 그녀의 비법을 간절히 원한 아그리피나가 형집행을 연기해주자 로쿠스타는 클라우디우스의 신체기능을 혼란에 빠뜨리면서 효과가 서서히 나타나는 비법을 생각해낸다. 그녀는 48시간 이내에 황제를 죽음으로 몰아넣을 수 있다고 아그리피나에게 장담한다(로쿠스타는 이후 10년 동안 최소 한 건 이상의 황제 암살에 가담하게 될 것이며 마침내 갈바(Galba) 황제의 통치 기간에 참수형에 처해질 것이다).

연회가 열리는 동안 버섯 요리 한 접시가 클라우디우스에게 제공되고 아그리피나에게 매수된 감별인이 작은 버섯들을 시식한다. 아그리피나 자신도 그 접시의 음식을 함께 먹으며 그 중 크고 신선하지만 독이 든 버섯 하나를 남편에게 건넨 뒤 숨을 죽이고 그 결과를 기다린다. 그러자 끔찍스러운 위경련이 황제를 엄습한다. 하지만 갑작스러운 배설로 황제는 무사히 위기를 넘긴다.

아그리피나는 서둘러서 황실 주치의 크세노폰을 부른다. 클라우디우스가 정말로 위기를 넘겼는지 재확인하기 위한 행동인 것 같았지만 사실은 그것도 계획된 연기에 지나지 않았다. 이 박학다식한 그리스인 역시 아그리피나에게 사전에 매수된 자로서 그는 로쿠스타가 제조한 또 다른 독약을 건네받아 다음 단계에 착수한다. 그는 치명적인 독약에 살짝 담갔다 뺀 깃털로 클라우디우스가 음식물을 토해낼 수 있도록 목구멍을 간지럽힌다. 그리고는 클라우디우스가 엄청난 땀을 흘릴 때까지 연신 깃털을 독약에 적셔댄다. 이윽고 폭식과 폭음으로 비대해진 거구의 황제는 사시나무 떨 듯 몸서리를 치더니 이내 혼절하고 만다. 아그리피나는 남편을 '간호'할 수 있도록 자기 방으로 옮긴다. 그러나 다음날 아침이 되었을 때 황제는 이미 이 세상 사람이 아니었다.

아그리피나는 혼자 들떠 궁정 근위병의 충성을 재차 확인하고 군의 핵심 장교들을 장악하기 위해 메시지와 함께 하사품을 보낸다. 그리고는 죽음의 방을 비틀거리며 빠져나와 눈물과 비탄이 뒤범벅된 채 브리탄니쿠스를 꼭 껴안는다. 브리탄니쿠스가 그의 부친을 너무도 닮았기 때문에 그녀는 슬픔에 사무치는 동시에 위안을 받는다. 그녀는 눈물을 흘리며 팔을 뻗어 옥타비아를 붙잡으려 하지만 옥타비아는 역겨운 나머지 그녀의 포옹을 피해 달아난다. 그러나 무슨 상관이랴. 옥타비아는 싫든 좋든 이제 네로의 부인이며 따라서 자신이 맡은 역할을 수행하지 않을 수 없을 것이다.

이 '불쌍한 고아들'에게서 고개를 돌려 아그리피나는 이제 사랑하는 아들 네로를 근위병 막사로 데리고 간다. 이미 장교들의 독려가 있었음에도 클라우디우스가 죽었다는 소식을 접한 근위병들은 혼란에 휩싸여 있다. 불길한 술렁거림이 들려왔다. 브리탄니쿠스는 어디에 있는가? 이때 아그리피나가 앞으로 나서서 군인들에게 '고인이 된 황제 클라우디우스의 아내이자 영웅 게르마니쿠스(Germanicus)의 딸의 자격으로' 일장연설을 퍼붓는다. 그녀는 네로의 손을 잡고 근위병들에게 그를 소개하면서 자신의 아들을 로마 황제의 계승자로 선언했던 고인의 유지를 재삼 강조한다. 그러자 형세는 일변한다. 환호와 열광의 도가니 속에서 근위병들은 새 황제에게 예를 갖춘다. 이제 황제는 공식적인 인준을 받기 위해 원로원으로 향한다. 그곳에서 네로는 자신의 스승이 작성해준 연설문을 낭독한다. 화려한 수사로 가득 찬 그 걸작의 연설문으로 로마 전체는 안도의 한숨을 내쉰다. 오, 상서로운 출발이여! 이제 네로는 자신이 약속한 대로 공화국 최고의 전통을 가꾸어 나가며 제국을 통치할 것이다.

하지만 이 모두는 한낱 허식에 불과했다. 아그리피나는 벌써부터 제거해야 할 적들의 명단을 작성해 두고 있었다. 그녀는 이제 통치자를 통치하게 될 것이다. 그렇지 않다면 그녀가 그 숱한 세월 동안 고초를 겪어가며 주도면밀한 계획을 짰을 리가 만무하지 않은가? 또한 클라우디우스의 그 역겨운 포옹을 견뎌냈을 까닭이 없지 않은가? 더군다나 그 늙은이를 살해할 까닭은 더더욱 없지 않은가? 이제 네로의 얼굴이 동전에 새겨진다면 그녀의 모습은 바로 그 옆, 그것도 더 큰 권력을 상징하는 오른쪽에 새겨질 것이다. 원로원 의원들과 해외 사절들이 새 황제를 알현하러 오게 될 것이고, 그 자리를 한 손아귀에 쥐게 될 바로 그 사람, 아그리피나는 권좌 옆 커튼 뒤에서 좌중의 말에 귀를 기울이며 앉아 있을 터였다.

그녀는 아들을 바로 곁에 두고서 자신이 저지른 범죄를 엄격한 교양이라는 외투로 은폐하고자 했다. 젊은 통치자는 어머니의 철저한 감시하에서 그녀의 명령에 복종하며 고립된 생활을 영위했다. 세네카의 도움을 받아 행한 품위 있는 연설들을 통해서 주로 그를 접했던 신하들에게 네로는 수수께끼 같은 존재였다.

클라우디우스의 딸 옥타비아와 네로의 결혼은 순전히 정략적인 차원의 결혼이었다. 항상 토라진 듯 샐쭉한 표정으로 혼자 고결한 체하

는 소녀를 그는 맘에 들어 하지 않았다. 그러던 중 마침내 네로가 사랑에 빠지는 날이 오고 만다. 그는 궁정에서 일하는 정열적인 노예 소녀를 점찍었다. 그리고 어머니가 두려움을 느낄 정도로 그 소녀에게 온갖 선물 공세와 함께 헌신적인 사랑을 퍼부었다. 아그리피나는 행여 이 소녀가 자신의 자리를 빼앗지나 않을까, 이 노예에게 자신의 권세를 잃게 되지나 않을까 두려움에 떨었다. 그래서 때로는 냉정을 잃은 나머지 아들의 어리석음을 호되게 꾸짖고 경멸하기도 했다. 하지만 곧 자신의 실수를 깨닫고는 태도를 바꾸었다. 그러나 그러한 태도 변화도 그다지 설득력 있어 보이지는 않았다. 그녀가 온갖 보석과 옷감을 선물함으로써 그 노예 소녀의 환심을 사고자 애쓰는 동안 네로는 또 다른 사랑에 빠진 것이다. 그런데 이번만큼은 일시적인 심취 이상의 감정이었다. 그 사랑의 대상은 포파이아(Poppaea Sabina)라는 젊은 여성이었다.

그녀는 아름다울 뿐만 아니라 재치 있고 세련된데다가 우아하고 심미안도 갖춘 여성으로, 네로가 근심 많은 어머니 때문에 함께 어울리지 못했던 '방탕한 패거리(fast set)'라는 젊은 로마인들의 그룹에 속해 있었다. 포파이아는 궁전의 초라함을 비웃었고 네로가 여자 노예와 관계를 맺은 사실에, 또 정치적으로 아그리피나의 치마폭에 싸여 있다는 사실에 실소를 금치 못하는 등 네로에게 냉담한 반응을 보였다. 네로의 첫

포파이아 | 네로를 부추겨 옥타비아와 아그리피나를 죽음으로 몰아넣었지만 결국 그녀도 임신 중에 네로의 발에 걸어차여 죽게 된다.

번째 연인이 무지하고 단순했다면, 그의 두번째 연인은 네로를 비웃음으로써 그를 자극하는 결코 만만치 않은 상대였다. 아그리피나는 아들의 새로운 정부에 맞서서 옥타비아와의 관계를 개선하고자 했지만 옥타비아는 아그리피나가 자신의 적임을 잘 알고 있었기에 그녀를 회피했다.

아그리피나는 포파이아 정도의 상대를 굴복시킬 수많은 방법을 알고 있을 정도로 궁정의 각종 음모에 익숙해 있을 뿐 아니라 노련한 술수를 펼 줄도 알았다. 하지만 그녀가 미처 계산에 넣지 못한 것은 새 연인에 대해 네로가 품고 있던 감정의 깊이였다. 아그리피나가 자신의 새로운 연인을 계속해서 얕잡아보는 꼴을 더 이상 두고 볼 수 없었던 네로는 어머니를 로마 인근의 한 시골 별장으로 추방해버렸다. 동시에 그는 황후 전용 의상실에서 가장 아름답고 화려한 보석으로 장식된 옷을 골라 어머니에게 선물로 보냈다.

하지만 일일이 말할 필요도 없이 모든 것이 당연히 그녀에게 속해 있는 상황에서 그따위 옷 나부랭이가 아그리피나를 위로해줄 수는 없었다. 그녀는 사자(使者)들의 면전에서 배은망덕한 아들을 향해 분통을 터뜨리면서 그에게 증오로 가득 찬 서신을 보냈다. 그것은 아그리피나가 브리탄니쿠스와 함께 군부로 가서 자신이 어리석게도 과거에 범했던 과오를 바로 고치기 위해 그들을 설득하겠다는 일종의 위협이 담긴 편지였다. 그렇게 되면 그녀는 파멸하게 될 것이지만 네로 역시 파멸의 길로 몰아갈 수 있을 것이었다. 그리고 이를 통해 그녀는 만족을 느끼게 될 터였다. 그녀는 자신이 네로를 내세워 이뤘던 것—바로 황제 등극—을 이제 브리탄니쿠스를 통해 다시 이루려고 했다.

네로는 이러한 위협을 짐짓 무시한 채 어머니를 연회에 초대했다. 그는 연회석상에서 어머니에게 존경의 예를 갖춰 인사를 하고 아그리

피나를 옥타비아와 브리탄니쿠스 사이에 앉혔다. 한쪽은 그녀가 아들을 위해 간택했던 네로의 아내였고 다른 한쪽은 그녀가 네로의 왕위 찬탈을 위해 선택했던 바로 그 사람이었다. 향료가 가미된 데운 포도주가 돌려지고 관례대로 감별인은 모든 술잔을 홀짝거려 맛을 보았다. 그러나 브리탄니쿠스는 불평을 늘어놓았다. 자신의 포도주가 너무 뜨겁다는 것이었다. 술잔에 냉수를 부어주자 브리탄니쿠스는 감별인을 기다릴 틈도 없이 경솔하게 술잔을 들이켰다. 그것은 자신의 생명을 대가로 하는 지극히 값비싼 실수였다.

좌중은 그 젊은이가 몸부림치며 바닥에 쓰러지는 모습을 공포에 질려 바라보고 있었다. 네로는 무심하게 말했다. "발작을 일으킨 게로군." 이 말은 이미 잘 알려진 브리탄니쿠스의 간질병이 살인행위를 은폐해줄 것이라는 계산하에 던진 말이었다. 그는 노예들에게 신호를 보냈다. 그러자 거구의 두 누비아인이 그 창백하고도 측은한 소년 브리탄니쿠스를 들어 옮겼다. 아무도 입을 열지 않았다. 그 무엇도 발설해서는 안 되었다. 아그리피나는 날카로운 눈길로 아들을 노려보았다. 그녀의 성난 위협은 그 둘 사이에 마치 이런 반향으로 울리는 듯 했다. '내 너로써 이뤘던 것을 이제 브리탄니쿠스를 통해 이룰 것이다.'

이에 대해 네로는 다음과 같이 대답하고 있었다. 그는 자신의 생에 있어서 참으로 결정적이라 할 순간에 침착하고도 엄숙하게 아그리피나의 눈길을 되돌려준 것이다. 브리탄니쿠스를 살해한 행위는 단순한 도전행위가 아니라 로마 황족 대대로 이어져온 유산의 일부분인 피의 범죄에 가담했다는 일종의 공모행위이기도 했다. 그것은 장차 그가 살해하게 될, 자신의 권좌를 지키기 위해 살해해야만 할 어머니와 자신을 동일시하는 행위였다. 지금까지 그는 그러한 폭력을 거절해왔다. 그것은 그의 기질뿐 아니라 세네카의 가르침과도 상반되는 것이었다.

그러나 이제 그는 일종의 통과의례와도 같은 살인행위를 저지름으로써 지금까지 수없이 비열한 행위를 저지른 어머니와 하나가 된 것이다. 비로소 청년 네로는 자신에 걸맞은 자리를 찾게 된 것이다.

제명에 죽지 못한 소년의 장례식을 미루는 것은 불행한 일이라는 미명 아래 브리탄니쿠스의 시신은 서둘러 매장되었다. 시체는 독살에 특징적으로 나타나는 부기와 반점을 감추기 위해 화장으로 덧칠되었다. 그러나 그의 장례식은 갑작스레 몰아닥친 폭풍우 속에서 진행되었다. 색조 화장이 씻겨져 나가면서 고통으로 일그러진 끔찍스러운 몰골이 백일하에 드러났다. 그가 죽어가며 겪은 고통은 참으로 가혹한 것이었다. 이제 로마 전체가 진실에 눈을 뜨게 되었다. 그러나 전 로마는 침묵을 지켰다.

장례식이 끝나고 자신의 시골 별장으로 돌아온 아그리피나는 아들의 배은망덕에 만감이 교차했다. 네로의 입장에서는 자신의 새로운 권력을 넘보려는 자들의 그 어떠한 판단착오도 미연에 방지하기 위해 뭔가 쐐기를 박는 조치가 필요했다. 네로는 어머니의 젊은 연인 아울루스 플라우티우스(Aulus Plautius)를 약탈하고 살해했다. 아그리피나는 그를 황제로 옹립하겠다고 네로를 협박한 적도 있었다. 네로는 사지를 절단한 플라우티우스의 시신을 서신과 함께 아그리피나에게 보냈다. "어머니, 이제 그의 입맞춤을 마음껏 즐기시구려." 어머니의 속박으로부터 벗어난 젊은 황제는 이제 노래와 작시뿐 아니라 전차 경주와 레슬링에도 흥미를 갖기 시작했다.

한동안 아그리피나는 자신의 지지자들로부터 버림받은 채 고립무원의 신세가 되었다. 그들은 새로운 황제의 비위를 맞추고 싶어했다. 그러나 그녀의 권력에 대한 갈망은 그리 쉽게 꺾일 수 없었다. 그녀는 근위병들과 맺어두었던 동맹관계를 비밀리에 가동했다. 하지만 그러

한 사실 역시, 비록 늙었지만 치밀하기 그지없는 군인 부루스(Sextus Afranius Burrhus, ?~62)에 의해 이미 네로의 귀에 들어가 있었다. 부루스는 손은 말라 쭈글쭈글하고 눈에 띄게 다리를 저는 인물이었다.

부루스와 세네카는 네로가 세계 제국을 통치하기 위해 여러 면에서 도움을 받았던 당시의 쌍두마차 같은 존재였다. 그들은 하나같이 자신의 영향력을 공고히 하고자 부심했다. 그들은 어떤 희생을 치르더라도 아그리피나가 권력자로 복귀하는 것만큼은 막아야 한다고 생각했다. 그녀가 다시 권력을 쟁취하고자 어떤 일을 획책하든, 그녀처럼 잔인하고 교활한 여자를 적으로 방치해두는 것은 위험천만한 일이라는 것을 그들은 잘 알고 있었다. 그녀는 한때 뜻을 같이했던 그들에게 자신의 몰락이 아들의 스승이자 벗인 이들 두 사람 탓이라고 비난하면서 그들을 '절름발이와 골빈 학자'라고 노골적으로 조롱했다.

네로의 습관을 잘 알고 있는 부루스는 네로가 총애하는 무희 파리스(Paris)를 주연석상에 들여보내기 전에 그가 술에 취하기를 기다렸다. 그것은 아그리피나의 '반역행위', 즉 그녀가 근위병들과 계속 내통해왔다는 사실을 네로에게 알림으로써 술자리를 일찍 파하게 하기 위한 것이었다. 만취상태에서 감정적으로 격앙된 네로에게 공포가 엄습했다. 그는 부루스와 세네카를 불러들여 조언을 구했다. 수차례 논의가 오간 끝에 그들은 한 가지 계획, 즉 아그리피나를 비밀리에 제거할 계략에 의견의 일치를 보았다. 그 계략이란 바다 한가운데에서 배한 척을 산산조각내는 것이었다.

아그리피나는 자신의 오빠의 연인이자 남편의 살해범이었다. 그러나 부루스와 세네카의 계획은 그런 아그리피나의 범죄적 상상력조차도 훨씬 뛰어넘는 그런 것이었다. 그래서 그녀는 네로가 보내온 초대장이 계략일지도 모른다는 의심조차 품어보지 못한다. 오히려 네로에 매수된 점쟁이의 달콤한 말에 속아넘어간 그녀는 자신이 곧 권력을 되찾게 될 것이라고 철석같이 믿었다. 그리고 그녀에게는 이 연회야말로 그 확실한 증표였던 것이다.

연회는 나폴리 만에 위치한 네로의 궁전, 바이아에(Baiae)라고 불리는 상류 사교계의 휴양지에서 열릴 예정이었다. 각종 질병 치료에 특효가 있는 것으로 유명한 그 지역 온천이 로마 최상류 귀족들을 유혹하고 있었다. 만을 에두르고 있는 수목으로 우거진 언덕에 광대한 대농원이 바다를 내려다보며 납작 엎드려 있었고, 근처 루크리네 호수로 알려진 내해 위에 떠 있는 소규모 휴양도시 바울리(Bauli)에는 아그리피나의 별장이 있었다. 바이아는 그 호사스러움과 환락으로, 술로 흥청망청대는 선상 파티로 그리고 해변에서의 색정적인 남녀의 만남으로 악명이 높았다. 이 모든 것들이 네로의 목적에 완벽히 부합했다. 그는 어머니의 죽음을 우연한 사고로 가장하고 싶었다. 그리고 이렇듯 평판이 나쁜 그곳의 분위기로 인해 그의 계획이 실행에 옮겨질 경우 그 결과는 충분히 있을 법한 일로 받아들여질 공산이 컸다.

만사가 계획대로 진행되었다. 그런데 아그리피나가 연회장을 향해 출발하기 직전에 한 제보자가 그녀에게 경고를 하는 일이 벌어졌다. 그녀에게 매수된 궁정의 한 노예가 네로의 계획을 알려온 것이다. 그런데 그도 정확히 어떤 방법으로 계획이 진행될지는 알아내지 못했다고 말했다. 그런 끔찍스러운 제보를 믿기도 어려웠을 뿐더러 정중한 초대 방식에 자신감을 얻은 아그리피나는 그 경고를 근거 없는 뜬소문으로 일축해버렸다. 사실 그녀는 그 어떤 치명적인 독소도 중화시켜줄 수 있는 해독제와 특이한 뿌리나 약초를 매일 복용해왔기 때문에 남달리 강한 체질을 소유하고 있었다. 그래서 설사 독이 든 음식이나 음료를 먹는다 할지라도 그녀는 그 위험을 충분히 벗어날 자신이

있었다.

연회는 로마식으로 성대하게 베풀어졌다. 아그리피나는 영광스럽게도 아들의 바로 옆자리를 차지하고 앉아 있었다. 돼지 통구이의 배를 가르자 그 안에서는 살아있는 메추라기들이 튀어나와 손님들의 머리 위로 날아올라 탄성을 자아냈다. 각종 생선 요리와 닭, 오리 요리가 차려진 가운데 갖가지 향연이 펼쳐졌고 이국풍의 요리들도 잇따라 등장했다. 홍학 혀 요리, 눈에 포도주를 섞어 만든 셔벗, 멧돼지 배를 갈라 그 속에 꿩을 채우고 그 꿩의 배 속에는 메추라기를 채우고 메추라기 배 속에는 멧새를 채운 멧돼지 통구이 등이 차려졌다. 장미화관을 쓴 손님들은 연회음식을 계속 즐기기 위해 이따금 구토실로 물러나 먹은 음식을 게워냈다. 은 등잔에는 향료 섞인 기름이 타오르고, 노예들이 부쳐대는 깃털부채가 후덥지근한 실내를 식히고 있었다. 동방에서 온 무희들이 치터(거문고와 비슷한 현악기—옮긴이)와 피리 연주에 맞춰 춤을 추었다. 이윽고 만찬이 끝나갈 즈음 네로는 장미꽃 한 송이가 매달려 있는 연회 테이블 쪽으로 아그리피나를 불러내었다. 그것은 각별한 애정의 표시로 다른 모든 손님이 돌아간 뒤에도 그녀만은 꼭 남아달라는 요청이었다.[3]

"당신의 가슴, 나를 키워준 그 가슴에 입맞춤하게 해주세요."

네로가 그녀에게 속삭였다. 아그리피나는 네로가 자신을 껴안자 그의 머리칼을 쓰다듬으며 미소 띤 얼굴로 입맞춤을 허락했다. 그녀는 네로의 이런 변덕스러운 행동을 전혀 신경 쓰지 않았다. 오히려 그녀는 그의 이러한 행동에서 이제 곧 자신에게 되돌아올 권력의 힘을 읽고 있을 뿐이었다. 네로의 행동은 연극적이면서도 뭔가 비꼬는 듯하

3_ 원래는 'sub rosa', 문자 그대로 '장미꽃 아래'라는 의미로 '은밀하게' 혹은 '내밀하게'의 뜻을 갖고 있다.

고 부자연스러웠다. 사실상 네로의 모든 행동은 바로 다음과 같은 계기로부터 생겨난다. 그는 마치 자신이 범죄를 저지르기 전에 그 범죄를 일종의 예술작품으로 상상해야 한다고 생각하는 듯했다. 또한 범죄는 반드시 그리스의 비극이나 신화적인 해석을 해야만 한다고 생각하는 듯도 했다. 그리스 비극이나 신화에서는 폭력도 형식에 의해 정화되고 근친상간도 신들과 연관된다.

네로는 머리 위에 걸려 있는 장미꽃을 따서 아그리피나에게 건넸다. 그리고는 바닷가 궁전을 떠나는 그녀를 눈물로 지켜보았다. 한 병사가 그날 밤의 암구호를 정해줄 것을 요청했다. 네로는 마치 조증 환자처럼 웃어대며 "모든 어머니 중 최고!"라고 대답하고는 연회용 긴 소파 위로 몸을 던졌다. 그리고 그곳에 누워 아그리피나의 사망 소식을 초조하게 기다렸다.

한편 아그리피나는 아들의 애정을 다시 확인했다는 사실에 기뻐하며 날아갈 듯한 기분으로 연회장을 떠났다. 그녀는 이곳에 올 때 바닷길을 이용하지 않았었다. 그런데 이제는 만을 가로질러 그녀를 빌라로 데려다줄 배가 대기하고 있었다. 비단 천으로 장식하고 양옆에 뇌문(雷紋)이 세공된 배는 마치 환영처럼 고요한 수면을 가르며 미끄러져 갔다. 아그리피나는 상아로 조각된 긴 소파에 몸을 눕혔다. 그녀 곁에는 벗과도 같은 시녀 아케로니아(Acerronia)가 있었다. 아그리피나는 한 해방노예의 안마를 받으며 저녁에 있었던 그 멋진 연회를 다시 떠올렸다.

바로 그때 갑자기 선실의 벽이 요동치기 시작하더니 몸을 채 피하기도 전에 천장이 굉음과 함께 주저앉았다. 안마를 하던 해방노예는 지붕에 얹혀 있던 무거운 납판에 깔려 그 자리에서 즉사하고 말았다. 아그리피나와 시녀는 긴 소파의 측면이 높았던 덕분에 가까스로 목숨

을 구했다. 아그리피나가 입은 부상이라고는 어깨의 심한 타박상 정도였다. 두 사람은 선실 잔해 더미 아래에서 안간힘을 쓴 끝에 간신히 갑판으로 빠져나올 수 있었다. 갑판은 이미 반쯤 물에 잠겨 있었다. 바다 한가운데에서 산산조각이 나도록 특별히 고안된 배는 위태롭게 기울어져 가고 있었다. 이는 네로가 옛 로마 희곡에서 얻은 착상으로, 이번에도 역시 그는 예술의 힘을 빌려 영감을 얻었던 것이다.

갑판 위는 혼돈 그 자체였다. 그곳에서는 아무런 영문도 모르는 선원들과 배를 침몰시키라는 네로의 명령에 따르는 선원들이 한데 뒤섞여 서로 어긋난 행동을 하며 우왕좌왕하고 있었다. 그 혼란의 와중에서 아그리피나와 그녀의 시녀는 몸의 균형을 잃고 경사진 갑판 위로 떨어져 아무도 알아채지 못하는 사이에 물 속으로 빠져들어 갔다. 아그리피나는 당황하지 않고 배의 측면에 매달렸다. 그러나 시녀는 목숨을 구할 요량으로 물 속에서 미친 듯이 허우적대며 거짓말을 외쳐댔다. "살려주세요! 나는 황제의 어머니예요!"

그녀의 외침소리를 들은 선원들이 기다란 나무 노를 들고 그쪽 갑판으로 몰려와 필사적으로 허우적대고 있는 시녀에게 최대한 가까이 다가가려고 안간힘을 썼다. 그녀는 아무런 의심 없이 노를 붙잡으려고 팔을 내뻗었다. 아그리피나는 배의 한 편에 숨죽이고 매달려서 선원들이 아케로니아의 숨이 끊길 때까지 그녀의 머리를 몇 번이고 내려치는 것을 지켜보고 있었다. 그런 뒤 선원들은 이미 이 세상 사람이 아닌 그 여자를 마치 낚시질하듯 물 밖으로 끌어내서는 증거를 확보하기 위해 그녀의 목을 잘랐다. 그들은 황제의 어머니를 살해한 자에게 주어질 엄청난 보상금에 이미 마음을 빼앗긴 상태였다.

하마터면 자신이 겪었을 그 끔찍스러운 상황에 아그리피나는 몸서리를 쳤다. 그녀는 여전히 몸을 숨긴 채 갑판을 급히 훑어보았다. 선원들과 관리들은 모두 이방인들이었다. 그것은 어머니와 손을 잡고 있는 세력들이 이 상황에 개입하는 것을 저지하고, 혹시 어머니를 구하려 할지도 모를 로마 병사들을 처음부터 배제시키려는 네로의 속셈이었다. 어쨌든 그녀는 로마군 사이에서 전설적인 인물로 통하는 영웅 게르마니쿠스의 딸이었다. 아시아인, 누비아인, 이집트인, 그리스인들을 올려다보며 아그리피나는 아들이 자신의 동태를 이미 파악하고 있었음을 깨달았다. 그것은 오직 그녀의 아들만이 할 수 있는 일이었다.

하지만 그녀의 목숨은 아직 붙어 있었다. 자식이 황제 자리에 있을 때 죽음을 맞기 위해 지금까지 티베리우스, 칼리굴라, 클라우디우스 등 세 황제의 통치기를 거치며 목숨을 부지해왔다는 말인가? 그녀는 배의 측면을 붙잡고 있던 손을 놓았다. 그리고는 옷을 벗어던지고 필사적으로 해안을 향해 서서히 헤엄쳐가기 시작했다. 유배지 생활을 통해 수영에는 남다른 자신이 있었던 그녀였지만 지금은 어깨에 심한 상처를 입고 있어 한 번 팔을 휘저을 때마다 엄청난 고통이 밀려왔다.

하지만 육체적 고통보다 더 참을 수 없는 것은 자식이 자신을 살해하려 하고 있다는 사실을 깨달은 데서 오는 충격이었다. 자신이 살해한 남편이라는 존재만 없었다면 그녀는 신들에게 이 몰인정한 아들의 머리 위에 천벌을 내려달라고 소리쳐 빌고 싶은 심정이었다(그녀는 클라우디우스를 신으로 공포하고 그를 위해 사원을 세웠다).

그러나 아그리피나는 이 어두운 밤바다 위에 육체적으로나 정신적으로나 혼자였다. 스스로 인간의 체면이라는 속박을 깨부수며 살아온 그녀였다. 이제 살아남고 싶다면 자신에게 남아 있는 동물적인 힘을 마지막 순간까지 다 쏟아내야 할 판이었다.

그런데 바로 이때 지나가던 어선 한 척이 나폴리 만 한가운데에서

우연히 이 괴이한 광경과 마주치게 되었다. 40대 초반쯤 되어 보이는 여자가 달빛 아래 헤엄을 치고 있는 모습을 발견한 것이다. 해안은 아직 저 멀리에 있었다. 선원들은 그녀를 소리쳐 부르며 물 속으로 밧줄을 던졌다. 몸을 사시나무 떨 듯 떨고 있는 아그리피나가 발가벗은 채 기력이 다하여 물 바깥으로 기어올랐다. 이런 상황에서도 그녀는 여전히 거만하고 당당하며 아름다운 황실의 여인이었다. 그녀는 냉정을 잃지 않은 가운데 "나는 황제의 어머니다."라고 밝히면서 그 누추한 어선에 발을 딛고 섰다.

명령하는 데 익숙한 아그리피나는 벙어리 어부의 등에 걸쳐 있던 망토를 빼앗아 입고는 배의 기수를 돌리라고 명령했다. 그리하여 한때 황후였던 그녀는 누더기 옷을 입고 생선 양동이들이 널브러져 있는 갑판에 앉은 채, 말 없이 두려움에 떨고 있는 시골 사람들의 호위를 받으며 해안에 당도했다.

아그리피나는 가까스로 구조되었지만 자신의 목숨이 풍전등화와도 같음을 알고 있었다. 별장으로 돌아온 그녀는 당분간 아무것도 모르는 듯 행동하는 것이 상책임을 간파했다. 복수는 나중의 일이었다. 아그리피나는 네로에게 사랑이 담긴 편지를 쓰면서 자신이 우연히 사고를 당했으나 기적적으로 구조되었다는 사실을 알렸다. 그녀는 자신이 거느리고 있는 해방노예를 시켜 그 서신을 전달하면서 아들의 반응을 면밀히 관찰하도록 지시했다.

그러나 네로가 이런 술책에 속아넘어갈 리 없었다. 어머니란 사람을 너무도 잘 알고 있었기 때문이다. 그는 그녀의 사랑 표현 속에서 협박보다 더한 심상치 않은 기운을 발견했다. 아그리피나의 해방노예를 체포한 네로는 과일 바구니 옆에 놓여 있던 칼을 집어들고는 이 사신이 아그리피나의 명령을 받아 그 칼로 자신을 찔러 죽이려 했다고 주장했다. 사람들이 네로의 말을 믿고 안 믿고는 중요하지 않았다. 중요한 것은 가능한 한 빠른 시일 내에 아그리피나의 숨통을 끊어놓는 일이었다. 그리고 그 일은 즉시 행동으로 옮겨졌다. 네로는 그 누구도 자신의 앞길을 막아설 자가 없음을 알고 있었다.

근위병 파견대가 별장을 향해 출발했다. 아그리피나는 아들이 보내올 답장을 초조하게 기다리고 있었다. 그러나 그 답이 무엇일지는 그녀의 노예들이 먼저 짐작하고 있었다. 노예들은 쓸 만한 물건들을 닥치는 대로 챙겨서 도망치기 시작했고 결국 그녀 곁에는 어린 하녀 한 사람만 남게 되었다. 이내 병사들이 아무런 사전 경고도 없이 검을 빼든 채 별장으로 들이닥쳐 아그리피나의 방에 모습을 나타냈다. 병사들은 아그리피나에게 다가가며 하녀를 단칼에 베어버렸다. 하녀는 비명을 지르며 쓰러졌다.

"이곳을 찔러라!" 아그리피나는 입고 있던 옷을 추켜올리며 분노에 찬 목소리로 외쳤다. "네로를 잉태했던 이 자궁을 찔러라!"

병사들은 재빨리 일을 해치운 뒤 융단으로 그녀의 시체를 싸서 네로에게 가져갔다. 황제는 어머니를 보는 순간 제정신이 아닌 듯했다. 그는 어머니의 사지를 이리저리 만져보며 마치 예술작품을 평가하듯 일일이 토를 달며 외쳐댔다. "내 어머니가 이토록 아름다운 분일 줄이야!" 이 말은 로마 전역으로 삽시간에 퍼져나가 황제를 적대시하는 귀족들의 입을 통해 그의 광기를 입증해주는 말로 회자되었다.

하지만 사실 그의 이러한 행동은 광기가 아니라 광기와 싸워 이기려 했던 네로 나름대로의 표현방식이었다. 그것은 일종의 심리적인 방어행위였다. 네로는 시체를 하나의 심미적 대상으로 환치시킴으로써 만일 그렇지 않았을 경우 참아내기 어려웠을―그리고 설사 그가 그렇게 했더라도 여생 동안 그를 끊임없이 괴롭힐―범죄와 일정한

거리를 유지할 수 있었던 것이다. 한편에는 아그리피나를 살해해야 할 정치적 필요성이 존재하고 다른 한편에는 모친 살해라는 끔찍한 범죄행위가 존재한다. 훗날 네로는—무대 위에서—자신의 어머니가 '됨'으로써 그 갈등을 해결한다. 에우리피데스의 《바코스의 시녀들》에서 네로는 자기 아들을 살해해 사지를 절단하는 어머니, 아가베(Agave)라는 여인의 역할로 자신의 데뷔 무대를 장식하게 된다.

네로의 행렬은 원형경기장으로 향한다. 황제가 입장해 빛을 반사하는 돌(specularia)이 깔린 반짝이는 모래판을 가로질러 황실석으로 다가가자 고막이 찢어질 듯한 기쁨의 환호성이 들려온다. 600피트 길이에 200피트 너비로 20만 명의 관중을 수용하고도 남을 만큼 거대한 원형경기장은 믿기 어려울 정도로 사치스럽게 치장되어 있다. 청중들과 연기자들을 구분해줄 금 그물망에서부터 결투 중에 죽는 검투사들을 위한 호박으로 만든 관에 이르기까지 모든 것이 호사스럽기 그지없었다.

보석으로 치장된 예복을 입은 제사장 네 명이 신들의 조상(彫像)을 들고 모습을 드러냈다. 그 조상들은 경기장을 분할하고 있는 널따란 벽인 스피나(spina) 위에 경건하게 안치되었다. 제물이 된 짐승들의 목을 찢어발기는 제사장들의 칼이 햇빛에 반사되어 번뜩였다. 관례에 따른 그들의 흐트러짐 없는 몸짓은 이 격렬한 의식에 정밀함과 아름다움을 동시에 제공해준다.

네로는 황실석에서 무심한 표정으로 이 광경을 지켜보고 있었다. 그는 종교적인 문제에 관한 한 일종의 회의론자였다. 예외가 있다면 시리아의 여신 아타르가티스(Atargatis)를 들 수 있는데 그가 그 여신에 대한 믿음을 잃고 대중 앞에서 여신의 '성상(聖像)'에 오줌을 누기 전까지만 해도 그는 수년 동안 그 여신을 숭배했다. 그의 아내 옥타비아는 이미 그가 경멸하는 대상으로 전락한 지 오래되었으므로 황제의 옆자리는 그의 연인 포파이아가 차지하고 앉아 있었다.

이 황제 '커플'은 화려한 보석과 반짝이는 비단옷, 자줏빛 혹은 은빛 흉패와 물결치는 깃털로 장식된 흰색 예복을 갖춘 귀족들에 둘러싸여 있었다. 줄 달린 흔들 향로로부터 군중들을 향해 향기가 퍼져나가고 네로의 얼굴 옆모습을 수놓은 주홍색과 황색의 천이 햇볕을 가리기 위해 관중들의 머리 위에 드리워졌다.

전차 경주는 행사 일정상 언제나 서두를 장식했다. 네로의 명령에 따라 행사 일수가 점점 더 늘어나면서 20일, 한 달 혹은 심지어 50일 이상 계속되기도 하는 축제에서 적어도 하루는 전차 경주의 날로 일정이 잡혔다. 경주용 말들은 일반 주민들 사이에 널리 알려진 사랑받는 존재였다. 제국 전역과 스페인, 그리스, 북아프리카 등지의 종마사육장에서 데려온 말들은 화환으로 장식되었고, 비단과 진주로 갈기를 땋아 늘어뜨리는 등 화려한 모습으로 변신했다. 그리고 그들의 맡은 바 임무를 다하고 나면 풍성한 장례식이 마련되었다. 비문(碑文)은 모자이크식으로 새겨지며 기념비 위에는 다음과 같은 말들로 장식되었다. "앞장섰노라, 이겼노라(Occupavi et vici)." "아무도 나의 승리를 점치지 않았지만 마침내 이겼노라(Erupi et vici)." "이기든 지든 우리는 너를 사랑한다. 오 폴리독세여!(Vincas non vincus, te amamus O Polidoxe)"

기수들은 그 당시 매력적인 유명인사였다. 네로가 음악이나 연극 공연과 더불어 전차 경주에도 직접 참여하겠다고 결심하게 된 것도 바로 그 때문이었다. 그의 통치 후기에 군중들은 자신들의 황제가 한 손에는 고삐를, 다른 한 손에는 채찍을 들고, 황제의 예복 대신 일반 기

수들이 입는 짧은 튜닉(고대 그리스 로마 사람들이 입던 가운 같은 겉옷—옮긴이)으로 갈아입고서 발뒤꿈치와 다리를 아마포로 감싼 채 출발선상으로 전차를 몰고가는 모습을 보며 미친 듯이 열광하게 될 것이다.

그것은 역시 위험한 일이었다. 서로 각축하는 전차의 바퀴살이 모이는 차축 중심부가 상대방 전차를 전복시켜 기수와 네 마리 말을 한꺼번에 황천길로 보낼 수 있기 때문이다. 특히 경기장 모퉁이 돌기에는 각별한 기술이 필요했다. 전차들은 경기장을 모두 일곱 바퀴 돌아야 했다. 거리로 치자면 2.5마일에 이르렀다. 승패의 많은 부분은 바깥쪽 두 마리 말을 어떻게 다루느냐에 따라 결정되었다. 왜냐하면 그들은 서로 멍에로 연결되어 있지 않고 밧줄 하나로 지탱되고 있었기 때문이다. 갈가리 찢겨진 기수의 시체가 갈고리에 의해 질질 끌려나오거나 사경을 헤매는 기수가 경기장 밖 대기실로 실려나오면서 경기가 막을 내리는 경우도 비일비재했다. 그럴 때마다 감독은 기수에게 저주를 퍼부으며 자신이 입을 손실을 계산하기 바빴다. 반면에 승자의 머리에는 종려나무 잎으로 된 관이 씌워지고 엄청난 양의 금이 부상으로 주어졌다. 그리고 그들의 매력에 흠뻑 빠진 여성들의 추파에 시달리는 새로운 위험에 직면해야 했다.

그리스에 대한 애정이 남달랐다고 하지만 원형경기장이 으뜸가는 최상의 볼거리를 제공하는 곳임을 너무나도 잘 알고 있었다는 점에서 네로는 영락없는 로마인이었다. 훗날 네로는 그리스를 여행하게 되는데 그는 그곳 사람들이 예술에 대한 이해력이 더 뛰어나고 네로 자신을 판단하는 데에도 더 적격인 사람들이라고 느끼게 된다. 그곳에서 그는 열리는 축제마다 상을 타게 되고 그리스인들은 로마의 모든 세금으로부터 면제되는 혜택을 누리게 된다. 그러나 그의 로마 공연이 시작되기 전에는 오로지 군중들을 기쁘게 할 목적으로 자행되는 다양한 죽음이 잇따랐다. 사람끼리의 검투 과정에서, 맹수들과의 격투 와중에서 그리고 때로는 심해의 괴물이라 할 만한 문어와 싸우는 과정에서 수많은 사람들이 죽어나갔다. 네로는 문어를 경기장에 선보이기 위해 인공 연못까지 조성했다. 어린아이의 커다란 머리와 생식기를 연상시키는 촉수를 가진 이 동물은 황제의 마음을 사로잡았다. 말하자면 네로 역시 마치 문어처럼 오로지 머리와 생식기밖에 없는, 그러니까 오로지 지성과 색정밖에 없는 그런 인물이었던 것이다.

그러나 이 바다 괴물은 많은 이국적인 볼거리들 중 하나에 불과했다. 공포와 경악으로부터 천박한 즐거움에 이르기까지 모든 감정을 만족시킬 볼거리들이 원형경기장에 등장하게 된다. 순결한 처녀들은 맨 앞줄에 앉아 발가벗은 검투사들이 한데 엉겨 싸우는 모습을 억지로 지켜보아야만 했다. 그것은 황제 자신이 생각해낸 고약한 장난이었다. 그 다음에는 '거북이'라는 공연이 펼쳐질 것이다. 곡예사들이 징 박힌 부츠를 신고서 눈깜짝할 사이에 동료들을 뛰어넘는 이 공연에서는 경기장 바닥이 부츠에 박힌 징으로 인해 반짝이다가 이내 피로 물들게 된다. 그러고 나면 막간을 이용해 이집트 식인종이 나와서 신선한 인간 시체를 게걸스럽게 먹어치운다. 아프리카 코끼리들이 검투사들을 가득 태우고 입장한다. 그들의 승부는 상대방을 죽임으로써만 끝날 수 있다. 무희들과 악사 그리고 가수들은 이러한 폭력을 더욱 부추기며 흥을 더해주게 될 것이다.

축제는 로마 시민이 원형경기장에 운집한 가운데 경주가 파하고 격투가 끝나고 인공 연못의 물이 피로 붉게 물들 때까지 그렇게 매일 계속되었다. 그리고 이제 바야흐로 최고의 장관이 로마 시민들에게 펼쳐질 차례이다. 자주색 예복 위로 금빛 별들이 흩뿌려진 그리스풍

망토를 걸친 네로가 무대 위로 발걸음을 옮겼다. 그리고 수금의 연주에 맞춰 달콤하고 우수에 젖은 듯한 노래에 황제의 목소리가 실렸다.

경기장에 운집한 수많은 관중들은 경외심을 억눌러가며 귀를 기울였다. 자신들의 황제가 노래를 마치자 경기장은 일순 혼돈스러운 침묵에 휩싸였다. 그리고 마침내 우레와 같은 갈채가 쏟아져 나온다. 네로가 승리한 것이다. 이번 승리를 필두로 네로는 전 제국을 두루 오가며 끊임없이 공연을 가지면서 수도 없는 승리를 거두게 될 것이다. 대부분 귀족 출신인 역사가들은 이 행사들에 대해 그의 공연이 보여주는 익살맞은 측면만을 강조하면서 일고의 가치도 없는 것으로 조롱했다. 예를 들어 모든 사람들은 쉬는 시간도 없이 몇 시간이나 계속되는 독창회장을 감히 떠날 엄두조차 내지 못했는데 이는 출입구를 근위병들이 지키고 있기 때문이라는 것이다. 또 만에 하나 공연 중 졸기라도 하는 날에는 생명이 위태로워질 것이기 때문이다. 그러나 그들이 '모든 사람들'이라 지칭한 것은 다분히 정치적인 동기에 의해 경기장에 출석한 그들 동료 귀족들을 가리킨 말이었다. 사실상 이들 독창회로 인해 네로는 대중들에게 엄청난 인기를 얻게 되었으며, 한 세기가 다 지나가도록 그의 이름이 평민들 사이에 회자되었다. 그리고 그가 죽은 뒤 한참이 지나서도 네로를 사칭하여 군대를 규합하고 반란을 획책하는 일이 네 차례나 있었다.

그러나 연극 공연에 비하자면 음악은 서곡에 지나지 않았다. 《바코스의 시녀들》에서 네로가 아가베 역으로 출연함으로써, 아그리피나의 살해에 관해 알고 있는, 그래서 황제가 현실과 몽상 사이에서 외줄타기를 하고 있다고 인식하고 있는 청중들은 이 연극을 일종의 실화로 받아들였다. 네로가 그의 어머니를 살해했다면 이제 그 어머니가 아들에게 복수할 차례인 것이다. 그의 죄는 이러한 예술적 카타르시스를 통해 정화되었다.

　이러한 사실은 특히 연극의 마지막 장면에서 재차 확인된다. 이 연극에서 아가베는 디오니소스 신이 주는 술을 받아 마시고 만취상태로 제정신이 아닌 몰아지경의 어머니로 등장한다. 아가베는 자신의 아들을 사자로 오인한 나머지 사냥해서 살해한다. 그러고는 자신이 사자 머리라고 생각하고 있는 것을 늙은 아버지 카드모스(Kadmos)에게 자랑한다. 그녀는 그것을 보여줌으로써 아버지를 즐겁게 해줄 심산이었다.

　아가베 : 보이세요? 이게 바로 이번 사냥의 성과예요. 가문의 영광이 아니고 뭐겠어요. 안 믿겨지신다구요? 아버지, 어서 친구들이나 초대하세요. 함께 즐기는 거예요.

　카드모스 : 그런데 네 손에 들고 있는 게 누구의 머리냐?

　아가베 : 사자의 머리죠. 아니 사냥꾼들이 그렇게 말했어요.

　카드모스 : 똑바로 보거라. 어서 네 손을 보란 말이다.

　아가베 : 이게 도대체 무엇이죠? 내 손에 쥐고 있는 이것이 무엇인가요?

　카드모스 : 더 자세히 살펴보거라. 눈을 부릅뜨고 보란 말이다.

　아가베 : 아니야, 이럴 순 없어! 오 신이시여. 가슴이 찢어질 것 같아요.

　카드모스 : 아직도 그것이 사자 머리로 보이느냐?

　아가베 : 이것은 - 내 아들의 머리 - 내 손에 있는 건 -

　카드모스 : 난 진즉부터 슬픔을 가눌 길이 없었다. 넌 이제야 그 사실을 깨달았구나.

　아가베 : 그러면 도대체 누가 내 아들을 죽인 것입니까? 그리고 왜 그 머리가 내 손에 있는 거죠?

카드모스 : 오, 잔인한 진실이여! 이 일을 장차 어찌해야 한다는 말인가!

아가베 : 부디 말씀해주세요. 내 심장이 공포로 두방망이질치고 있어요.

카드모스 : 네 아들을 죽인 건 바로 너다.

아가베 : 도대체 그를 어디서 죽였단 말입니까? 여기 집에서요? 아니면 어디에서요?

카드모스 : 그는 키타이론(Cithaeron)에서 살해당했다. 사냥개들이 악타이온(Actaeon)을 갈기갈기 찢어놓았다는 바로 그곳.

아가베 : 그런데 왜죠? 왜 그가 키타이론에 간 거죠?

카드모스 : 네가 베푼 술잔치에 갔던 거지. 그 잔치는 신을 모독하는 잔치였어.

아가베 : 그렇다면 우리가, 우리가 그 산 위에서 무얼 하고 있었던 걸까요?

카드모스 : 너는 제정신이 아니었단다. 도시 전체가 뭔가에 홀려 있었지.

아가베 : 맞아요. 이제 알 것 같아요. 디오니소스가 우리 모두를 파멸시킨 거예요.

카드모스 : 너는 그의 분노에 불을 질렀다. 그가 진정 신임을 부인한 거지.

아가베 : 아버지, 내 가엾은 아들의 몸뚱이는 어디에 있나요?

카드모스 : 저길 봐라. 내가 조각난 시신을 가까스로 수습해놓았다.

〔아가베는 아들의 시신을 들어올린다. 관대(棺臺)에 안치하기 전에 시신 조각들 하나하나에 애도를 표한다〕

아가베 : 오, 아버지. 이제 당신은 모든 것이 어떻게 변해버렸는지

아실 거예요. 바로 얼마 전까지 내 사냥의 결과물에 의기양양해서 보무도 당당했던 내가 이제 슬픔으로 괴로워하고 있어요. 내가 자랑스럽게 집으로 가져왔던 그 노획물은 제 자신의 저주였어요. 그러니 이 저주받은 손으로 어찌 감히 아들의 몸을 만질 수 있겠어요? 저주받은 내가 어찌 그를 돌볼 수 있겠어요? 오 신이시여, 내 어찌 이 갈기갈기 찢겨진 사지를 위해 만가(輓歌)를 부를 수 있겠습니까? 이리 오세요, 아버지. 이 불쌍한 아이의 몸뚱이에 머리를 붙여서 제 모습을 찾아주어야 해요. 있는 힘을 다해 이 아이가 다시 온전한 모습으로 되돌아오도록 하자구요. 오, 이 비길 데 없이 사랑스러운 얼굴이여! 이 어여쁘고도 천진난만한 입술이여! 이제 이 엄마가 네 얼굴에 베일을 씌워주마. 난도질당해 피범벅이 된 사지를 온 정성을 다해 수습해주마. 그리하여 네 육체에 새 생명을 불어넣어 주마.[4]

여기에서 우리는 자신의 어머니를 살해하고 이제는 자신의 아들을 죽인 어머니 역을 연기하고 있는 청년 네로의 반전을 목도하게 된다. 그러나 네로가 그 일을 채 마치기도 전에 또 다른 반전이 우리를 기다리고 있다. 예술과 실제의 삶이 그에게서 수시로 교차되어 갔지만 이번 반전만은 '현실의 삶' 속에서 일어나게 될 것이다. 통상 열두 시간씩 계속되는 주연 속에서 타락과 방탕에 빠진 중년의 네로는 사자 가죽을 걸치고, 기둥에 발가벗겨진 채로 묶여 있는 젊은 남녀의 성기를 공격한다.

그리하여 자신의 환락과 배우 노릇을 통해 네로는 '사자' — 아가베가 《바코스의 시녀들》에서 살해한 아들 — 가 된다.[5] 이제야 비로소 그

4_ 에우리피데스, 《바코스의 시녀들》, 데이비드 그렌과 리치먼드 라티모어(David Grene and Richmond Lattimore) 편, 《그리스 비극 전집》, 시카고대학교 출판부, 시카고, 1992년.

아들은 단순히 사자로 오인된 존재가 아니라 바로 그 사자가 된 것이다. 그리고 그렇게 살아남는다. 범죄와 방탕은 그를 짐승의 수준으로 격하시키지만 한편으로는 그를 강하고 죽지 않는 존재로 만드는 것이다.

자신의 신하들에 대해 절대권력을 가진 로마의 독재자 네로는 인간 이하의 존재이면서 동시에 인간 이상의 존재였다. 다시 말해 그는 한 마리 금수(禽獸)인 동시에 신이었다.

5_ 네로는 또 한 사람의 예술가이자 난봉꾼인 마르키 드 사드(Marquis de Sade)의 영웅이 된다. 그는 네로와 유사하게 사회적 혁명 대신에 미적 혁명을 주창한 철학자이자 극작가인데, 사회적 혁명은 그를 바스티유 감옥으로부터 구출해주었지만 결국 그를 정신병원에 가두고 말았다.

2. 세상에 단 하나뿐인 결혼 선물

　권력의 기반을 다진 네로는 선왕의 딸이자 자신의 아내인 옥타비아를 버리고 싶어 했다. 오빠의 죽음을 잊지 못한 채 마음이 상해 있던 그녀는 정숙하고 대단히 보수적이면서 로마적 가치를 중시했다. 일반인들 사이에서는 숭배의 대상이었을지 몰라도 네로에게는 어울리지 않는 짝이었던 것이다.

　황제의 정부 포파이아는 옥타비아와는 정반대였다. 그녀는 재치 있고 아름다운 한편, 약삭빠르고 사치스러웠다. 그녀는 매일 당나귀 500마리의 정액과 젖을 섞어 목욕을 했다. 호칭만 그렇지 않았을 뿐 그녀는 실제로 황후나 다름없었다. 포파이아가 네로와 옥타비아 간의 불화를 부추기는 바람에 마침내 네로는 기꺼이 모종의 행동을 취할 마음을 갖게 되었다.

　왕자를 낳지 못했다는 미명하에—사실 네로는 옥타비아에게 그럴 기회조차 주지 않았다—옥타비아와 이혼하면서 네로는 그 정숙한 아

내에게 간통이라는 혐의를 뒤집어씌웠다. 그러나 옥타비아는 자신을 알고 있는 사람들 마음속에 충성심을 불러일으켰다. 네로는 지푸라기라도 잡는 심정으로 그녀의 하녀를 고문했지만 심문자들이 확보한 유일한 증거라고는 소녀가 고통을 참아내며 그들에게 퍼부은 욕설뿐이었다. "우리 주인님의 그곳(음부를 지칭하는 외설적 표현)은 네놈들의 주둥아리보다 깨끗하다." 이 말은 로마에서 옥타비아에 대한 일반인들의 동정심을 불러일으켰다.

옥타비아를 지지하는 시위들이 발생하고 네로가 자신의 정부 포파이아에 대해 경의를 표했던 공공장소에서 포파이아의 조각상들이 허물어졌다. 그러나 소용없는 일이었다. 황제는 옥타비아에게 병사들을 보내 스스로 목숨을 끊도록 명령했다. 그녀는 자비를 간청했지만 결국 의사가 자신의 정맥을 절개하는 동안 옴짝달싹할 수 없었다. 그리고 그녀의 잘린 머리는 포파이아에게 결혼선물로 주어졌다.

그로부터 열이틀 후 그녀와 네로는 동양식의 장관과 화려함으로 연출된 결혼식을 거행한다. 그 이후로도 네로는 자신의 통치기간이 끝날 때까지 가끔은 신랑 대신 신부 역을 하면서 몇 번의 결혼식을 더 치르게 되지만 이번 결혼식처럼 화려하게 형식을 갖춘 적은 없었다. 포파이아는 그의 곁에 있었지만 자신의 분수를 아는 조연 여배우 그 이상도 이하도 아니었다. 네로는 자신을 장식해주는 멋진 장신구들과 예술적 허식으로 무장한 채 스스로 로마의 황제이면서 황제 역으로 분장한 자신을 보여줌으로써 로마인들을 놀라게 했다. 그는 신과도 같은 한 개인으로서 권력과 예술 양자 모두를 상징하는 존재였다.

3. 잿더미의 로마에 발휘된 창조적 예술성

　삼복더위가 기승을 부리던 64년 7월 19일 밤. 보름달이 휘영청 로마를 밝히고 있었다. 이 사실은 매우 중요하게 언급될 필요가 있다. 만일 로마를 폐허로 만들 대화재가 정말로 네로의 작품이었다면 자신의 행위가 적나라하게 드러날 이런 날 밤을 거사일로 택하지는 않았을 것이기 때문이다.

　그 어느 누구도 로마의 대화재가 어떻게 발생했는지 모른다고 말하는 편이 오히려 진실에 가깝다. 원형경기장 근처 팔라티노 언덕 기슭에는 많은 상점과 창고들이 밀집해 있었고 그곳에는 올리브 오일 통과 옷감을 비롯한 갖가지 발화성 물질들이 가득 차 있었다. 그리고 로마의 3분의 2를 초토화시킬 대재앙의 시작은 몇 점의 불티만으로도 충분했다. 바로 그 몇 점의 불티가 때마침 불어온 강한 바람을 타고 화염을 확산시켜 이른바 그 지옥의 대참사로 이어졌던 것이다. 삽시

간에 나무로 지어진 원형경기장의 좌석들이 엄청난 강도의 불길에 휩싸였다. 이윽고 대혼란이 연출되었다. 온갖 맹수와 말, 검투사들, 노예와 그 주인들, 곡예사와 조련사들, 배우, 어릿광대 그리고 가수들이 거리로 쏟아져 나왔으며, 이미 거리는 가게의 물건들을 하나라도 더 건져보려 안간힘을 쓰고 있는 상점 주인들과 시민들로 일대 혼잡을 이루고 있었다.

불길이 에스퀼리노 언덕을 에워싸면서 이제 그들에게 가장 중요한 것은 자신의 목숨을 부지하는 일이 되어버렸다. 그곳은 골목들이 비좁아서 불길이 집집마다 쉽게 번질 수밖에 없었다. 도처에서 공포의 비명소리가 들려왔다. 사람들은 가족들을 구하려다 짓밟히거나 불에 타 죽었다. 남자들은 불길을 잡아보려고 사력을 다했지만 무너지는 건물과 한치 앞도 알아볼 수 없는 연기로 가득한 거리에서 이 모든 노력은 수포로 돌아갔다. 많은 이들이 자신의 아내와 자식들을 구하기 위해 화염에 휩싸인 집으로 몸을 던졌고 어떤 이들은 불길에 휩싸인 벽에 막혀 오도 가도 못한 채 쓰러져갔다.

도둑들이 극성을 부려 사람들을 공포의 도가니로 몰아넣는 동안, 경찰들은 보물들을 약탈하기 위해 대저택에 불을 질렀다. 한 주일 내내 시민들은 불길과 아슬아슬한 일대 격전을 벌였다. 그리고 마침내 그들이 이 싸움을 이겨냈다고 느낄 찰나에 갑자기 다시 기세를 얻은 불길이 엄습해왔다.

로마의 역사와 그 시초를 같이하는 달의 사원(The Temple of the Moon)이 소실되었고, 로마 가정의 수호신인 페나테스(Penates) 역시 순결한 처녀들의 머리카락을 잘라서 내걸어놓은 고령의 성스러운 나무들과 운명을 같이했다. 누마(Numa) 궁전, 통로의 집(the House of Passage), 클라우디우스의 님페움(The Nympheum of Claudius), 수많은 고서들과 예언신탁집과 같은 소중한 기록들이 모두 한 줌 재로 화해 버렸다. 불길은 이제 바야흐로 팔라티노 언덕에 산재해 있는 황실의 대저택들을 집어삼킬 기세였다.

네로는 30마일 떨어진 안티움에 있는 해변 별장에서 로마로 황급히 달려갔다. 그는 자신의 그림과 조각상, 각종 예술작품들 그리고 그리스와 아시아의 사원들에서 약탈해온 전설적인 소장품들이 위태롭다는 소식을 접하고 고민에 휩싸였다. 팔라티노 남쪽 끝으로부터 화염이 밀려오고 있었다. 네로는 불가피하게 북동쪽으로부터 로마로 진입해서 아직 화마가 미치지 않은 광장 쪽으로 길을 뚫었다. 맹렬한 열기와 뜨거운 재 속에서 네로는 궁전을 향해 기어올라 병사들에게 화염을 뚫고 가능한 모든 것들을 구해내도록 독려하면서 자신도 몸을 던져 구조에 앞장섰다.

불길과의 싸움은 몇 날 며칠 동안이나 계속되었다. 그동안 황제는 테베레 강 건너편에 지휘부를 설치했다. 여기에서 그는 화염에 휩싸인 수도를 몇 시간이고 물끄러미 쳐다보며 시간을 보내게 되었다. 그러던 어느 날 황제는 불꽃의 아름다움과 파괴의 슬픔에 마음이 움직여 수금으로 만가를 연주하며 노래를 부르기 시작했다. 트로이의 화재를 상기시키는 엘레지였다. 그것은 참으로 장엄한 순간이었지만 한편으론 위험한 순간이기도 했다. 집을 잃고 가족을 사지로 몰아넣은 슬픔에 고통받고 있던 수많은 이재민들은 황제의 노래가 자신들의 처지를 조롱하고 있다고 생각했다. 분명 황제 자신이 방화를 명령했으며 그는 지금 이 장관을 즐기고 있다는 뜬소문이 삽시간에 퍼져나갔다. 그의 통치가 시작된 이래 처음으로 평민들이 그에게 불만을 품게 되었다. 황제를 저주하는 낙서들이 새까맣게 타버린 벽을 수놓았다. 근친을 살해하여 그 시체를 담은 검은 마대자루가 한 공공광장에 있

는 그의 조각상에 걸쳐졌다. 벨라브룸에서 유기된 채 발견된 죽은 아이의 시체에는 이런 글이 남겨져 있었다. "내 아들아, 난 너를 기르고 싶지 않구나. 행여나 네가 날 죽일지도 모르니까." 네로가 노래를 부르면 부를수록 사람들은 화재의 책임을 그에게 덮어씌우며 점점 더 그를 비난했다. 황제는 이 도시가 완전히 파괴되는 꼴을 보고 싶어한다는 말들이 떠돌았다.

얼핏 보기에도 민심은 흉흉했다. 소문은 특히 비참함이 극에 달한 이재민들 사이에서 기승을 부렸다. 그들은 사원들과 공중목욕탕, 공동묘지, 도시를 에워싸고 있는 들판과 공공광장에 진을 치고 있었다. 화마를 피한 가게나 집은 먹을 것을 찾는 사람들에 의해 약탈당했다. 주인 없는 노예들은 떼를 지어 몰려다니며 시민들을 살해했다. 네로의 지휘부 주변을 지키고 있던 근위병들에게는 불시의 습격을 기도하는 자들을 가차없이 죽이라는 명령이 하달되었다.

그리고 마침내 7월 28일, 불길은 화재가 시작되었을 때의 기세와 마찬가지로 삽시간에 잦아들었다. 부서진 건물의 잔해가 에스퀼리노 언덕에 산더미처럼 쌓여·있어 그것이 불길을 차단하는 거대한 방화벽 구실을 했다. 화염은 더 이상 태울 것을 찾지 못한 채 이내 수그러들고 말았다.

로마의 대화재가 막을 내렸다. 그리고 폐허가 된 도시를 재건하는 일이 급선무로 다가왔다. 가장 먼저 네로는 사재를 털어 집을 잃은 자들을 먹여 살릴 옥수수를 오스티아로부터 긴급 수송해왔다. 사원들은 다시 문을 열었으며 신들의 조각상들이 성수와 포도주로 씻겨졌다. 네로는 '새로운 로마'를 위한 자신의 계획을 발표했다. 그리고 목수와 일꾼들이 각 지방으로부터 차출되었다. 작업은 놀라운 속도로 진행되었다. 잿더미 속에서 가장 먼저 건물을 세우는 사람들에게는 상금도

주어졌다.

비품을 제외하고는 모든 자재가 목재에서 석재로 대체되었다. 새롭게 조성되는 공공광장에는 분수와 저수고가 설치되었다. 모든 가로는 전보다 넓게 조성되고 가옥들 간의 간격도 더 넓어졌다. 하지만 네로에게 가장 중요한 것은 자신이 기거할 웅장한 새 궁전을 짓는 일이었다. 네로는 '황금저택'으로 불려질 이 궁전을 파괴된 건물들이 들어서 있던 광대한 부지 위에 세울 예정이었다.

황금저택이 다른 궁전들과 구별되는 점은 무엇이었을까? 그것은 바로 네로가 하나의 세계 속에 또 다른 세계를 창조하려 했다는 점이다. 이 궁전은 환상의 전당이라 할 만했다. 즉 세계를 재현하고 재창조하여 인간의 상상력으로 그것을 완성하는, 신의 경지에 가까운 예술적 소양이 발휘된 걸작품이었던 것이다.

그러나 이것은 한눈에 드러나 보이지는 않는다. 방문객은 궁전에 다가가면서 우선 여느 황궁과 다름없는 화려한 외관을 보게 된다. 120피트 높이의 네로의 조상이 안뜰을 굽어 내려다보고 있고 그 뒤로는 금으로 뒤덮인 원주가 끝없이 줄지어 서 있는 것처럼 보인다.[6]

물론 이것이 네로를 표현한 가장 큰 조각상이지만 신비함을 놓고 보자면 현관 안 넓은 홀에 있는 파로스 산(産) 대리석 조각상이 으뜸이다. 이 조각상의 얼굴 모습은 네로의 심리상태를 여러모로 잘 드러내고 있다. 그것은 음란한 것에 대한 호기심을 솔직하게 드러내는 현대적인 얼굴이다. 만약 그 용모에 어떤 잔인성이 배어 있다면 그것은

6_ 이 예술작품은 기묘한 운명에 처하게 될 것이다. 하드리아누스 통치기에 30마리의 코끼리를 동원하여 이 거대한 조상을 베누스 사원으로 옮겼는데 네로는 그곳에서 각각 13피트에 이르는 일곱 빛줄기를 받으며 태양신 헬리오스로 변신하게 된다. 바로 길 건너편 원형경기장은 거대한 조상이라는 뜻에서 따온 콜로세움이란 별칭을 얻게 된다. 네로의 빈정거리는 듯하면서도 방탕한 모습이 느껴지는 이 조상은 7세기에 이르러서야 비로소 수염을 단 헤르쿨레스의 두상으로 대체된다.

칼리굴라와 같이 인간의 미숙한 사디즘이 아니라 그밖의 어떤 것, 요컨대 훨씬 고도로 발전된 의식과 생에 대한 비극적인 통찰, 미에 대한 섬세함 등에 의해 조율된 잔인성이다. 그의 입은 명령이 아닌 빈정댐과 조소를 드러내고 있어 괴이쩍고 도발적이다. 강인한 로마인의 코와 돌출된 이마의 얼굴 상반부는 카이사르의 모습과 흡사하다. 빈정대듯 비틀린 입술과 가냘픈 턱 그리고 그 주변의 수염이 조각된 얼굴 하반부는 사티로스(satyr, 주신 바코스를 섬기는 반인반수의 숲의 신. 술과 여자를 몹시 좋아하며, 로마 신화의 파우누스에 해당함—옮긴이)의 그것이다. 두 눈 주변의 형상과 밋밋한 광대뼈는 미숙함과 성숙함을 동시에 보여주는, 즉 덜떨어진 듯하면서도 동시에 조숙해 보이는 모순적인 인상을 풍긴다.

궁전의 본건물로 들어가면 각 방마다 비할 데 없이 사치스러운 장식품들이 가득하다. 천연 대리석과 보석 모자이크, 자개 장식에 비단으로 뒤덮인 향내나는 나무 침대, 유황수와 해수로 찰랑대는 욕조도 보인다. 욕조의 해수는 특수 관으로 끌어온 것인데, 겨울에는 따뜻하게 데우고 여름에는 산에서 운반해온 눈과 얼음으로 차갑게 한다. 그밖에 숨겨진 분무기에서는 동방의 품위 있는 향수가 뿜어져나오고 각종 회화작품과 조각상들이 진열되어 있으며 심지어 멀리 중국에서 온 희귀 공예품도 보인다. 그리고 네로의 금제 수금이 각종 경연대회에서 받은 이루 헤아릴 수 없이 많은 승리의 관들로 둘러싸여 있다. 이들 장식품들을 일일이 열거하기도 벅차다. 어쨌든 방문객들의 열광적인 평가로 미루어볼 때 네로가 고대세계에서 사치에 관한 한 새로운 경지를 제시했음은 분명해 보인다.

연회장에 들어서면 그 환상적인 면모가 극에 달한다. 거대한 돔형 천장에 하늘이 재창조되어 있는 것이다. 태양과 달과 주요 별자리들이 은과 다이아몬드와 금으로 묘사되어 있다. 흐르는 물을 동력삼아 돌아가는 비밀 장치를 교묘히 이용해서 둥근 천장이 끊임없이 회전하는데, 이는 기계공학의 경이라 할 만하다. 행성들이 각자의 경로를 따라 움직이면 천체의 궤도가 드러나고 '일출'에서 '일몰'에 이르는 동안 그에 걸맞은 빛과 그림자가 드리워진다. 하늘이 방문객들 머리 위에서 회전하고 있는 동안 발 아래에서는 지하세계와 플루토의 영역을 상징하는 스틱스 강이 흐르며 검은 개구리가 그 속에서 뛰어놀고 있다. 그리고 벽면에 제국의 각 지방과 산, 대양, 도시들이 광대한 파노라마처럼 펼쳐지면서 이 우주 설계도는 완성된다.

연회장에서 한 걸음 나아가면 또다른 환상이 방문객들을 맞이한다. 네로는 도시 한복판에 시골의 풍광을 연출해놓았다. 먼저 보이는 것은 이국적인 새들이 날고 있는 새장과 색다른 짐승들이 어슬렁거리는 동물원 그리고 품위 있는 정원이다. 그러나 다음 순간 방문객들의 눈앞에는 광활한 자연이 화려하게 펼쳐진다. 양떼가 노닐고 방앗간이 보이는 초원과 목장, 야생동물들이 방목되고 있는 숲, 경작지와 포도밭, 이 모든 것들이 혼잡한 도시 로마 한복판에 거짓말처럼 펼쳐져 있는 것이다.

이렇듯 네로는 방문객들이 예술적으로 창조된 자연 속을 거니는 가운데 모든 종류의 초자연적 환상들과 우연히 마주치도록 꾸며놓았다. 예를 들면 긴 들판 가장자리 자그마한 개울 옆에는 곡물의 신 세이아(Seia)에게 헌정된 작은 시골풍의 사원이 있다. 그 사원은 스펙쿨라리아(specularia)라는 단단하고 흰 투명석재로 지어졌는데 햇빛을 받으면 그 빛이 자연으로부터 온 것이 아니라 마치 사원 자체로부터 발산하는 것처럼 보였다.

비록 네로가 칼리굴라의 예를 따르지 않고 원로원을 너무도 경멸한

나머지, 그리고 자기 동물들의 품격을 떨어뜨리고 싶지 않다는 생각에 자신의 애마를 원로원 의원으로 임명했다고는 하지만 마구간의 호사스러움은 그 정도가 지나쳤다. 원로원에 대한 네로의 경멸을 잘 알고 있는 황실의 광대는 때때로 황제에게 무례하게 큰 소리로 외친다. "저는 당신을 증오합니다, 황제 폐하!" 그러면 네로가 "왜?"라고 묻는다. 그리고 "당신이 원로원 의원이기 때문입죠!"라는 광대의 대답은 황제를 항상 파안대소하게 했다.[7]

로마는 이제 거꾸로 광활하고 호화로운 이 인공 세계의 끝자락에 붙어 있는 단순한 변두리에 불과한 존재가 된다. 황금저택과 건물들, 정원, 들판으로 이루어진 대단지에 걸맞도록 거리들도 재정비되었다. 이 모든 것은 네로가 자신의 공상적인 건축 계획을 현실화하기 위해 방화를 꾀했다는 항간의 소문에 신빙성을 더해주는 듯했다.

그러나 네로가 소장하고 있던 그 많은 예술작품들이 화염 속에서 재로 변했다면 바로 그 사실 하나만으로도 그것은 부당한 혐의일 수 있다. 그가 방화를 명령했다면 당연히 그것들을 사전에 다른 곳으로 옮겼어야 마땅한 일 아닌가? 하지만 죄의 유무를 일단 제쳐놓더라도 한 제국의 황제가 자신의 수도를 파괴하려는 음모를 꾸몄다는 혐의를 받고 있다는 사실 자체가 의미심장하다. 사실 자신에게 생명을 준 어미를 살해할 수 있는 자라면 이번 방화도 얼마든지 저지를 수 있는 일이 아니겠는가?

네로가 알렉산드리아에 관해 읊조리는 것을 들어보면 그 도시의 그

7_ 훗날 대역죄를 묻는 재판이 열리자 광대는 이따금 황제를 책망하는 투로 이 재담을 변용한다. "오, 황제폐하시여. 당신은 게으름뱅이십니다!" 황제가 "왜?"라고 묻자 그는 "당신은 원로원 의원들을 한꺼번에 죽이시지 않고 한 번에 한 사람씩 죽이고 계시기 때문입죠"라고 대답한다. 이 말은 칼리굴라의 다음과 같은 말을 연상시킨다. "짐은 로마 전체가 하나의 목을 가지고 있으면 좋겠어. 그러면 단칼에 로마를 베어버릴 수 있잖아!"

리스 문화가 갖는 활력 때문에 알렉산드리아를 '동방의 진주'로 여기게 되었다는 인상을 더욱 지울 수 없다. 알렉산드리아에 있는 등대는 세계 7대 불가사의 중 하나이고, 수많은 장서를 소장하고 있는 알렉산드리아 대도서관은 문명세계에서 그 유례가 없을 정도로 독특했다. 이곳의 철학 학파들은 역동적인 논쟁으로 들끓었고 그 역사 또한 흥미로웠다. 그리스의 유산은 경직된 관습이나 호전적인 정신에 물든 로마의 유산보다 더 예술적이고 더 문명화되어 있었다. 네로는 로마인이라기보다는 오히려 그리스인에 가까운 사람이었다. 전쟁을 알리기 위해 활짝 열어두곤 했던 야누스 사원의 거대한 문들은 그의 통치 기간 내내 굳게 닫힌 채 빗장이 질러져 있었다. 그것은 황제가 자신의 예술적 경쟁 상대들을 뒤쫓는 데 온 정신이 팔려 있었기 때문이다. 따라서 사람들은 한 사람의 인기 스타(monstre sacré)로 그를 사랑했던 반면에 그 인기 스타가 무소불위의 능력을 지닌 괴물 같은 인간이라는 사실 또한 잊지 않고 있었다.

갖가지 소문과 혐의가 황제가 누렸던 대중적 인기의 기반을 흔들 지경에 이르자 네로는 해결책을 궁리한 끝에 기독교인들에게 그 혐의를 뒤집어씌우는 기발한 생각을 하기에 이른다. 그들이 불을 질렀다고 상상하기란 그리 어려운 일이 아니었다. 어쨌든 그들은 로마의 여러 신들에서부터 원형경기장의 흥미진진한 검투 경기에 이르기까지 로마의 모든 제도에 대해 적대적이지 않은가? 이러한 비로마적 가치와 악명 높은 종교에 비추어볼 때 이들 광신도들보다 로마에 불을 지를 가능성이 더 큰 부류가 또 어디 있단 말인가?

기독교적 신앙은 모든 것을 뒤집어놓는다. 최후가 시초가 되고 비천한 신분이 존경받으며 생은 경멸의 대상이고 죽음은 영생에 이르는 통로로 갈구된다. 성인이 되기 전에 죽은 아이들에 대해서도 로마인

들은 영화(榮華)의 기회를 박탈당해 눈물 흘리는 모습으로 묘사하는 반면에 기독교인들은 죄악과 유혹의 생으로부터 벗어났다는 의미에서 그들을 즐거운 천사로 묘사한다.

로마적 관점에서 보면 기독교적 사고는 어느 모로 보나 뒤틀려 있고 부자연스러웠다. 마구간에서 태어난 그들의 신은 멸시받고 조롱받다가 십자가에 못박힌다. 이교도 신화에 따르면 로마의 신 아도니스(Adonis)도 죽음에 이르지만 그는 멧돼지 사냥을 하던 중에 죽는다. 범죄자와 절도범, 즉 낮은 신분 중에서도 가장 비천한 부류에게만 내려지던 십자가형으로 죽은 것이 아니었다. 따라서 이들 기독교 종파에 자유를 허용한다면 제국과 사회 구조와 군대를 위태롭게 만드는 꼴이 되고 말 터였다.

그리하여 네로는 기독교인들의 기도 집회를 금지하는 최초의 칙령을 발표한다. 극소수의 귀족 출신 개종자들을 제외하면 대체로 노예와 가난한 자유민들로 이루어진 기독교인들은 박해를 피해 지하로 숨어들어 갔다. 그들은 죽은 자를 매장하는 바티칸 언덕의 지하묘지와 작은 동굴을 거처로 삼았다.[8] 그들 중에는 몇 해 전 동방에서 온 예수의 제자 바울(The Apostle Paul, 10?~67?)이라는 사람도 끼어 있었다. 이전부터 로마와 이교도 신앙에 대한 그의 노골적인 비난은 황제의 분노를 사왔다. 그리하여 그는 자신이 '거대한 적(The Great Enemy)'이라 부른 네로의 명령에 따라 구속되어 로마로 끌려왔던 것이다. 그리고 두 해 동안 광장 근처에서 엄한 감시하에 배에서 사용할 밧줄과 범포(帆布)를 엮거나 독실한 신자들에게 보낼 편지를 작성하며 생활

8_ '바티칸'이라는 이름은 기독교도들이 사용하기 이전에 이미 사용되어 왔다. 이 말은 오랜 옛날부터 이교도 사제들과 예언자들이 이 언덕 위에 서 있는 고목 아래에서 신탁을 내려왔던 까닭에 라틴어로 '예언자의 노래'라는 뜻의 바티스 칸투스(vatis cantus)에서 유래한 것이다.

하고 있었다. 바울은 로마에 거처를 정한 예수의 또 다른 제자 베드로와 함께, 네로의 뚜쟁이자 연회장 사회자 역을 맡고 있는 신임 근위대장 티겔리누스(Ofonius Tigellinus, ?~69)에 의해 대역죄를 추궁받는 최초의 기독교인에 속하게 되었다.

대대적인 검거 선풍이 불고 수천 명의 죄수들이 원형경기장의 지하 감옥으로 속속 붙잡혀 들어왔다. 그곳에는 그들의 운명을 결정할 엉터리 재판이 기다리고 있었다. 판결은 이미 내려져 있는 것이나 다름없었다. 원로원 의원들과 이교도 사제들 그리고 철학자, 군인, 시인들은 한결같이 기독교인을 비난하는 쪽이었기 때문이다. 재판에 제출된 증거라는 것이 고작 로마가 불타고 있는 동안 희열에 들뜬 일단의 기독교인들이 기쁨의 찬송가를 부르며 로마의 멸망과 그리스도의 재림을 예언했다는 정도였다.

평결은 만장일치로 내려졌다. 요컨대 로마를 파괴한 것은 네로가 아니라 기독교인이라는 것이었다. 판사가 그들에게 사형을 언도했다. 예수와 비슷한 죽음을 맞도록 평결이 내려진 것을 기뻐하는 바울을 비웃기라도 하듯 그는 발을 하늘로 향한 채 거꾸로 매달리는 신세가 되었다. 평결을 받은 자들은 며칠 동안 경기장에서 성난 황소의 등에 묶이거나 맹수에게 던져지거나 검투사들과 결투를 벌이는 등 고문을 당한다. 황궁에서 벌어진 연회석상에서 네로는 정원 통로를 따라 세워진 말뚝에 4,000명에 이르는 희생자들을 묶도록 명령한다. 해가 지고 어둠이 찾아들자 그들의 몸에 불이 붙여진다. 마침내 화염에 휩싸인 몸뚱어리들이 마치 횃불처럼 어두운 통로와 각종 조상과 분수들을 환하게 밝힌다. 그리하여 단말마의 고통과 기도의 외침소리가 순교자들의 죽음을 지켜보는 손님들의 술 취한 건배 소리와 한데 뒤섞인다.

황궁 담장 밖에서는 기독교인 가족들이 무릎을 꿇은 채 기도하고

있었다. 새벽이 되면 그들은 사랑하는 이들의 숯덩이가 된 유해를 찾기 위해 파수병들에게 뇌물을 주고 흥정을 벌이게 될 것이다.

네로는 여전히 같은 복장으로—그는 연회 중에는 태양신 아폴로처럼 옷을 갖춰 입었다—또한 전날 밤의 장관에 여전히 도취된 채 유골들이 운반되어가는 것을 무심히 바라보면서 수금을 연주하며 노래를 불렀다.

기독교인들은 다른 황제 치하에서 더 혹독한 고통을 당하게 될 것이다. 예를 들어 디오클레티아누스(Gaius Aurelius Valerius Diocletianus, 245~316) 황제의 박해는 냉혹하기로 유명하다. 하지만 〈요한 계시록〉에서 그리스도의 적과 동일시되고 있는 황제는 다름 아닌 네로이다. 그는 〈요한 계시록〉에 나오는 바로 그 짐승으로 "과거에 존재했으나 지금은 존재하지 않고 그럼에도 여전히 존재하는" 그리스도의 적이다. 그는 세상의 멸망과 함께 파멸의 나락으로 떨어질 어둠의 존재(The Dark One)이다.

그럼에도 불구하고 네로가 기독교로부터 이렇듯 유별난 대우를 받는 것 그리고 기독교적 시각에서 그가 도저히 구원받을 수 없는 인물로 받아들여지는 것은 모두 네로의 그리스 문화에 대한 애정 때문이다. 기독교 세계는 궁극적으로 로마의 건전한 미덕을 자기 것으로 받아들이고 심지어는 로마제국의 조직 구성, 가령 행정구 큐리아(curia)라든가 성직 체계 등을 넘겨받기도 했다. 하지만 그리스 철학에 대한 성찰이라든지 그리스 종교에 대한 몰입, 그리스 예술에 대한 탐닉 등은 모두 저주받은 자들의 몫으로 여겨졌다. 그리고 배우이자 황제인 네로는 자신의 금제 수금과 연극적인 몸짓을 동원해서 바로 그 저주받은 자들 위에 항상 지고의 존재로 군림하는 것이다.

4. 죽은 아내를 쏙 빼닮은 소년과의 결혼

포파이아는 두 번에 걸쳐서 임신을 했다. 네로와의 사이에서 낳은 첫번째 아이는 딸이었는데 유년기에 세상을 떴다. 죽은 딸은 여신으로 받들어졌으며 그녀의 사원은 수수한 봉헌물들을 갖다 바치는 평민들에 의해 추앙되었다. 정치적으로 꿍꿍이속이 있는 사람들 역시 전당에 엄청난 재물을 아낌없이 갖다 바쳤다.

이제 포파이아의 뱃속에는 왕위를 계승할지도 모를 아이가 다시 자라고 있었다. 그러나 그녀는 그 아이를 무사히 출산해야 한다는 걱정과 어쩔 수 없이 자신의 쾌락을 자제할 수밖에 없는 상황으로 인해 신경이 매우 날카로워져 있었다.

황제가 원형경기장으로부터 돌아온 것은 꽤 늦은 시각이었다. 그곳에서 그는 자신의 애마가 승리를 놓치는 순간을 지켜보았던 까닭에 그녀의 불평을 들어줄 기분이 아니었다. 그는 그녀의 고충에 대해 일

말의 연민도 갖고 있지 않았다. 거친 말들이 오갔다. 포파이아는 남편의 열렬한 애정에 오랫동안 익숙해 있었기 때문에 그를 전혀 두려워하지 않았다. 그러나 그것이 실수였다. 네로가 이미 자제력을 상실하고 있었기 때문이다. 그녀의 자궁에서 자라고 있는 새 생명이나 심지어는 그 아이가 왕위 계승자가 될 수도 있다는 생각조차도 네로를 한발 물러서게 할 수는 없었다. 아무런 생각 없이 그는 자신을 화나게 한 사랑하는 아내를 걷어차고 후려쳤다. 그리고 다음 순간 그는 자신의 팔에 안겨 죽은 아내를 바라보며 비탄에 빠져 미쳐가고 있었다.

그는 동양 여왕의 장례 방식을 본떠 그녀를 매장하기 위해 국고를 탕진하면서까지 수주 동안이나 애도를 표시했다. 그러나 그것으로는 부족했다. 그녀에 대한 갖가지 기억들이 그를 가만 놔두지 않았기 때문이다. 어느 날 그는 생김새 하나하나가 그녀를 쏙 빼닮은 스포루스(Sporus)라는 소년을 주목하게 된다. 특정 각도, 특정 조명 아래에서라면 아무도 스포루스와 그의 죽은 아내를 구별할 수 없을 정도였다.

네로는 소년을 거세시킨 뒤 그에게 포파이아의 성에서 따온 사비나라는 이름을 붙여주었다. 네로는 포파이아의 보석과 옷과 베일로 그를 치장하고 마침내 며칠 동안 계속된 한 연회석상에서 그와 공공연히 결혼식까지 치러버렸다. 네로는 가난한 자들에게 금과 식량을 하사하고 하객들 앞에서 자신이 지은 사랑의 시를 낭송했다.

원로원과 해외 사절들 그리고 나라의 주요 관리들이 너나 할 것 없이 황제의 행운을 축하했다. 그의 적들도 "네로에겐 불가능이란 없다."라면서 그를 안심시켰다. 하지만 그의 등뒤에서는 그러한 결혼이 그의 죽은 아버지가 꾸며놓은 일이기를 바라고 있었다. 그것은 참으로 자신들의 목숨을 대가로 지불해야 할 농담이었다.

5. 원초적 두려움이 몰고온 파멸의 대단원

이때 이후로 네로의 삶은 진부하고 예측 가능한 일종의 덫과도 같은 것이 된다. 말하자면 처음부터 예정되어 있던 종말을 향해 순서를 밟아간 것이다. 네로는 자기 자신의 패러디, 즉 자신의 선택이 자신의 강박관념에 의해 제한되고 자신의 타고난 활력이 자기에 내재된 공포에 의해 퇴색되는 통치자가 된다.

그는 부유한 과부와 결혼을 하게 되지만 이 결혼은 아무런 의미도 없는 것이었다. 그와 끝까지 함께할 사람은 바로 소년 스포루스였다.

이탈리아와 그리스 양쪽에서 공연은 계속되지만 애처롭게도 네로는 자기보다 가창력이 뛰어난 경쟁자들을 돈으로 매수한다. 심지어

어떤 경우에는 공연 포기의 대가를 두고 오랫동안 옥신각신하게 되자 근위병들을 시켜 그 가수를 죽여버리기까지 한다. 네로는 이기고자 하는 마음이 너무도 앞선 나머지, 그리고 자신이 황제이기 때문에 승리가 이미 보장되어 있다는 사실을 부인하고 싶은 나머지 공연을 앞두고 항상 신경과민 상태에 빠졌다. 무대 감독이 그를 달래고 안심시키고 나서야 가까스로 공연에 임할 수 있을 정도였다.

한 사람의 배우로서 네로는 여러 역할을 두루 맡았다. 그가 가장 좋아하는 역할은 임산부 역이었다. 그의 일거수일투족을 지켜보는 근위병들은, 설사 출산의 고통으로 찢어지는 듯한 비명을 지르며 미친 듯이 몸부림치는 황제의 모습을 도저히 지켜볼 수 없는 것으로 생각할지라도 네로가 그토록 갈망해 마지않는 박수갈채를 보내주기 위해 기꺼이 박수부대가 되어주었다.

그가 자신의 예술과 성적인 방탕에 골몰해 있었다는 사실과 군사적인 영광을 완전히 도외시했다는 사실은 곧 그의 통치기간 내내 로마가 평화를 유지하고 있었다는 것을 의미한다. 네로에게는 전쟁에 대한 관심도 또 전쟁을 할 시간도 없었다. 그렇다고 해서 평화가 그저 수동적으로 유지된 것은 아니다. 오히려 네로는 세계에 대한 로마의 권위가 전혀 약화되지 않은 채 유지되고 있다고 주장했다. 그리고 그는 매우 노련한 외교적 수완을 보여주었다.

예를 들어 아르메니아 지방을 두고 파르티아와 분쟁에 휩싸였을 당시 그는 처음에는 무력으로 위협하다가 곧이어 웅장한 볼거리로 그들을 압도함으로써 문제를 해결한다. 그는 자신이 가장 신임하는 아시아 주둔군 사령관 코르불로(Gnaeus Domitius Corbulo, ?~67)에게 동양에 주둔하고 있는 '유약한' 평시군(平時軍)을 혹독하게 훈련시키도록 명령한다. 그들은 온난한 기후의 시리아에 자리잡은 편안한 막사에서 나와 황량한 아르메니아 산악지대로 이동한다. 그들은 얇은 군복과 부족한 식량으로 훈련을 받으며 이곳 고산지대의 진지에서 겨울을 난다. 그리고 마침내 봄이 오자 그동안 동상과 굶주림에 죽어나간 일부 허약한 병사들을 제외하고 나머지는 결코 만만치 않은 전투부대로 단련되어 있었다. 만반의 전투태세를 갖춘 그들은 코르불로의 탁월한 통솔력 아래 파르티아를 공격하기 위해 국경선에 배치된다.

그러나 네로는 공격 명령을 하달하지 않는다. 대신 그는 아르메니아 왕위의 물망에 오른 파르티아 왕자 티리다테스(Tiridates Ⅲ, ?~?)에게 초청장을 보내면서 로마까지 안전하게 여행할 수 있도록 배려하겠다고 전한다. 그리고 네로는 만일 티리다테스가 로마 황제의 지배에 복종한다면 파르티아 왕과 형제간이라는 사실을 접어두고 그에게 아르메니아를 통치할 수 있는 권한을 부여할 것임을 넌지시 비친다.

그것은 분명 현명한 거래였다. 티리다테스는 네로가 부담하는 경비로 결국 로마에 오게 되는데 여행의 모든 길목마다 펼쳐지는, 로마의 힘과 부를 상징하는 갖가지 사례에 그와 수행원들은 압도당했다. 그리고 그 장관은 수도에서 절정에 이르렀다. 네로는 이곳에서 자신이 지금까지 보여준 사치를 능가하는 볼거리를 연출해내는데 파르티아의 손님들은 그 웅장함에 그만 입을 다물지 못했다. 이때 각인된 인상은 이후 50년 동안 파르티아와 평화관계가 유지될 정도로 강렬한 것이었다. 로마는 이로써 경제적으로나 군사적으로 엄청난 이득을 취할 수 있었다.

네로는 대외적인 문제뿐 아니라 제국을 통치할 책임도 능히 감당해 냈다. 제국 통치와 관련해 그가 행한 몇 가지 계획과 법령들은 현명함뿐만 아니라 인간미마저 보여준다. 예를 들어 주인들이 늙고 병든 노예들을 쉽사리 포기해버린다는 소식을 접한 네로는 부유한 자들에게 자

신의 노예들을 돌볼 법적인 의무를 부과하는 한편 노예들에게는 주인이 부당하게 대우를 할 경우에 주인을 고소할 수 있는 권리를 주었다.

하지만 자신의 목숨에 대해 끊임없이 두려움에 떨고 있던 네로는 점점 자비심을 잃고 폭군으로서의 역할에 몰두하게 된다. 통치 초기에 청년 황제가 자신의 권좌를 지키기 위해 취했던 조치들은 당시의 현실에 비추어볼 때 그래도 공정한 편이었다. 그러나 65년 피소(Piso)의 음모를 적발한 뒤부터 그의 명령은 점점 극단적이고 부당한 쪽으로 치달았다.

그 음모가 위험하거나 실제 효과가 있어서가 아니었다. 음모의 주동자 피소는 권력에 소극적인 관심을 갖고 있을 뿐 권력을 쟁취하기 위해 모종의 진지한 행동을 취할 의지는 없는 젊은 귀족이었다. 그들의 계획은 네로가 원형경기장에 행차할 때 거구의 근위대 소속 병사 하나가 네로의 발치에 몸을 던져 간청할 것이라도 있는 것처럼 네로의 무릎을 껴안으면 그 사이에 공모자들이 황제를 등 뒤에서 찌른다는 것이었다. 그러한 계획이 진지하게 논의된 것이었는지는 알 수 없다. 하지만 그러한 음모는 네로에게 불안감을 유발시켰고 반역자들의 명단은 황제의 공포에 비례해서 점점 늘어났다. 죄인들의 명단에는 죄가 있을 법한 사람들까지 속속 추가되었다.

네로의 나이 든 스승이자 자문역으로 이미 공직에서 은퇴한 세네카도 이 사건의 여파로 죽음의 길을 걷게 된다. 그가 음모 관련자들을 자주 방문하는 것이 목격되었기 때문이다. 끝도 없는 진부한 도덕률로 자신의 죽음을 늦추고 있던 이 노령의 철학자도 결국 손목을 베어 자결하라는 명령을 받고 영원한 침묵의 길로 떠나게 된다.

네로가 세네카에게서 이상적인 부친상을 보았을 만큼 둘 사이가 막역했던 까닭에 그의 죽음을 두고 네로가 남긴 말은 더욱 의미심장하게 들린다. 병사들이 그의 자결 소식을 전하기 위해 황궁으로 돌아오자 네로는 신하들에게 이렇게 말한다. "그는 샘이 많고 탐욕스러웠다. 재물을 탐하고 색을 탐했다. 그는 수단과 방법을 가리지 않고 부를 쌓았다. 부당한 세금을 부과했으며 순진한 희생양들에게서 재물을 훔쳤다. 그는 우정을 배신했다. 그리고 유형생활 중에는 온갖 아첨을 다 떨더니 권력을 잡고는 거만하고 이기적인 사람이 되었다. 그는 오로지 한 사람, 자기 자신을 위해서만 헌신했다. 그렇다. 이것이 그의 전모다. 그리고 그는 짐의 스승(mentor)이었다."

이 연설에는 딱히 무어라 말하기 어려운 미심쩍은 부분이 있다. 고인에게 바치는 언사치고는 언뜻 부정적인 악담으로 일관하고 있는 듯 보이지만 말미에 네로는 스스로를 세네카와 동일시하고 있다. "그는 짐의 스승이었다."는 말이 그것인데 그는 이 말을 통해 스스로 허위에 가득 찬 학생, 즉 거짓말쟁이를 자처함으로써 앞서 줄줄이 나열한 세네카의 결점을 일거에 부인해버린다. 네로가 세네카의 제자라면 우리는 세네카를 비판하는 그를 믿을 수 없다. 그것은 고대 패러독스의 한

변형판이라 할 수 있다. "크레타 섬 사람들은 모두 거짓말쟁이다. 그리고 나는 크레타 섬 사람이다." 이 패러독스에서 뒤에 오는 말은 화자가 앞에서 스스로 던진 명제를 일거에 무용지물로 만들어버린다.

네로의 말은 여러 가지 방식으로 읽힐 수 있는 암호와도 같다. 그러나

세네카 | 네로의 스승이자 아버지와 같은 존재였으나 네로에게 역모를 의심받자 자살의 길을 선택한다.

그가 숨겨놓은 메시지를 해독하는 순간 우리는 그가 권좌에 오른 해부터 내내 그를 곁에서 도왔던 스승이자 아버지와도 같은 존재인 세네카에게 거꾸로 찬사를 던지고 있음을 깨닫게 된다. 그것은 감정을 억누르고 살았던 이 심미가가 자기 감정을 직접적으로 표현한 것과 진배없는 것이라 할 만하다.

피소의 음모는 대여섯 차례에 이르는 네로 살해 음모 중 서막에 불과하다. 그 시도들은 하나같이 적극성이 결여되어 있어서 결국은 모두 무위로 돌아가고 만다. 이들 음모들은 황제의 첩자나 신뢰할 수 없는 노예들이나 동료 그리고 떠벌리기 좋아하는 매춘부들에 의해 사전에 발각된다. 그들이 네로에게 입힌 손상이라고는 그로 하여금 도처에 위험이 도사리고 있다는 생각을 갖도록 만든 정도였다. 상황이 이렇게 되자 피의자들 중 무고한 사람들이 죄를 뒤집어쓰는 경우도 빈번하게 발생했다. 키가 큰 나무가 벼락을 맞듯, 반란의 잠재적인 진원지가 될 수 있는 명문가의 배경이나 재력 혹은 사회적 명망이 있다는 사실만으로도 사형을 언도받기에 충분했다. 그러한 '반역자'들은 설사 어린아이라 할지라도 사형에 처해졌다. 그들이야말로 미래의 적이기 때문에 남자아이뿐 아니라 여자아이들도 예외는 아니었다. 다만 거기에는 약간의 차별이 있었다. 처녀를 처형하는 것은 로마의 전통에 반하는 일이었기 때문에 여자아이들에게는 먼저 처녀성을 빼앗는 일이 선행되었다. 심지어 포파이아가 첫 결혼에서 얻은 아이도 죽임을 당하는데 장난삼아 황제 놀이를 했다는 것이 이 작은 소년을 죽음으로 몰아간 죄목이었다.

아주 치사한 근거로 기소되는 다음과 같은 경우도 있었다. "황제가 그 영광스러운 목청을 해치는 지독한 감기에 걸려 고생하고 있을 때 귀족 출신의 원로원 의원인 테라세아(Therasea)는 황제의 회복을 비는 헌신적인 봉납에 참여하지 않았다."

예전에 너그럽게 봐주었던 사소한 무례나 모욕행위들이 다시금 거론되기도 했다. 청렴하고 정직한 삶으로 유명한 한 원로원 의원은 황제의 어머니의 죽음을 함께 축하하자는 동료들의 제안을 거절한 적이 있었는데 그것이 빌미가 되어 사형선고를 받기도 했다.

명예로운 자살이라는 로마의 오랜 전통에 용기를 얻어 당당히 죽음의 길로 들어선 이들도 있었다. 애초에 네로의 시를 비웃었다는 이유로 황제의 미움을 샀던 루카누스(Lucanus, 39~65)라는 젊은 시인은 뜨거운 목욕탕 안에서 정맥을 절개하다 문득 자신의 미완성 시 〈파르살리아(Pharsalia)〉에 덧붙이고 싶은 죽음에 관한 묘사가 떠올랐다. 그래서 한 친구를 손짓해 불러 자신의 작품에 덧붙일 것을 부탁하면서 일곱 행의 시구를 구술했다.[9]

황제의 방탕한 생활을 함께했던 작가 페트로니우스(Gaius Arbiter Petronius, ?~66)는 자신의 반어적 서사시 〈사티리콘(Satyricon)〉[이 시에 등장하는 천박하고 어리석은 주인공인 트리말키오(Trimalchio)에게는 네로의 모습이 투영되어 있다]에서 네로의 방탕한 면모들과 관련된 비밀들을 너무나 많이 폭로한 것이 문제가 되었다. 자결을 하도록 명령받은 페트로니우스는 우선 자신의 작품 사본을 만들어 잘 보관해주도록 한 친구에게 보낸 뒤 동료 작가와 철학자를 연회에 초대한다. 그리고 정맥을 절개해 피가 흐르는 동안 인생의 본질에 대해 토론한다. 마치 포도주라도 되는 듯 죽음을 음미하던 그는 잠시 동안 토론을 계속하기 위해 손목을 붕대로 감싼다. 이 재기발랄한 작가는 의식을 잃기 직전에 마지막 몸짓으로 황제가 몹시 탐냈던 아주 소중한 컵 하나를 박살

9_ 루칸, 〈파르살리아(Pharsalia)〉, 칸토 III(Canto III), 641.

내버리고는 만면에 미소를 지으며 죽음을 맞는다. 그가 미소를 지은 것은 황제가 그 보물을 손에 넣을 기회조차 아예 박탈해버렸다는 생각에서였을까? 그게 아니면 황제인 '친구'에게 쓴 모욕과 조롱으로 가득 찬 편지를 떠올렸기 때문일까?

그러나 페트로니우스의 경우는 보기 드문 예에 속한다. 사형을 선고받은 사람들 대부분은 혹시 아첨을 떨면 황제가 자신들의 땅을 가족들에게 물려주도록 허용하지나 않을까 하는 희망에서 기꺼이 황제에게 온갖 찬사를 다 바쳤다. 네로가 행차하는 곳마다, 거리에서, 원로원 계단에서 또는 사원에서 희생자의 친인척들이 무릎을 꿇고 머리를 조아렸다. 그들은 머지않아 자신들도 점점 그 수가 늘어나고 있는 유배자 신분으로 전락해서 에게 해의 작은 섬에 갇히게 되지나 않을까 두려워하며 황제 앞에 무릎을 꿇고 그의 손에 입맞추려고 했다.

유형자들은 차치하고 그중 단 한 달 간 사형선고를 받은 사람들의 명단만 살펴보아도 대단히 인상적이다. 4월—네로가 자신의 이름을 따 네로네우스(Neroneus)로 명명했지만 그 별칭은 전혀 유행하지 않았다—을 예로 들어보자. 한 근위보병대 사령관과 백부장(百夫長, 로마 군대의 조직 가운데 100명으로 조직된 단위부대의 우두머리—옮긴이), 이 두 고풍스러운 군인들은 '배우 네로'에게 악담을 퍼부은 죄로 사형을 당했다. 사령관은 자신의 목을 칠 검을 꼼꼼하게 점검한 뒤 군인답게 목숨을 거둔다. 반역의 동기가 모호한 두 명의 원로원 의원 플라비우스(Flavius)와 스케비누스(Scevinus)도 눈에 띈다. 자신의 나쁜 성격으로 인해 반란을 일으키게 된 아프라니우스 퀸타누스(Afranius Quintanus)와 별볼일없는 어린 시절 친구인 세네키오(Senecio)도 있다. 제국 해군의 볼루시우스(Volusius)는 아그리피나 살해에 가담한 자신에 대해 보상이 불충분했다고 말했다가 황제에 대한 반역범으로 몰렸다. 명단은 이렇듯 끝도 없이 이어진다.

그러다가 잠시 숨을 돌릴 일이 찾아온다. 도시 전체를 훑고 지나간 역병으로 4,000명에 가까운 사람이 목숨을 잃는다. 화장용 장작이 타오르면서 연기가 온 하늘에 검게 드리워졌다. 그러나 전염병이 지나가자 사형집행은 다시 시작되어 네로가 왕위를 잃을 때까지 계속된다.

68년 2월 네로는 야생 올리브나무 잎으로 만든 화관을 쓰고 델피의 월계관을 들고서 보무도 당당하게 그리스에서 돌아왔다. 갈리아 지역 군대 내부에서 반란이 일어났다는 소식을 듣고도 그는 발성과 관련해서 겪고 있는 곤란만큼도 신경 쓰지 않았다. 훗날 그 모반이 아그리피나의 기일(忌日)에 일어났다는 사실이 주목받게 되지만 그 당시만 해도 네로는 오직 그리스에서의 승리, 즉 각종 시가(詩歌) 및 음악 경연대회에서 받은 1,800여 개에 이르는 월계관에 온통 정신이 팔려 있었다.

그러한 소요의 배후에는 갈리아 지역 출신으로 아버지가 클라우디우스 통치시절에 원로원을 지낸 빈덱스(Gaius Julius Vindex, ?~68)라는 인물이 있었다. 로마에서 자란 빈덱스는 자신의 출신 배경이 외국이라는 사실을 너무 의식한 나머지 오히려 '로마인보다 더 로마인처럼 행동하는' 사람이었다. 그는 제국의 이상에 대한 네로의 배신행위를 도저히 용납할 수 없었다. 갈리아로 돌아온 빈덱스는 그곳 관리들로 하여금 '가수이자 광인'에 불과한 황제에게 복무하는 것이 부끄러운 일임을 깨닫도록 하기 위해 열정적으로 활동한다. 더욱이 네로는 아르메니아와 시리아에서 믿음직한 공을 세워 만인의 찬탄을 받고 있는 코르불로 장군을 사형에 처함으로써 그 누구도 황제의 의심으로부터 안전하지 않다는 사실을 만천하에 입증했다. 빈덱스가 그의 동료 군

인들에게 경고했듯이 네로 치하에서 충성은 죽음으로 보상받고 있었다. 반면에 명예는 하프 연주자와 환관과 매춘부에게 돌아갔다.

위험이 점차 고조되고 있다는 급전이 날아왔지만 네로가 나폴리에서 열리는 운동경기에 참석하고 있었던 관계로 그 편지는 8일 동안이나 개봉되지 못한 상태로 주인을 기다리고 있었다. 그리고 그 8일 동안 빈덱스는 지지세력을 규합할 시간을 벌 수 있었다. 빈덱스는 갈리아 지역의 군대를 반란에 끌어들이는 한편 에스파냐 총독 갈바에게 그를 황제로 추대하겠다는 전언을 보내 환심을 사려 했다.

고령의 갈바는 오랫동안 제국에 복무한 탁월한 경력의 소유자였지만 단순한 인물이었다. 빈덱스는 갈바가 귀족사회에 풍부한 연고를 갖고 있고 에스파냐뿐 아니라 아프리카에서도 탁월한 통치능력을 발휘한 사실이 일반의 좋은 평판을 얻고 있어서 많은 추종자들을 끌어들일 수 있을 것으로 판단했다. 더구나 이 나이 든 총독은 로마의 전통과 원로원의 입장을 대표하는 인물이었다.

갈바는 망설였다. 그러나 상황은 그에게 모종의 결단을 내리도록 압력을 가하고 있었다. 그에게 보내는 빈덱스의 메시지들을 네로의 첩자가 중간에서 가로챘고 황제는 갈바를 반역죄로 즉각 사형에 처하도록 명령했다. 마침내 갈바는 빈덱스와 운명을 같이하기로 결심했다. 그리고 로마로부터 파병된 군대가 반란군들과 대치하기는커녕 오히려 그들과 합세하는 순간 네로의 운명은 이미 끝장이 난 것이나 다름없었다.[10]

이로써 세계는 로마의 황제가 로마에서뿐 아니라 속주에서도 추대

10_ 네로의 사망 이후 단 1년 사이에 세 명의 황제가 로마를 몇 개월 간격으로 불안하게 통치한다. 갈바와 오토 (Otho, 포파이아의 첫번째 남편으로 그녀가 네로의 연인이 되자 군대와 함께 속주로 파견된다) 그리고 비텔리우스 (Vitellius)가 그들이다.

될 수 있다는 새로운 교훈을 얻게 된다. 그러나 그것은 로마제국의 미래를 위해서는 위험한 교훈이다. 그 교훈은 각 개인 일반의 중요성을 강조하며 권력의 분산을 함축하는 것이어서 네로의 사망 이후에 공화국 기간 동안 격발했던 전쟁들만큼이나 파괴적인 내전을 불러일으킨다.

그러나 이렇듯 주변상황이 비관적인 국면으로 치닫고 있었음에도 네로는 자신을 위협하고 있는 상황을 알아채지 못한다. 그는 나폴리로부터 로마로 돌아오는 것에 동의하지만 새로 발명된 수압 오르간이 그의 호기심을 자극하자 그 악기를 살펴보기 위해 발길을 멈추는 등 여전히 여행을 느긋하게 즐긴다. 그가 결국 황궁에 도착했을 때도 원로원이 파견한 대표단의 경고를 무시하면서 화제를 원형경기장에 설치할 새 오르간 쪽으로 돌리며 여유 있게 농담까지 던진다.

"글쎄, 빈덱스가 설치를 허락해줄지 몰라."

그의 마지막 며칠은 마치 열병에 걸린 듯 이런저런 계획을 세우느라 날아가버린다. 그 계획들은 한순간 논의되다가 곧바로 폐기되곤 했다. 이 계획들이 실행 불가능했다는 것은 그가 자포자기 상태에 빠져 있었음을 드러내주는 대목이다. 그는 자신이 몸소 갈리아로 행차해서 반란군들에게 일장연설로 호소하면 그들이 감동의 눈물을 흘릴 것이라고 단언한다. "그건 배우만이 가질 수 있는 이점이지." 그러나 다음 순간 그의 행선지는 파르티아로 바뀐다. 분명 파르티아의 왕은 자신과 맺은 평화의 약조에 대한 보답으로 도피처를 제공해줄 것이다. 아니 로마로 입성하는 갈바를 기다렸다가 형제로서 그를 포옹해야 하는 것은 아닐까? 네로는 헌신적으로 그에게 매달리고 있는 자신의 소년 아내 스포루스에게, 자기는 이집트 통치권만 주어진다면 퇴위를 해도 대만족일 것이라고 말한다. 네로는 참담한 심정으로 투

덜거린다. "갈바가 로마인들을 통치하도록 맡기자. 그들은 서로 그럴 만하니까."

반란군이 수도로 접근하자 황금저택은 노예 몇 명만이 남아 있을 뿐 텅 비어버린다. 화려하고도 웅장한, 그러나 지금은 텅 비어버린 방들을 배회하다가 네로는 몽상에 잠긴 채 그리스 경연대회에서 받은 1,800여 개에 이르는 승리의 월계관 앞에 문득 멈춰 섰다. 어느 순간 충성스러운 해방노예 파온(Phaon)이 황급히 뛰어들어와 훨씬 더 불길한 소식을 전했다. 네로가 도망쳤다는 잘못된 소식이 알려지면서 근위대가 태도를 바꿔 갈바에게 충성을 맹세했다는 것이다. 네로는 그 충격에 비로소 미몽에서 깨어나 현실로 돌아온다. 잠시도 지체할 시간이 없었다. 네로는 즉각 이 도시를 떠나야 하는 것이다.

네로는 스포루스와 몇 명의 노예 그리고 해방노예 파온과 함께 도시 북쪽 콜리네 문을 향해 힘겹게 탈출을 감행한다. 자신의 외모가 너무 잘 알려져 있는 관계로 얼굴은 천으로 가린 상태이다. 말에 올라탄 그들은 늪지대의 잡초 무성한 땅을 지나 탁 트인 시골을 내달린다. 그리고 마침내 갈대밭 한가운데 위치한 파온의 자그마한 집에 도착한다. 파온이 황제가 집 안으로 기어들어갈 수 있도록 집 뒤쪽에 있는 환기 구멍을 부숴 통로를 여는 동안 네로는 진흙탕의 물웅덩이에 손을 담가 두 손바닥으로 물을 떠 마시며 정원에서 잠시 기다린다.

주인과 함께 피신 대열에 낀 충성스런 노예들 중 한 사람인 에파프로디투스(Epaphroditus)가, 원로원이 폐위된 황제를 공공의 적으로 규정하고 '고대 로마의 사형집행 방식에 따라' 황제의 목숨을 거둘 것이라는 판결을 내렸음을 알려온다. 그리고 황제에게 스스로 목숨을 끊을 것을 간청한다. 네로가 그 사형집행 방식이 어떤 것이냐고 묻는다. 발가벗겨진 채 숨을 거둘 때까지 채찍질하는 것이라는 답을 들은 네로는 단검을 집어들고 그 끝을 가슴에 겨냥해보지만 끝내 실행에 옮기지는 못한다. 황제는 노예들 그리고 자신의 소년 아내와 함께 집으로 기어들어간다.

스포루스는 기도문을 단조로운 목소리로 되풀이하고 파온은 돗자리 하나를 가져다 깔아 황제가 쉴 수 있게 한다. 그리고 먹을거리를 찾아 가져오지만 네로는 그 음식을 입에 댈 수 없다. 대신 노예들에게 그 방 진흙 바닥에 자신이 묻힐 무덤을 파라고 청한다. 그리고 그들이 무덤을 파는 동안 말들이 전속력으로 질주해오는 소리가 갑자기 들리는 듯했을 것이다. 병사들이 자신을 추격해온 것이라고 생각한 네로는 단검을 움켜쥐고 목 깊숙이 찔러 넣는다. 숨이 서서히 잦아들면서 네로는 이렇게 중얼거린다. "쿠알리스 아르티펙스 페레오!(Qualis artifex pereo! 위대한 예술가 한 사람이 이렇게 사라지는구나!)"

수도사를
꿈꾸던
망상가

이반 IVAN

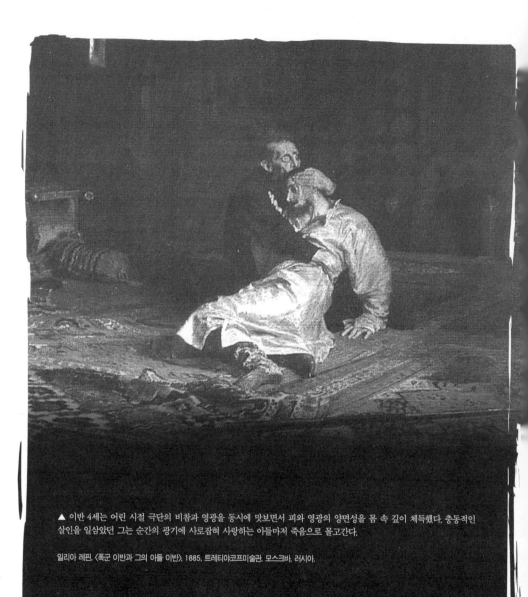

▲ 이반 4세는 어린 시절 극단의 비참과 영광을 동시에 맛보면서 피와 영광의 양면성을 몸 속 깊이 체득했다. 충동적인 살인을 일삼았던 그는 순간의 광기에 사로잡혀 사랑하는 아들마저 죽음으로 몰고간다.

일리아 레핀, 〈폭군 이반과 그의 아들 이반〉, 1885, 트레티야코프미술관, 모스크바, 러시아.

B i o g r a p h y

러시아의 황제(재위 1533~1584) 이반 4세. 불과 세 살의 나이로
즉위하였으며 나이가 어린 탓에 대귀족들의 전횡으로 고초를 겪기
도 했다. 1547년 자신을 차르라고 선포하며 자기가 신뢰하는 사람
들로 선발회의를 구성하여 정치를 하였다. 행정·사법·군제·교회
제도 등의 면에서 중앙집권화를 위한 많은 개혁을 단행하는 한편 귀
족의 세력을 타파할 것을 기도하는 등 그는 능력 있는 군주의 모습
을 보여주었다. 그러나 후기에는 극단적인 공포정치 체제를 시행하
여 뇌제라는 별명을 얻게 되었다.

1. 미치광이의 기도

짐은 악취를 풍기는 미친 개다.
— 폭군 이반

　　1566년 모스크바에서 북쪽으로 멀리 떨어진 음산한 숲 한가운데
불길한 기운이 감도는 수도원 하나가 자리잡고 있었다. 아무런 장식
도 없이 석재로 지어진 작은 방들이 줄지어 있고 '수도사들'이 기도
를 하기 위해 잠자리에서 일어나 거친 천으로 된 갈색 예복을 걸치고
있다. 하지만 그들은 결코 단순한 수도사들이 아니었다. 아침 점호 시
간이 되면 그들의 정체는 저절로 드러나게 되어 있다. 그들은 16세기
러시아에서 가장 악명 높았던 살인자들이자 고문 기술자들이다. 그들
은 이반이 하층계급에서 선발하여 '따로 떼어둔 사람들'로, 이반의 야

만적인 범죄행각에 참여하는 대가로 특권을 누리고 있는 '오프리치니크(oprichnik)'라는 친위대였다.

예배를 드리기 위해 침묵에 휩싸인 기다란 복도를 따라 엄숙히 걸어 내려가고 있는 그들의 얼굴이 교활함과 잔인함으로 번뜩였다. 그들은 이반의 황실에서 살아남기 위해 간교해질 필요가 있었다. 한 발짝만 발을 헛디뎌도 그들 역시 다른 희생자들과 같은 처지로 전락할 수 있었다. 차르가 그들에게 무엇을 요구하는지 혹은 그가 어떤 순간에 어떻게 반응할지 사전에는 전혀 알 수가 없었다. 가령 누군가 만찬 석상에서 우스갯소리를 했다고 하자. 이반은 즐거워하며 배꼽을 잡고 웃는다. 그러다 갑자기 어느 순간, 이반은 여전히 웃는 얼굴을 한 채로 팔을 뻗어 칼을 집어들고는 그 농담꾼의 귀를 잘라버린다. 그리고는 얼굴에 반항기나 고통의 표정이 나타나는지 확인하려고 그를 뚫어져라 응시한다. 하지만 희생자가 반항을 하는 일은 일어나지 않는다. 그 사람은 이반의 소유물이고 차르의 육체와 영혼에 귀속되어 있기 때문에 오로지 주인이 자신에게 벌을 준 데 대해 감사할 따름이다. 차르는 그럴 자격이 있는 것이다. 절대적으로 복종을 한 덕분에 그 사람은 살아남고 자신의 가족과 친구들의 목숨까지도 아울러 구한다. 이반은 자기 마음에 들지 않는 사람을 죽일 때 그 뿌리와 가지—부모, 자식, 형제, 하인, 동료들—까지 발본색원한다. 그래야 복수의 칼을 갈 사람이 남지 않기 때문이다.

이런 식으로 통제를 하면서 한편으로 이반은 오프리치니크 친위대를 정치적 도구로 탈바꿈시켜 기막히게 활용한다. 추종자들의 충성심을 확인한 연후에 황제는 그들을 사나운 개처럼 전국에 풀어놓는다. 개의 머리와 빗자루가 그들의 상징이다. 개는 파괴를 상징하고 빗자루는 차르의 적들을 쓸어버린다는 뜻을 함축하고 있었다. 설령 그들

이 죄가 있는 사람뿐 아니라 무고한 사람까지 죽였다 할지라도 그런 일들은 문제가 되기는커녕 오히려 잘된 일로 받아들여졌다. 그들의 잔인함과 횡포가 더해질수록 이반의 즐거움도 그 도를 더해갔기 때문이다. 400년 후의 스탈린(스탈린은 이반의 열렬한 추종자였다)처럼 그는 공포가 효과를 얻기 위해서는 그 누구도 안심할 수 없는 상황이 되어야 한다는 점을 잘 알고 있다. 즉 오늘 다른 사람의 목숨이 경각에 달려 있다면 내일은 내가 그 꼴을 당할지도 모른다는 두려움이 상존해야 한다는 것이다.

그러나 이반이 스스로 만연시킨 공포의 효과를 계산한다고 해서 그를 냉정하고 빈틈없는 사람으로 본다면 오산이다. 여러 면에서 탁월한 면모를 과시하고 있는 것은 사실이다. 그러나 아무리 외교적 수완이 뛰어나고 여러 전쟁에서 승리를 거두었으며 막후에서 위대한 개혁을 수행했다고 해도 분명 그는 미치광이였다. 그 점만큼은 의심할 여지도 없이 확실하다. 그가 매일 저지른 고문행위는 오늘날 형법을 기준으로 분류하면 정신이상 행위에 해당한다. 남편들의 살가죽을 산 채로 벗기거나 그들이 숨을 거둘 때까지 서서히 불에 굽는 동안 그들의 면전에서 아내와 딸들을 야만적으로 겁탈하기도 했고, 영주들을 말뚝에 묶어놓고 바늘로 손톱 아래를 찔러 죽이기도 했는가 하면, 아들에게 아버지를 죽이라고 명령을 내린 뒤 이번에는 그 아들을 존속 살해범으로 처형하기도 했다. 뿐만 아니라 주교들을 굶주린 곰에게 던져주기도 하고, 임신한 여성의 자궁을 찢어발겨 태아를 끄집어내기도 하며, 나이 어린 소녀들을 발가벗겨 사격 훈련의 표적으로 삼기도 했다.

그리하여 우리는 한 어처구니없는 미치광이가 자그마치 40여 년 동안이나 러시아를 통치하면서 연출한 기괴한 광경들을 목도하게 된다. 그런데 그의 이러한 행위는 단순히 궤도를 벗어난 예외적 현상이 아니라 오히려 통치행위의 핵심을 이루었다. 예컨대 밀고자들과 고문실, 대역죄 재판, 자국민에 대한 대대적인 사형집행—6,000명에 이르는 노브고로트(Novgorod) 주민이 일주일 사이에 몰살당한다—그리고 세계 지배의 야욕 등에서 볼 수 있듯이 이반은 훗날 소비에트(러시아어로는 '평의회'라는 뜻. 구 소련의 기본 통치단위—옮긴이) 시기에 이 나라가 따르게 될 노선을 앞서서 닦아놓은 셈이다.

400년 후 소비에트가 구사하게 되는 모든 압제의 전술들이 이 차르—동시에 지적이면서도 신비스러운 신학자—치하에서 이미 적절히 활용된다. 그는 뛰어난 말재주로 러시아 정통 기독교를 주창하면서 교황의 특사와 루터파 사절, 양자와의 논쟁을 성공적으로 치러낸다. 그의 손에 항상 끝이 쇠로 된 몽둥이가 들려 있지만 않았어도 사람들은 그의 논리와 학구적인 주장들로 인해 그가 제정신이라고 쉽게 믿어버렸을는지도 모른다. 그는 손가락 마디가 하얗게 변할 정도로 쇠몽둥이를 그러잡고 있었는데 이는 언제든 쇠몽둥이로 자신의 적을 찌르고 때려 죽일 수 있음을 보여주는 것이다. 그는 다른 사람들이 지켜보는 가운데 발작적인 분노에 사로잡혀 자신의 사랑하는 아들을 바로 이런 식으로 죽이고 만다.

그러므로 우리는 이반의 광기를 이 이야기의 출발점으로 삼지 않을 수 없다. 물론 그 광기 속에 그 나름의 일정한 절차와 방법이 있었을 가능성 역시 염두에 둘 필요가 있다. 공포를 동원한 통치를 통해 그는 고대 귀족사회를 어렵사리 무너뜨린다. 귀족사회 내부의 갈등은 나라를 약화시키는 주범이었다. 강력한 귀족들, 교회 지도자들 그리고 부유한 고관들의 권위는 땅에 떨어졌다. 이반은 단 한 차례의 포고령으로 영주들의 재산을 박탈하여 그들의 토지를 자신의 선택받은 심복들

인 오프리치니크에게 나눠주었다. 1만 2,000여 러시아 명문 가문들은 한겨울에 오지 마을로 쫓겨나는 신세가 되었다. 모스크바를 에워싸고 있던 그들의 광활한 토지는 한 왕국 내부의 또 다른 개인 왕국이자 차르 자신이 만들어낸 오프리치니크의 땅으로 귀속된다.

온갖 학살과 고문행위를 통해 그는 통치자로서 무소불위의 권력을 얻는다. 모든 반대의 목소리가 잦아든 상황에서 이반은 러시아를 하나의 대제국, 즉 세계라는 무대에서 주연배우로 변모시키는 데 힘을 집중시킬 수가 있었다. 그러나 이 모든 것은 여전히 미묘한 균형 속에서 이루어진 행위이다. 요컨대 우리는 이반이 살인의 참상에 중독된 자였음을 잊어서는 안 될 것이다.

이반 스스로도 자신의 영혼이 병들어 있다는 사실을 잘 알고 있었다. 그래서 자책으로 몸부림치며―그게 아니면 혹 자랑스러워서였을까?―스스로를 "악취를 풍기는 미친 개"라 부르면서 죄인을 자처하고 교회의 성자들에게 자신을 벌하도록 간구하였다. 그러나 그의 말을 곧이곧대로 믿는 것은 또한 얼마나 경솔한 일인가! 그 스스로도 자기 자신을 어찌할 수 없는 것을……. 남에게 고통을 주는 일이 그에게는 마치 공기나 음식이나 혹은 기도와도 같이 필수 불가결한 것이 되어버린 것을……. 이반에게 있어 그것은 사악함만큼이나 모든 것을 다 바치는 정열과도 같은 것을…….

다시 이야기를 숲 한가운데 자리잡고 있는 음울한 수도원, 이반의 앞잡이들이 새벽 4시부터 8시까지 고달픈 예배를 위해 한데 모이는 그곳으로 옮겨가 보기로 하자. 이반의 부관들은 예배당에서 자신이 즐겨 앉는 자리를 하나씩 차지하고 있다. 그 중에서도 가장 두드러지는 존재는 황제의 총애를 받는 말류타(땅딸막한) 스쿠라토프(Malyuta Skuratov)이다. 그가 맨손으로 러시아 교회의 수장을 목졸라 죽였다는 사실을 상기해보면 이 자리에 그가 출석해 있는 것은 아무래도 아이러니한 느낌이 든다. 모두들 이반을 기다리고 있다. 이반은 잠을 설친 까닭에 전날 밤보다 더 지쳐 있어서 기상이 늦어지고 있다. 지난 밤에도 나이 든 장님 셋이 교대로 그의 곁을 지키며 황제가 발작적으로 몸을 뒤척일 때마다 그를 진정시키기 위해 전설이나 시를 귀에 대고 속삭여주었다.

젊은 부인 아나스타시야(Anastasiya)가 죽은 후로 그는 고통의 나날을 보내왔다. 13년이란 세월 동안 그녀는 황제에게 영혼의 안식처와 같은 구실을 했다. 가난한 자에게 자상하고 수형자들에게 자비로웠던 그녀는 그를 '광명의 세계에서 살도록' 북돋워주었다. 그녀의 죽음으로 이반이 신에 대한 믿음을 잃은 것은 아니었지만 신에 대한 생각이 달라진 것만은 분명했다. 즉 신은 인간의 고통에 무관심하고 신의 정의란 모든 인간적 개념을 초월해 있다는 것이다. "신과 신의 권능을 구하라, 끊임없이 신과 대면하라."는 다윗 왕의 말이 그의 의식 깊숙이 자리잡았다. 이반은 신을 구하기 시작했고 결국 선과 악을 초월한 신을 발견하기에 이른다.

이반은 자신의 통치기간 내내 위기 때마다 이것이 진실임을 입증했다. 역경이 닥칠 때마다 그는 자신에게 힘을 불어넣어 주는 듯한 신의 손을 보게 된다. 크리미아의 칸이 모스크바를 송두리째 불태워버렸을 때, 이반의 수도가 폐허로 변하고 불에 탄 시체가 강을 오염시킬 지경으로 수많은 사람들이 죽어갈 때, 이반은 적들의 조롱과 모욕에 대해 침착하게 이렇게 답한다. "칸이 한 것이라곤 아무것도 없다. 내 죄에 대해 나를 벌준 것은 다름 아닌 신이시다." 그는 자신에게 남은 힘을 다해 신속히 도시의 재건에 나선다. 이반이 방탕과 잔혹행위의 길에 빠져들게 된 것은 어쩌면 아내의 죽음 때문인지도 모른다. 말하자면

자신의 내부에 완강하게 도사리고 있는, 오랫동안 억눌려 있던 잔인성에 빠져든 것이다. 그러나 그의 신앙은 결코 흔들리지 않았다. 그는 한밤중에 일어나 기도와 묵상의 무아지경에 빠진 채 신비스러운 성상들 앞에 몇 시간이고 서서 고난과 죄악의 무거운 짐을 자신의 창조주와 함께 나누었다.

예배당 안에서 예배의식이 시작된다. '대수도원장'(이반—옮긴이)이 좌중들 사이로 걸어 들어오자 '교인들' 사이에는 침묵이 흐른다. 그는 좌우 어느 쪽에도 눈길 한 번 주지 않은 채 오로지 돌바닥에 고개를 숙이고 엎드린다. 번민에 괴로워하며, 용서를 구하며 그는 돌로 포장된 바닥에 머리를 연거푸 짓찧는다. 못이 박이고 멍이 든 그의 이마는 러시아 황실에서는 흔한 광경이 되어버린다. 사람들은 해외사절들에게 그의 이마를 주목해서 쳐다보지 말라고 충고를 한다.

그러나 러시아에서 무언가 이상한 일이 벌어지고 있다는 것을 감추는 일은 불가능했다. 국경을 넘어 끊임없이 흘러들어 오는 피난 행렬을 보면서 폴란드의 왕 지그문트 2세 아우구스트(Zygmunt Ⅱ August, 1520~1572)가 러시아 공사에게 묻는다. "오프리치니나(Oprichnina)가 도대체 무엇이오?"(오프리치니나는 이반 4세의 군주직할령을 말함—옮긴이) 그러자 그런 수사단(修士團)은 존재하지 않는다는 대답이 돌아온다. 그러나 지그문트는 이 말을 믿기는커녕 러시아가 폭동을 눈앞에 두고 있다고 멋대로 상상한다. 차르가 시간의 절반을 기도로 허비하고 있다는 소식을 들은 그는 지금이야말로 러시아를 칠 절호의 기회라고 생각한다.

그러나 그것은 크나큰 오산이었다. 이반의 군대는 발트 해 연안의 분쟁지역인 리보니아에서 연전연승을 거두며 폴란드의 왕이 화의를 청하지 않을 수 없도록 그를 궁지에 몰아넣었다. 이반은 기도에 정신을 쏟다가도 막상 국사에 임하면 날카롭기 그지없는 인물로 돌변했다. 게다가 지그문트는 차르가 자신의 '수도원'으로 은둔한 상황이 가져다줄 효과를 오판했다. 그는 이반이 일련의 사건들에 대해 어떠한 정보도 갖고 있지 못하다고 생각했지만 현실은 달랐다. 그의 은둔은 러시아에서의 그의 입지를 오히려 강화했던 것이다. 도저히 이해할 수 없는 일이지만 오프리치니나와 공포정치 체제로 재정비하기 위해 이반이 선택한 길이야말로 최상의 방법이었다. 참으로 불가사의한 은둔이 아닐 수 없다. 이반은 사전에 아무런 경고도 없이 국보급 유물들과 무거운 금제 식기류, 보석으로 치장된 술잔들을 꾸려 측근들과 함께 썰매를 끌고 모스크바를 떠나 북쪽으로 향했다.

차르가 자신들을 저버렸다는 소문이 삽시간에 도시 전체로 퍼져나 갔다. "그는 어디로 가고 있는 것일까?" 하는 의문이 제기되고 있었지만 그의 대답은 간단했다. "신이 인도하는 곳으로." 길을 떠난 지 불과 며칠 만에 이반은 사람의 발길이 닿지 않은 황무지의 한 사냥용 오두막에 여장을 풀었다. 서둘러 건설사업에 박차를 가한 결과 그곳은 수도원이자 요새로 탈바꿈했으며 이 은둔처에서 차르는 온 국민에게 자신의 현재 심정을 알렸다. 지금 그는 자신을 두고 자행되는 온갖 배신행위에 가슴 아파하고 있으며 이로써 영원히 그들 곁을 떠날 것임을 천명했다.

평민들 사이에 일대 동요가 일어났다. 그들은 폭동을 일으켜 귀족계급을 타파할 각오가 되어 있었다. 이반은 자애로운 아내의 영향을 받아 가난한 자들과 농민, 상인들의 부담을 덜어주는 각종 개혁조치를 단행한 바 있었다. 그러나 그들로서는 아나스타시야의 죽음이 이반을 어떻게 변화시킬지 알 도리가 없었다. 두 달 후 모스크바로 돌아왔을 때 그의 머리칼과 턱수염은 듬성듬성했고 허리는 굽어서 떨리고 있었

으며 안면은 신경 경련으로 뒤틀리고 눈동자는 멍한 상태로 먼 곳을 응시하고 있었다. 그가 그런 모습을 보일 줄 누가 알았으랴. 바로 이 때부터 그는 끔찍스럽고 무시무시하고 공포스러운 힘을 가진 '무시무시한(grozny)' 존재로 알려지기 시작한다〔'Ivan Grozny(이반 뇌제)'라는 별칭을 얻게 된 계기를 말함—옮긴이〕. 그러나 당시만 해도 그들이 알고 있는 것이라고는 자신들의 아버지와도 같은 존재가 그들 곁을 떠나 있다는 사실이 고작이었다. 도대체 차르 없는 러시아가 어찌 존재할 수 있단 말인가?

정부 관료들과 귀족들 그리고 교회 신부들은 서둘러 대표단을 구성했다. 대표단은 발이 푹푹 빠지는 늪지대를 건너 울창한 삼림지대를 지나 이반을 알현하러 갔다. 그들의 간청에도 불구하고 이반은 돌아갈 마음이 전혀 없는 듯 행동하며 천연덕스럽게 말했다. "모스크바는 독사들의 소굴이야. 배신과 거짓만이 짐을 둘러싸고 있을 뿐이야." 결국 단 하나의 전제가 제시되기에 이른다. 반역자들이 깡그리 처단된다는 확신만 있다면 귀환을 재고할 수도 있다는 것이었다. 게다가 거기에 새로운 양해 사항이 덧붙여져야 한다는 단서가 붙었다. 자신이 펼쳐나갈 그 어떤 계획에도 반대가 있어서는 안 될 것이며, 아무리 온건한 비판이라 할지라도 탄압받아 마땅하다는 것이었다. 심지어 자비라는 이름으로 전통적으로 중재자 역을 떠맡아왔던 교회조차도 침묵을 지켜야 한다는 것이었다.

연이어 또 다른 대표단이 모스크바로부터 파견되어 그에게 권좌에 복귀할 것을 간청한다. 그러나 그는 서두르지 않았다. 그저 빈둥거리며 시간을 보낼 뿐이었다. 그는 퇴위라는 공상에 푹 빠져 있었다. 그러나 동시에 그는 자신의 권력을 시험하고 있었다. 말하자면 그는 자신의 권력을 과시하고 있었으며 민중들로 하여금 자신을 애타게 그리

위하도록 함으로써 오히려 권력을 더 강화해가고 있었던 것이다. 그에게는 과연 러시아를 구하기 위해 모스크바로 되돌아올 의지가 있는 것인가 없는 것인가?

이것은 병리현상과 정치행위를 구분할 수 없는 또 다른 하나의 사례이다. 이반이 가짜 수도원을 세운 것은 반복적으로 나타나는 망상을 보여주는 한 사례이다. 즉 왕위를 포기하고 수도사가 된다는 망상이 그것이다(그는 결국 임종시에 요나 평수도사라는 이름을 얻음으로써 그 같은 망상을 실현한다). 이러한 충동은 그의 생애 전반에 걸쳐서 두드러지게 보인다. 그는 시시때때로 먼 거리를 마다하지 않고 여러 수도원으로 순례여행을 떠난다. 그곳에서 이반은 '성스러운 바보들'과 성자들의 조언을 구하고 그들의 조언을 측근들의 조언 이상으로 소중히 여겼다. 정치적 책략으로 본다면 그는 이를 통해 러시아를 한 손아귀에 쥐게 되겠지만 다른 한편으로 그는 진심으로 왕위에서 물러나기를 바랐던 것이다.

실제로 이반은 이후 두 번에 걸쳐서 공공연히 왕위를 포기한다. 첫 번째 경우 그는 고령의 신망 있는 영주 페도로프(Fedorov)에게 왕복을 입혀 권좌에 앉힌다. 그리고는 봉사로 일관한 그 노인의 생애에 깊은 존경의 뜻을 표하기라도 하듯 페도로프 앞에 낮게 엎드린 뒤 이렇게 공언한다. "자, 당신은 이제 그토록 바라던 것을 얻었소." 그리고 한마디 덧붙인다. "그러나 내가 준 것은 내가 도로 빼앗을 수 있소." 이 말이 떨어지기가 무섭게 그는 페도로프를 찔러 죽인다. 그리하여 끊임없이 암살의 공포에 시달리며 살아온 이반은 자신이 창조한 가짜 차르를 살해함으로써 근심을 털어내고 다시 권좌에 복귀한다.

이반이 두번째로 권좌에서 물러난 경우는 그 연극이 꽤 오랫동안 지속된다. 이반은 최근 세례를 받은 젊은 타타르 영주에게 1년 동안

꼬박 자신의 자리를 내준다. 그에게는 황실의 모든 의례들을 집전할 의무가 주어진다. 이반은 중요한 결정사항에 대해서는 자신이 직접 관장할 여지를 남겨둔 채 궁전을 떠나 자그마한 집으로 거처를 옮기고 자신이 뭔가를 필요로 할 때에는 새 '차르'에게 겸손한 태도로 청원기도 한다. 그는 그 젊은이를 대중 앞에서 치켜세우고 그에게 앞길을 양보하기도 하지만 결국 이 웃음거리 광대짓에 지친데다 권력과의 인연을 끊지 못해 다시 권좌에 복귀한다. 그리고 그의 대리인은 한 해 동안 누린 영광의 뒤안길로 내쫓겨 무명의 처지로 전락한다.

타타르인을 자신의 대리인으로 선택한 데는 꽤 깊은 뜻이 담겨 있었다. 이반은 무의식적으로 러시아의 적인 타타르인들과 자신을 동일시하고 있었다. 국가 성립 초기에 러시아는 야만적인 아시아인 침입자들의 말발굽 아래 유린당한 바 있었다. 1200년대부터 1400년대까지 무려 2세기에 걸친 기간에 몽골인들, 즉 타타르인들은 러시아를 암흑기에 주저앉혀 놓았다. 반면에 서유럽은 그 기간 동안 문화적으로 발전을 거듭했다. 이반은 비록 타타르의 거점 지역인 카잔과 아스트라칸을 점령, 그들 민족을 동화시킴으로써 결국 위협에 종지부를 찍지만 그 역시 그들의 흉포함에 물들고 말았다.

차르의 권위를 상징하는 두 머리를 가진 독수리는 동과 서, 아시아와 유럽 그리고 과거와 미래를 동시에 바라보고 있다. 그런데 이 독수리는 이반의 상징이기도 하다. 그것은 그가 비록 근대국가를 세우기 위해 애쓰고 서양의 사상과 유럽의 기술에 매혹되어 있었다 할지라도 동시에 먼 과거로부터 유전된 것, 즉 파괴적인 그 무엇이 그의 영혼에 달라붙어 있었기 때문이다. 아시아의 유목민 집단이 그들이 거쳐가는 곳마다 오직 폐허만을 남겨놓았던 것처럼 이반의 통치 말기에 이르면 모스크바 주변의 시골은 폐허로 변하고 만다. 그곳 주민들은 무참히

도륙되거나 아니면 자신들의 가장 기독교적인(?) 혹은 가장 야만적인
(?) 차르를 피해 멀리 도망친다.

　이제 다시 수도원으로 되돌아가 보자. 우리는 그곳에서 기도에 깊이
빠져 있는 이반을 통해 이러한 이중성을 적나라하게 볼 수 있다. 아침
을 신앙생활로 보낸 차르는 오후에는 국사를 돌보는 데 시간을 할애
한다. 이는 종교적 열정으로 고조된 감정을 식히는 일종의 기분전환
과도 같은 의미를 담고 있다. 어쩌면 외국으로부터 손님들이 방문했
는지도 모른다. 그 당시 영국은 러시아라는 존재를 새로이 깨달아가
고 있는 중이었다. 그리고 지속적으로 영국에 대해 친화적인 자세를
견지해온 이반은 엘리자베스 여왕(Elizabeth I)—영국의 무역을 위해
수줍은 듯 매혹적인 서신을 보내 오로지 이반의 비위를 맞추고자 하
는 의도밖에 갖고 있지 않은—과의 결혼 가능성을 타진하고 있었다.
아니면 모스크바로부터 또 다른 대표단이 도착해 있을 수도 있다. 그
들은 불충한 신하들을 용서하고 수도로 귀환할 것을 그에게 간청할
터였다. 그도 아니면 시베리아 탐험가들이 그의 발밑에 모피와 금을
선물하고자 안달이 나서 알현을 청했을 수도 있다.

　하지만 오후가 다 지날 무렵, 이반은 이러한 세속적인 업무를 더 이
상 견디지 못하고 마침내 그로부터 일탈을 한다. 그는 고문실로 내려
온다. 숭고함을 추구하는 욕구를 기도를 통해 충족시키듯이 이반은
자신의 야만적인 본능을 고문실에서 충족시킨다. 그는 피 칠갑을 하
고 얼굴을 환희로 붉게 물들인 채 자신의 희생양들 사이를 비틀거리
고 돌아다니면서 고문기술자들을 향해 "이랴! 이랴!"를 외쳐댄다. 이
는 차르가 말을 몰 때 쓰는 표현인 바, 맹수와도 같은 잔인성으로 러
시아를 통치하는 데 온통 마음을 빼앗긴 한 남자에게는 딱 어울리는
표현이 아닐 수 없다. 아이러니하게도 타타르식 야만성으로 그가 이

렇듯 돌변하는 배경에는 위로받을 길 없는 한 남편의 개인적 고통이 자리잡고 있다. 폴란드로 도망쳐 망명지에서의 안전을 보장받은 뒤 장황한 죄목을 들어 이반을 고발한 망명객, 쿠르프스키(Adrey Kurbsky, 1528~1583) 영주는 "당신이 인간과 닮았다면 그것은 오로지 육체적 형상뿐"이라고 말한다. (정치적 선동의 성격을 띠고 있었던 그들 간의 서신 왕래는 8년간 지속된 끝에 결국 쿠르프스키의 승리로 막을 내린다. 물론 그의 서신은 이반의 화려한 수사와 학식에 비할 바가 못 되었지만 차르의 죄상을 만천하에 드러내는 것이었고 유럽은 이반이 행한 극악무도함의 전말을 탐독하게 된다.)

대체로 쿠르프스키에게 보낸 이반의 서신에는 16세기 정치이론이 웅변적이고도 힘찬 어조로 요약되어 있다. 그는 국가가 지고 있는 책무에 대해 나열하면서 성경과 역사 그리고 고전철학에 의거한 해박한 지식을 풀어놓는다. 그러나 그가 자칫 논리적으로 빈틈을 보이는 구절에 이르면 거기에는 의미심장하고도 열렬한 항변이 담겨 있다. 쿠르프스키가 수많은 충신들의 죽음과 관련해서 모든 죄를 그에게 뒤집어씌운 바 있기 때문이다(이반은 최고위급 장군들을 사형에 처하고 스탈린은 1930년대에 이를 그대로 답습한다).

이반이 자신의 행동을 정당화하려고 애쓰거나 적어도 쿠르프스키 영주가 자신의 행동에 대해 판단을 할 자격이 없음을 입증하는 과정에서 그는 돌연 자신의 첫번째 아내 아나스타시아를 떠올린다. 그녀에 관해 다음과 같이 언급하면서 그는 감상에 빠져 근거 없는 결론을 발설하고 만다. "그대는 왜 내 귀여운 새색시를 내게서 빼앗아갔는가?" 그는 아나스타시아에 관해 언급할 때 사랑이 듬뿍 담긴 표현으로 '새색시'라는 용어를 사용한다. 이반은 비탄에 젖어 이렇게 말한다. "그대가 그녀를 살려두기만 했어도 좋으련만!" 하지만 아나스타시야의 목숨을 '빼앗아간' 사람이 있다면 그는 바로 이반일 수도 있다. 엄동설한에 북쪽의 멀리 떨어진 한 수도원으로 가혹한 순례여행을 떠나도록 그녀의 등을 떠민 사람은 다름 아닌 차르 자신이었기 때문이다. 엄격한 수도생활을 하고 있는 수도사들에게는 그녀가 앓아누웠을 때 가장 기본적인 치료조차 제공할 능력이 없었을 것이다. 아나스타시야는 모스크바로 살아서 돌아오기는 하지만 결국 기력을 회복하지 못하고 눈을 감는다. "만일 그대가 그녀를 내 곁에 남겨두기만 했어도 이 모든 일들이 결코 일어나지 않았을 터인데……." 이반은 이런 개인적인 방백을 통해 많은 사실들을 드러내면서 감상적으로 결론을 맺는다.

그의 말은 심금을 울리지만 우리가 어떻게 이 말을 논리적으로 설명할 수 있을까? 만일 쿠르프스키와 그의 반역자 패거리들이 아나스타시야의 목숨을 그로부터 '빼앗아갔다'면 방법은 단 하나, 독살뿐이었을 것이다. 그러나 여기엔 또 다른 함의가 있다. 그의 죽음과 관련해서 어느 누구도 단죄되지 않았던 사실에 비추어볼 때 이반 자신도 그것을 믿지 않았으리라는 점이다. 만일 그가 그 당시 독살을 의심했다면 또 한바탕 피바람이 불어닥쳤을 게 분명하지 않은가? 게다가 쿠르프스키가 이반의 눈 밖에 난 것은 군사적 패배를 이유로 이반이 그를 비난하면서부터이고 그녀가 사망한 이후의 일이었다. 따라서 이반이 아나스타시야의 죽음을 그와 연결시킬 계기는 아예 존재하지 않았다고 보는 것이 타당하다.

그러나 이반의 감정은 객관적 사실과는 아무런 상관없이 그 자체로 뿌리 깊은 생명력을 지니고 있었다. 그 감정들이 갖고 있는 논리란 주관적인 것이며 그것이 풀어놓는 이야기와 연대기들도 모두 몽상 속의 이야기요, 연대기였던 것이다. 고통의 나날 속에서 이반은 자신의 어

머니와 아내의 모습을 합성한다. 그가 여덟 살이던 때 어머니는 그녀의 권력을 시샘한 교활한 귀족들에 의해 독살당했던 것이다. 그리고 스물두 해가 지난 지금 이반은 이미 오래전에 세상을 뜬 바로 그 적들이 사랑하는 아내 아나스타시야 역시 살해했다고 상상하고 있는 것이다.

시공을 초월하는 이 같은 비약은 오프리치니크를 창조해내는 데서도 동일하게 발견된다. 그들이 차르의 권력을 공고히 하면서 러시아 전역에 공포감을 유포했음은 두말할 나위 없는 사실이다. 그러나 그들은 이러한 정치적 임무를 수행함과 동시에 아나스타시야의 살인범에게 복수를 해야 하는 '꿈처럼 엉뚱한 임무' 역시 수행하고 있다. 얄궂게도 이반이 그들에게 부여한 명칭, 오프리치니나는 '따로 떼어둔 사람들'이란 뜻 외에도 '미망인의 유산'이라는 의미도 갖고 있다. 그리고 이 악마적인 집단은 일종의 '유산'임이 너무도 분명하다. 어머니를 잃고 피에 굶주린 이반 자신이 '미망인'이라면 그들은 이반의 슬픔이 낳은 '유산'인 것이다. "그대는 왜 내 귀여운 새색시를 짐에게서 빼앗아갔는가?" 그의 심복들이 나라 구석구석을 어슬렁거리고 돌아다니는 동안 그는 수도원에서 이렇게 포효하고 있었다. 그리고 그의 이런 슬픔은 심복들의 폭력성과 잔인성을 통해 표현되고 있었다.

2. 열세 살 소년의 정치적 도박

어린 양을 창조하신 바로 그분이 그대 또한 창조하셨단 말인가?
— 윌리엄 블레이크

1538년 크렘린의 음산한 궁전에는 세상을 스스로의 힘으로 살아나가도록 홀로 남겨진 어린 소년이 있었다. 아버지는 소년이 세 살 적에 이미 세상을 등졌고 어머니는 그의 나이 여덟에 독살당했다. 그리고 소년의 생부일지도 모르는 어머니의 정부 역시 처형당하는 운명에 처했다. 심지어 소년은 사랑하는 유모와도 헤어져야 했다. 그녀가 난폭하게 질질 끌려나갈 때 요새의 웅장한 홀에는 소년의 외침과 애원의 목소리가 메아리쳤다. 귀족들은 소년에게 충성하는 그 누구도 살려두지 않았던 것이다.

때때로 소년은 배고픔과 추위에 시달렸다. 아무도 그의 식사를 염려

해주지 않은 데다 그가 러시아의 혹독한 겨울에 어울리는 따뜻한 옷가지를 챙겨입고 있는지 신경조차 쓰지 않았기 때문이다. 그의 벗이라고는 귀머거리에 벙어리인 형제 한 사람밖에 없었다. 사실 크렘린 내에서 그가 보게 될 것들은 다시 주워섬길 가치조차 없는 것들이기에 이반이 귀먹은 벙어리였다면 차라리 그의 삶은 더욱 안전했을 것이다.

이반의 어린 시절은 이러했다.

두 당파로 나뉘어진 대귀족들은 끊임없이 이어지는 의자 뺏기 놀이에서 오로지 자리바꿈만 계속되는 권력싸움을 일삼고 있었다. 제일 먼저 슈이스키 일당(The Shuiskys)이 권력을 잡았다가 벨스키 일당(The Belskys)이 그 뒤를 잇고 또다시 슈이스키 일당이 권력을 잡는 식이었다. 일단 어느 쪽이든 한 당파가 확실히 권력을 장악했더라면 아마 그 소년을 죽일 시간도 있었을 것이다. 그러나 그 어느 쪽도 최종적인 승리를 거두지 못했고 결국 이반이 살아남을 수 있었던 것도 바로 이런 이유에서였다.

이렇게 소년은 외로이 방치된 채 위태로운 목숨을 부지해나가고 있었다. 황실의 의전 행사가 열릴 경우에는 금으로 치장된 예복 차림으로 대성당의 권좌에 앉혀졌지만, 사생활로 돌아오면 예복은 벗겨지고 흉악한 귀족들에게 모욕적인 대우를 받곤 했다. 소년은 이런 과정을 거치면서 권력이란 것이 피와 영광이라는 두 측면을 갖고 있다는 사실을 깨닫게 된다. 그리고 양쪽 모두 사람을 열광으로 몰아넣는 측면이 있으며 또한 제각각 장엄하다는 사실도 체득한다.

이반의 성격은 이러한 모순에 의해 형성된다. 요컨대 어린 황태자는 온갖 보석으로 뒤덮인 채 군중들 앞을 당당히 행진하면서 한순간 러시아의 희망으로 치켜세워졌다가 다음 순간 그저 고아 소년에 불과한 존재로 전락해버리고 만다. 하인들은 바쁠 때면 그의 빈약한 저녁식사마저 챙겨주지 않고 있었다. 바로 그러한 비천함이야말로 그의 목숨을 지탱시켜주는 밑거름이 된다. 다시 말해 그는 모든 것인 동시에 아무것도 아닌 존재였다.

자신의 정체성이 갖는 이러한 이중적 의미는 신 앞에서는 한없이 겸손해지면서도 인간 앞에서는 또한 한없이 오만해지는 이반의 이중성 속에 잘 드러나고 있다. 이반은 신을 대하면서는 자신이 "지구 표면을 지나가는 그림자에 불과하다."고 표현하지만 인간에 관한 한 '카이사르의 후예답게' 그들을 철저히 짓밟아버린다. 이반은 정식교육을 받기 이전부터 이미 예배의식의 아름다움, 즉 인간의 미약함을 밝혀주고 신권을 등에 업은 왕 차르의 위엄을 칭송하는 세속을 초월한 성가의 매력에 마음을 빼앗긴다.

이러한 관념들은 어린 이반에게서 현실적인 것으로 화한다. 그것들은 이반이 어두운 크렘린 교회 내의 성상들과 순교자들의 유품들 한가운데서 움켜쥔 신비감이다. 그는 훗날 성경과 역사 그리고 심지어 고전 논리학까지 정식으로, 그것도 상당히 오랜 기간 동안 교육받게 되지만 이렇듯 강렬한 첫인상은 그의 마음 속에서 계속 자라난다. 이반은 생애 내내 사상과 정념의 얽힌 실타래를 풀지 못한다. 그에게 있어서 추상적인 관념이나 탁상공론의 논리학은 지각과 감정의 중요성을 결코 따라잡지 못했다. 그의 어린 시절 경험이 그가 세상을 보는 관점을 형성했으며 책들은 단지 그가 이미 알고 있는 것을 입증하는 수단에 불과했다.

다행스러운 일이겠지만 이반의 교육을 담당할 인물, 즉 학식이 풍부한 사제 마카리(Makary)는 수도원에 틀어박혀 사는 학자가 아니었다. 당대의 정치학에 깊이 빠져 있던 마카리는 신앙심 깊은 대주교 요셉

이 유배되자 크렘린으로 초청되어 그 자리를 대신하였다. 요셉이 유배형에 처해진 일은 러시아에서 교회와 국가 간의 관계가 어떤 식으로 설정되어 있는가를 이반에게 일깨워준 최초의 사건이었다. 아직 동이 트기 전인 어느 이른 새벽, 독방에서 홀로 잠을 자던 소년은 이상한 광경을 마주하고 눈을 떴다. 대주교가 그의 침대 곁에 웅크리고 앉아서 어서 피신할 것을 간청하고 있었던 것이다. 그리고 얼마 안 있어 당시 권력을 쥐고 있던 슈이스키 일당이 살기등등하게 소리를 질러대며 그의 방으로 들이닥쳤다. 그들의 심복들은 나이 든 대주교의 예복을 경멸적인 태도로 찢어발긴 뒤 거의 숨이 넘어갈 지경으로 그에게 발길질과 주먹질을 해댔다. 어린 이반은 무표정하게 그 광경을 묵묵히 지켜보고 있었다. 그의 안면에서는 어떠한 감정의 기복도 찾아볼 수 없었다.

이반이 훗날 기회가 있을 때마다 당시를 술회했던 것을 보면 그가 사실은 그 당시에 엄청난 고통을 겪었음을 알 수 있다. 그는 자신이 어린 시절 느꼈던 공포를 잊지 못해 몇 번이나 되풀이해서 언급한다. 몇 십 년이 흐른 뒤 쓰게 되는 유언장에서조차 젊은 시절의 세세한 이야기들은 마치 방금 일어난 일처럼 생생하게 살아 있었다. 그러나 크렘린에서 매일같이 일어나는 기이한 사건들을 지켜보던 소년의 태도는 냉담했다. 그는 가면을 쓰는 법, 말하자면 자신이 나서서는 안될 어떤 상황에서는 그 상황의 일부가 되는 법을 배웠던 것이다.

5년이라는 시간이 그렇게 흐르고 이반의 나이 열세 살이 된다. 그는 스승인 마카리 대주교 덕분에 비잔틴과 고대 러시아 국가의 역사 공부에 몰두할 수 있었다. 그의 학식은 러시아의 과거와 러시아의 운명에 대한 깊은 통찰력을 제공해주었다. 또한 고립무원의 처지가 오히려 그를 사려 깊고 예리한 관찰자로 만들어주었다. 이제 바야흐로 자신의 날개를 펼칠 채비를 갖추게 된 것이다.

기회는 그리 오래지 않아 찾아왔다. 베론초프(Verontzov)라는 한 젊은이는 소귀족 출신으로 이 외로운 왕위 계승자의 친구였다. 슈이스키 일가가 재차 권력을 장악하고 있던 상황에서 한 국가평의회 모임 도중 베론초프는 슈이스키와 언쟁을 벌이게 된다. 사소한 실수가 있었던 것일까? 아니면 단순히 그가 왕위 계승자인 이반과 가까웠기 때문일까? 슈이스키는 당시 권력의 정점에 서 있었기 때문에 그에겐 어떤 이유도 필요치 않았다. 오만하게도 그와 그의 패거리들은 베론초프에게 온갖 모욕을 가한 뒤 그를 유배시켜버린다.

이반은 수치와 슬픔으로 움츠러든다. 그는 스승에게 자신의 친구를 위해 중재에 나서줄 것을 요청했다. 그러나 마카리가 할 수 있는 일이라고는 기도 이외에 아무것도 없었다. 그는 이제 머지 않아 벨스키 일가가 다시 권력을 쥐게 될 것이고 그렇게 되면 슈이스키 일가의 결정은 번복될 것이라며 이반에게 참고 견디어내라고 충고했다.

그로부터 3일 후, 이반은 대귀족들이 한창 떠들썩하게 즐기고 있는 연회석상에 모습을 드러냈다. 그는 마카리의 가르침을 통해 강한 결단력을 키웠을 뿐 아니라 특정한 상황 속에서 그가 어떤 위치를 차지해야 하는지를 잘 알고 있었다. 그는 자신의 의지를 표명하기로 작정했다. 동시에 그는 자신이 엄청난 모험을 하고 있으며 이 극단적인 도박이 자신의 미래를 결정할 것이라는 사실도 인식하고 있었다.

지금까지 그저 묵묵히 침묵을 지키고 있던 한 보잘것없는 소년이 믿기 어려울 정도의 권위를 갖추고 목청을 드높였다. "그대들은 이 땅에서 온갖 강도짓과 탄압을 자행하고 또한 부당한 밀거래를 일삼아왔다." 성서의 말씀과 같은 반향을 불러일으키기 위해 치밀하게 선택된 말과 함께 소년의 말문이 열렸다. "그러나 짐은 그대들을 용서할 것이

다." 잠시 숨을 고르며 당찬 표정으로 그들 하나하나를 똑바로 응시하고 난 이반은 다시 말을 이었다. "다만 슈이스키에게만은 자비를 베풀수 없다." 경악한 귀족들은 서로를 쳐다보았다. 슈이스키가 누구인가! 그들 중에서도 첫번째로 손꼽히는 권력자가 아닌가! 하지만 소년의 목소리와 태도 속에는 권위를 전하는 그 무엇, 그러니까 소년에게 복종함이 마땅하다는 생각이 절로 들게 만드는 그 무언가가 존재했다. 슈이스키 영주는 황실의 사냥꾼들에게 넘겨져 처형당하고 그 시신은 개들의 먹잇감으로 던져졌다.

이반은 왕위 계승자에 합당한 명예와 권위를 확보하기까지 아직 4년이란 세월을 더 기다려야 했지만 이미 그 일보를 내디딘 것만은 분명했다. 그는 서서히 부상하고 있는 나라 러시아의 복잡한 권력투쟁에서 결코 무시 못할 인물이 되어가고 있었다. 그리고 그날 이후, 그가 훗날 스스로에게 붙인 이름, 차르가 될 것이라는 사실이 분명해졌다.

3. 일편단심 순정의 사랑

1574년 2,000명에 이르는 젊은 처녀들과 그들의 샤프롱(젊은 미혼 여성들이 사교계에 나갈 때 그들을 따라다니며 시중을 드는 보통 나이 지긋한 기혼여성—옮긴이)이 크렘린에 도착했다. 처녀들에게는 서로 붙은 두 개의 방이 각기 배정되었다. 그런데 두 개의 방 가운데 하나의 방은 샤프롱의 차지가 아니었다. 이 방들은 특수한 임무를 띤 여성들이 옆방에 투숙한 처녀들을 밤새 지켜보기 위한 용도로 쓰였다. 아무리 아름답고 지적인 여성일지라도 취침 중에 코를 골면 귀가 조치되었다. 아무리 사소한 결점일지라도 그냥 무시되는 법이 없었고 지나치게 세세한 사항이라 주목할 필요가 없다는 말은 통하지 않았다. 자신

의 다섯번째 부인(그는 통틀어 일곱 번 결혼한다)을 낙점하고자 하는 차르는 아들에게 뭔가 모범을 보이고 싶어 했다. 자신의 아들도 이번에 모인 처녀들 가운데서 마찬가지로 신부감을 고를 터였기 때문이다.

미모는 이반에게 중요한 조건이었다. 그는 미인감정인이라 할 만한 사람이었다. 그러나 아들에게는 미모에 현혹되지 말라고 충고를 한다. 바로 자기 자신이 두번째 아내를 선택할 때 그런 우를 범했기 때문이다. 그녀는 서둘러 개종한 이교도였는데 아나스타시야가 죽은 지 불과 8일 만에 차르와 결혼했다가 얼마 안 되어 쫓겨나고 말았다. '이혼'이란 단어는 차르가 자신의 부부관계를 끝내는 방식을 묘사하기엔 지나치게 공식적인 표현이다.

그가 아들에게 훈계했다. "먼저 성격을 살피고, 지성과 도덕적 순결함, 목소리의 달콤함, 예의범절, 건강한 신체……" 그가 이렇듯 신부감이 갖춰야 할 덕목을 일일이 나열하는데 희한하게도 가문에 대해서는 일체의 언급이 없다. 통상 가문은 16세기에 특히 황실의 결혼과 관련해서는 중요한 고려 사항이었다. 그러나 차르는 부인을 선택함에 있어서—그리고 장군이나 참사관, 주교 등 행정상의 요직을 임명하는 과정에서도—가문보다는 개인의 가치를 우선시했다. 그리하여 이번에도 그는 상인 가문 출신의 여인을 부인으로 낙점한다. 물론 결혼이 이루어지는 순간 그녀의 가문은 영예로운 예우를 받게 될 것이다.

이반은 이렇듯 결혼준비에 각별한 공을 들였지만 어떤 의미에서 이 모든 행위는 가식에 불과했다. 그의 가슴속을 온통 채우고 있는 여인은 오로지 아나스타시야 한 사람뿐이었다. 그는 자신의 결혼에 반대하는 교회 공의회에서도 밝혔듯이 '육체적 목적' 때문에 다른 아내들과 결혼했다. 교회는 부인의 숫자를 셋으로 제한하고 있었기 때문에 차르의 결혼을 인정하려면 이를 예외 사항으로 선언해야 할 판이었다. 이반이 동침하거나 강제 추행한 여인과 소녀의 숫자를 생각하면 이반의 결혼은 부적절한 것이어야 마땅했다. 그러나 결혼이라는 신성한 행사는 이반에게는 여전히 매력적인 일이었다. 비록 그 결혼에 사랑이 결여되어 있다 할지라도 결혼예식에는 힘과 축복이 들어있기 때문이었다.

아나스타시야는 완벽한 여인이었다. 이반으로서는 그녀를 다른 아내들과 비교하는 것 자체가 불가능했다. 이반에게 있어서 그녀는 단순한 동반자가 아니라 그가 하나의 모범으로서 따라야 할 이상과도 같은 존재였다. 그가 그녀와 결혼한 시점은 그가 권력을 인계받은 시점과 일치한다. 그런데 결혼식이 거행된 직후 모스크바에는 화재가 발생해 맹위를 떨치게 된다. 당시 권력을 잡고 있던 부패하고 탐욕스러운 글린스키(Glinsky) 일가가 불을 질렀다는 소문이 파다하게 퍼져 나갔다. 폭동이 발생하자 이반은 이를 진압한 뒤 글린스키를 추방하고 스스로 정권 장악에 나섰다. 그의 나이 열일곱, 이제 바야흐로 그가 모스크바 대공일 뿐 아니라 차르, 즉 카이사르임을 천명할 순간이 다가온 것이다. 러시아는 유럽과 아시아 양쪽에서 하나의 거대한 제국이 될 것이다. 자신의 통찰력 덕분에 이반은 로마제국의 망토에 버금가는 외투를 입게 되는 것이다.

새로이 권좌에 오른 차르는 자신의 신부, 아나스타시야의 영향을 받아 공적과 영예를 쌓고자 노력한다. 이반은 잠자는 거인, 러시아의 힘을 일깨우기 위해 태생은 비천하지만 총명한 아다셰프(Adashev)나 실베스테르(Sylvester) 신부와 같이 현명한 상담자들의 힘을 빌린다. 여러 가지 중요한 개혁조치들이 잇따라 취해지고 정부 조직상에 필수적인 변화들이 일어난다. 지방 통치자들의 약탈행위가 견제를 받고 중앙의 권위가 강화된다. 이반 스스로도 내부적으로 안정을 얻는다. 만사가

그의 눈앞에 펼쳐져 있고 그의 가슴은 감사의 마음으로 충만해 있다. 그는 기쁜 마음으로 조용히 감사의 기도를 올리기 위해 그리고 자신의 치세가 영광으로 가득하기를 기원하기 위해 아나스타시야와 함께 순례여행을 떠난다.

그의 기도는 화답을 받은 듯했다. 그는 군사적으로 주요한 성과가 될 전투를 치르기 위해, 즉 타타르의 거점인 카잔을 정복하기 위해 출정한다. 그 전쟁은 일반대중의 지지를 등에 업은―그만큼 중대한― 전투였다. 타타르인들은 지난 수세기 동안 러시아의 영토를 급습해서 엄청난 조공을 바칠 것을 요구하고 수많은 기독교인들을 자신들의 노예로 부리면서 이스탄불 내의 시장을 장악해왔던 것이다. 전투는 격렬했다. 그리고 이반은 군사적인 용맹성이란 측면에선 결코 알려진 바 없는 인물이었지만(사실 그는 일면 소심한 구석이 있어서 포위공격 기간 내내 대부분의 시간을 막사에서 보냈다) 그가 승리를 거둔 군대와 함께 귀환했을 때 모든 국민은 그를 영웅으로 떠받들었다.

모스크바의 모든 교회에서 종소리가 울려퍼지는 가운데 거리는 기쁨에 겨운 시민들로 가득 찼다. 크렘린 앞에서 자줏빛 망토가 그의 양어깨에 걸쳐지고, 지금은 대주교의 자리에 오른 그의 나이 든 스승 마카리가 그를 러시아의 구세주라고 찬미한다. 그러나 아나스타시야는 이 자리에 참석하지 못한다. 이반이 부재중인 동안 그의 아들을 출산하느라 아직 침상을 벗어날 상황이 아니었기 때문이다.

이때가 이반 개인에게는 행복의 절정기였다. 그는 모든 것을 가졌다. 아나스타시야의 사랑에는 흔들림이 없고 아들의 출산이라는 희소식이 그를 들뜨게 했다. 또한 그는 국민적 영웅으로 추앙받고 있었으며 그의 주변에는 아나스타시야의 가르침에 따라 그가 신임하는 조언자들이 포진하고 있었다. 실베스테르 신부와 이반이 총애하던 아다셰프가 탁월한 사리분별력을 갖춘 정예의 보좌기관을 이끌고 있었다. 물론 이반은 훗날 그들의 간섭을 '견딜 수 없는' 것이라고 말하면서 그들의 조언을 일부 받아들이지 않기도 하지만, 사실 젊은 지배자로서 그는 자신의 통치기간 중 초기에는 그러한 인물들을 주위에 포진시킬 필요가 있었다. 그들은 새로운 법전을 만들고 군대를 재조직하며 심지어는 교회의 재산과 세속 권력을 제한하는 등 일사불란하게 움직였다.

이를 오페라에 비유한다면 우리는 이 순간 불길한 화음을 듣게 된다. 이반과 러시아를 기다리고 있는 거부할 수 없는 운명이 거의 치명적인 병의 형태로 무대 전면에 등장하기 때문이다. 이반은 병을 얻어 나날이 그 병세가 악화되어갔다. 고열에 시달리면서 나약해진 이반은 귀족들을 크렘린으로 불러 혹시 자신이 죽더라도 자신의 아들과 아내에게 충성하도록 다짐을 받는다.

이반에게 더욱 고통스러운 일은 이러한 상황이 자신의 어린 시절을 상기시킨다는 점이었다. 그의 아버지 바실리 3세(Vasily Ⅲ, 1479~1533)도 이와 비슷한 상황에서 세상을 떠났던 것이다. 사냥을 하다 얻은 상처가 괴저(壞疽)로 진행되면서 고통받고 있던 바실리는 어린 아들 이반과 이반의 어머니 옐레나에게 변함없는 신뢰를 바칠 것을 귀족들에게 맹세하게 했다. 그러나 5년도 채 지나지 않아 시기심 많은 귀족들에 의해 옐레나는 독살당하고 만다. 그들은 보물들을 약탈하고 힘없는 백성들을 노예로 만들고 러시아를 모반과 그에 반대하는 세력으로 갈라놓았다.

이반의 병세가 점점 더 심각한 지경에 이르자 대귀족들과 성직자들은 이반이 요구하는 충성을 맹세하기 위해 크렘린으로 모였다. 충성파를 이끌고 있는 이는 성직자 마카리였다(이반의 목숨이 위태로워지자

각종 당파와 정파들이 우후죽순 격으로 생겨나기 시작했다). 참으로 놀라운 사실은 이반의 최측근이라 할 실베스테르와 아다셰프가 이 상황에서 그를 배신했다는 점이다. 그들의 배신 동기는 탐욕이나 야망이 아니었다. 그들은 오히려 긴 섭정기간에 분출될지도 모를 혼란을 두려워했던 것이다. 하지만 그들의 행위는 분명 배신이었다. 그들은 이반의 사촌 한 사람을 후보자로 지지했다. 그의 가문은 권좌를 물려받을 자격을 갖추고 있었다. 그런 인물이라면 나라가 무질서와 내란의 소용돌이에 휩싸이는 상황을 사전에 차단할 수 있을지도 몰랐다. 이들의 계획은 이반의 어린 아들을 살해하고 그의 미망인을 수녀원에 구금한다는 전제하에 받아들여졌다.

고열로 인해 몸을 사시나무처럼 떨면서 고통받고 있는 상황 속에서도 이반은 초인적인 힘을 발휘해 귀족들과 논쟁을 벌인다. 논리적으로 설득하다가 위협하기도 하고 때로는 그들에게 악담을 퍼붓기도 하면서 이반은 자신의 뜻을 관철시키고자 한다. 그들은 결국 한 사람씩 차례로 십자가에 입맞추며 맹세를 저버릴 경우 영원한 저주를 각오하고 아이에게 충성을 맹세한다.

그러자 이반은 이내 병상을 떨치고 일어나서 모든 사람들을 놀라게 만든다.

여기에서 우리는 이반의 통치기간 중에 일어난 몇몇 예상치 못했던 일들 가운데 하나를 만나게 된다. 이럴 경우 아무리 관대한 통치자라 할지라도 충성심이 흔들렸던 자들에게는 뭔가 복수의 칼날을 들이대게 마련이다. 그러나 이반의 행동은 아나스타시야의 죽음 이전과 이후가 마치 칼로 자른 듯 명백한 차이를 보인다. 아나스타시야와의 결혼생활 13년은 그의 악마성이 한쪽 구석으로 밀려나 있어서 매우 평화로웠다. 게다가 지금 그는 아버지의 임종장면을 자신이 직접 재연

했다가 언제 그랬냐는 듯 거뜬히 병상을 털고 일어난 것이다. 어쨌든 이반으로서는 승리의 순간이었다. 이반의 생애 전반에 걸쳐서 신하들에 대한 단죄는 죄의 유무에 달려 있다기보다는 오히려 이반의 정신 상태에 달려 있었다. 무언가로 고통받고 있을 때 그는 유혈이 낭자한 상황을 갈구했지만, 그의 정신이 안정을 유지하고 있을 때는 죄 지은 자조차도 방면해주었다.

실베스테르, 아다셰프, 황족 사촌 그리고 귀족 공모자들 모두에게 자비가 베풀어졌다. 그러나 이번 위기는 이반에게 어린 시절의 교훈을 상기시켰다. 비록 그가 그들을 용서했을지언정 불신과 증오의 씨앗은 이미 뿌려진 것이었다.

그러나 이반의 건강이 회복된 것은 분명 경사였다. 이반은 주변의 상황이 허락하자 기다렸다는 듯 아나스타시야와 갓 태어난 아들을 데리고 북쪽의 멀리 떨어진 키릴로프 수도원으로 순례여행을 떠났다. 모든 이들이 엄동설한에 이루어지는 이 길고도 혹독한 여행을 뒤로 미룰 것을 간청했다. 그러나 바로 몇 해 전 이반의 어머니는 그를 임신하고 있을 당시 언약을 이행하기 위해 같은 장소로 순례여행을 떠난 적이 있었다. 조금 전까지 그가 겪어야 했던 죽음 일보 직전의 상황이 자신의 아버지와 연관된 것이었던 반면에 이제는 어떤 숨겨진 본능이 그를 자궁 속에서 축복받았던 바로 그 장소로 인도하고 있었다.

이반은 마치 무슨 일이 일어날지 모두 예상하고 있다는 듯 엄숙하고 겸손한 참회자가 되어 키릴로프에 도착한다. 그는 나룻배에서 내려 눈 위를 맨발로 수도원까지 걸어갔다. 그러나 죽음의 그림자는 그의 가문으로부터 아직 완전히 걷히지 않고 있었다. 젊은 차르가 자신을 구원해준 데 대한 감사의 기도를 드리고 있을 때 그의 첫번째 자식이 불귀의 객이 되고 만 것이다.

4. 살육을 멈추게 한 날고기

1570년 러시아의 대도시 프스코프(Pskov) 외곽에 위치한 한 허름한 오두막. 그곳은 상처입은 온갖 동물들로 우글거리고 있었다. 어떤 동물은 눈이 멀고 또 어떤 것은 허기에 지쳐 있었다. 날개가 꺾인 새, 다리를 절뚝이는 개, 수백 마리의 길 잃은 고양이, 이들은 모두 미친 니콜라슈카(Nicholashka) 혹은 은자 니콜라스라고 불리는 야위고 무뚝뚝한 사람의 보호를 받고 있었다. 그는 어느 수도회에도 소속되어 있지 않았지만 '길 잃은 자' 혹은 '성스러운 바보'로서 평민들과 심지어 귀족들 사이에서도 높이 추앙받는 반미치광이 고행자들 중 하나였다.

그즈음 며칠 동안 그가 반벌거숭이로 마치 엄청난 고통을 받는 사람처럼 조리에 닿지 않는 말을 외쳐대면서 숲속을 배회하는 모습이 눈에 띄었다. 그가 이렇게 흥분한 이유가 밝혀지지는 않았지만 훗날 그가 그 도시를 위협하고 있는 악마의 예언적인 환영을 보았다는 소문이 나돌게 된다. 물론 그가 무엇을 보았는지 알 도리는 없지만 그때가 이미 이반이 프스코프에 도착해 있을 시점이었던 것은 분명했고, 그곳에서 가까운 노브고로트라는 도시에서 발생한 비극 역시 이미 널리 알려진 상태였다. 이반은 노브고로트—그의 제국에서 모스크바와 더불어 가장 큰 도시—를 마치 적의 수중에 있는 도시인 것처럼 공격했다. 그곳 주민들을 확실히 놀라게 만들기 위해 노브고로트에 이르는 길을 선발대가 먼저 달려갔다. 그들은 도중에 만난 여행객들을 닥치는 대로 살해하고 바리케이드를 철거한 뒤 무차별적으로 파괴를 자행했다.

오프리치니크는 조직적으로 마을을 이 잡듯이 뒤지며 주민들의 숨통을 끊고 강간과 약탈을 자행했다. 매일같이 빈농, 부유한 상인, 사제, 귀족, 남자, 여자, 어린아이 할 것 없이 모두가 한데 불려나와 차르의 명령에 의해 공개적인 고문의 참상을 겪었다.

이러한 대학살의 근거로 제시된 것은 반란이었지만 사실상 그건 핑계에 불과했다. 노브고로트에서 처벌을 받은 한 범죄자는 폴란드 왕에게 반역의 내용을 전하는 서신이 대성당에 감춰져 있다고 주장하면서 그 도시를 비난한 적이 있었다. 물론 그 서신은 날조된 위조문서였다. 어쨌건 차르는 노브고로트에 도착해서 공포에 질린 채 자신을 환영하려고 모인 주교와 귀족들을 만나게 된다.

그러나 자신 앞에 머리를 조아리는 신하들의 모습은 그의 분노를 잠재워주기는커녕 오히려 촉발시킨다. 아나스타시야의 죽음 이후 해가 갈수록 이반은 잔인한 본능에 자신을 내맡겨버린다. 이제 이반은

자신의 통치기간을 마감해야 할 시점을 눈앞에 두고 있다. 노브고로트에서 자행한 그의 범죄는 규모를 보나 악마적이면서도 섬세한 그 잔인성을 놓고 보나 이전의 범죄행각들과는 비교할 수 없을 만큼 엄청난 것이었다. 문자 그대로 그의 고갯짓 한 번에 한 도시 전체가 쑥대밭이 되어버린 것이다.

온갖 고문들이 끝도 없이 계속되었다. 거세되거나 내장과 목이 칼에 찔린 사람도 있었고 얼음물과 펄펄 끓는 물로 번갈아 고문당하는 사람도 있었다. 죽음은 차라리 자비로운 은총이었다. 그런데 참으로 놀랄 만한 현상이 벌어졌다. 뭉개어진 얼굴과 부러진 사지를 하고서도 많은 사람들이 차르를 위해 기도하며 죽어간 것이다. 그것은 그들 위에 군림한 자의 불가사의한 힘 때문이었다. 그로부터 몇 세기가 지난 시점에 같은 러시아 땅에서는 스탈린에 의해 구금된 사람들 가운데 상당수가 그의 사망 소식을 접하고 극도의 슬픔에 빠져 무너져내리는 일이 발생한다.

노브고로트는 무참히 짓밟혔다. 살아남은 사람들 가운데 대부분은 자신들이 목격한 일로 인해 미쳐버렸지만 어쨌든 그곳에는 비루하게 목숨을 구한 소수의 사람들이 있었다. 차르가 자신의 힘을 증언할 목격자로 남겨둔 이들은 차르를 배웅하기 위해 광장에 모였다. 차르가 그들에게 말했다. "그대들의 죄는 사하여졌노라." 그들에게 죄가 있다면 그것은 오로지 그 도시에 산 죄뿐이었다. "짐의 안녕을 위해 기도하라."는 말과 함께 차르는 프스코프로 향한다. 그는 말을 타고 미치광이와 시체들로 가득 찬 침묵의 거리를 지나 노브고로트를 쏜살같이 빠져나갔다.

자신의 국민을 상대로 벌이는 이번 전쟁의 다음 목표는 프스코프였다. 이들 두 도시가 선택된 데에는 아마 꽤 의미심장한 뜻이 담겨 있었던 것 같다. 두 도시는 부와 무역과 문화의 중심지이며 모스크바보다 오래된 역사를 지니고 있었다. 또한 이 두 도시는 불과 두 세대 전에야 비로소 모스크바에 복속되었기 때문에 독립된 도시였던 시절에 대한 기억들을 지니고 있었다. 게다가 이 도시들은 서방과의 경계선 가까이에 자리잡고 있었다. 말하자면 이반의 적인 폴란드 국왕의 영토와 근접해 있었던 것이다. 그리고 간헐적으로 그 두 도시에서는 다소간의 소요사태가 있었기 때문에 이들 도시는 차르에게 불만의 원인을 해소해줄 것을 청원해왔던 것이다.

과거에 이반의 부친과 조부는 노브고로트—대노브고로트로 불렸던—의 시민들을 다룰 때에 제국 편입을 위한 유인책으로 그들만의 특권을 승인하는 등 협상과 강압의 양 전술을 번갈아 이용했다. 그러나 이반은 자신의 포악성을 이용한 한 가지 방법만을 단호히 고수했다. 이렇게 해서 이 도시는 예전의 입지를 결코 회복할 수 없을 정도로 철저히 파괴되었고 모스크바의 패권은 다시는 도전받지 않을 만큼 공고히 다져졌다.

이반은 군대의 선두에서 말을 타고 프스코프로 진입했다. 무장을 해제한 신하들이 눈밭에 무릎을 꿇고 있었고, 귀족들은 빵과 소금이 담긴 전통 나무 주발을 든 채 그를 환영했으며 주교는 축복으로 그를 영접했다. 이반이 한 수도원으로 물러나 휴식을 취하고 있는 동안 도시는 자신에게 닥칠 운명을 기다리고 있었다. 주민들이 철야 단식과 기도로 밤을 하얗게 새는 동안에도 교회의 종소리가 밤새도록 울려퍼졌다.

그런데 그때 기적이 일어났다.

이반은 대학살을 시작하기 전에 그가 전부터 들어서 알고 있는 '성스러운 바보'라 불리는 은자 니콜라스를 방문하여 그에게 은총을 빌

어달라고 부탁하기로 마음을 먹었다. 그러나 그가 그 오두막으로 접근하자 청천벽력과도 같은 목소리가 차르에게 되돌아가라고 말을 했다.

이반은 문을 부수라고 명령했다. 그리고는 동물들과 조잡한 십자가들로 가득 찬 비좁은 오두막집 안으로 걸어들어갔다. 허기에 지친 니콜라스가 누더기를 걸친 채 당당히 앞으로 걸음을 옮기더니 날고기 덩어리를 차르의 손을 향해 불쑥 내밀었다.

"짐은 사순절 기간에는 고기를 먹지 않는다." 이반은 그 '선물'을 보고 당황하지는 않았으나 자연스럽게 그 광인의 세계 속으로 빠져들어가면서 그렇게 말했다. 주교들이나 신부들이었다면 곧바로 곰의 먹이로 던져졌을 수도 있는 상황이었지만, 이반과 그 성스러운 바보 사이에는 무언가 서로 영혼이 통하는 구석이 있는 것처럼 보였다.

니콜라스가 대답했다. "당신은 더 나쁜 짓을 하고 있어요! 바로 기독교인들의 피를 마시고 있으니까요. 만일 당신이 이 도시의 가장 나이 어린 아이의 머리카락 한 올이라도 건드린다면 신은 당신에게 죽음의 벼락을 내릴 거요."

그가 말을 마치기가 무섭게 하늘이 갑자기 어두워졌다. 이반은 그곳을 물러나와 군대를 철수할 것을 명령했다. 프스코프는 이렇게 해서 학살을 면한다. 니콜라스는 자신에게 평생의 은혜를 입은 이 도시가 그를 성자로 추대하게 될 것이라는 사실을 아는지 모르는지 그저 무심하게 상처 입은 동물들 돌보기와 기도의 생활로 되돌아갔다.

5. 희생자들의 영혼을 위로하라

1581년 한창 연회가 베풀어지고 있었다. 식탁은 속을 가득 채운 타조 알로부터 고라니 골 요리에 이르기까지 온갖 이국적인 음식들로 가득했다. 그 음식들은 맘지(Malmsey, 마데이라 산(産)의 독하고 단 포도주—옮긴이)와 크바스(Kvass, 호밀 등으로 만든 알코올성 청량음료—옮긴이) 그리고 보드카 등과 함께 사람들의 목구멍을 타고 내려가고 있었다. 외설스런 익살광대들이 흥을 더하고 차르 자신은 가면을 쓰고 흥에 겨워 춤을 추었다. 아무런 이유 없이 열린 만찬이었다.

상황만 보면 만찬을 열 게 아니라 오히려 그 반대였다. 오히려 이반의 오랜 적이었던 지그문트 아우구스트가 죽고 이슈트반 바토리

(István Báthory, 1533~1586)라는 인물이 폴란드 국왕의 자리에 오른 까닭에 근심하고 걱정해야 할 이유는 충분했던 것이다. 이반은 폴란드 귀족들에게 이반 자신이야말로 최선의 선택일 것이라는 점을 납득시키려 애써왔다. 그렇게 되면 러시아와 폴란드 왕국을 통합함으로써 리보니아(Livonia) 정복과 같이 전쟁을 통해 얻으려 했던 것을 외교를 통해 획득할 수 있을 것이라고 생각했기 때문이다. 자신에 대한 평판을 회복시키려는 노력의 일환으로 그는 심지어 오프리치니크를 해산시키는 극단적인 조치를 취하기도 했다. 그는 이런 '선전' 활동을 통해 유럽을 감동시킬 수 있을 것으로 생각했다. 그러나 그의 야만성을 묘사하는 수많은 문건과 서신들이 대륙 전역에 배포되었고 그의 공포정치로부터 피신한 사람들이 이 같은 사실을 직접 퍼뜨리고 다녔다. 이런 상황에서 이슈트반 바토리가 왕위에 오른 것이다. 그는 이반을 겁쟁이라고 부르면서 즉각 이반에 도전했다. 바토리는 차르가 아무 힘도 없는 신하들의 뜻을 거스르고 군대를 일으키기는 하겠지만 정작 본인은 전투에서 자신의 안전을 해칠 그 어떠한 위험도 무릅쓰지 않을 인물이라는 사실을 잘 알고 있었다.

바토리는 러시아가 점령하고 있던 리보니아에서 진군하는 도시마다 승리를 거두면서 대단히 성공적인 전쟁을 치른다. 발트 해 연안의 이들 영토는 러시아의 발전을 위해 결코 과소평가되어서는 안 될 지역이었다. 그것은 단순히 서방으로부터 군사적 신기술이 러시아로 유입되는 것을 금지하는 조치, 즉 덴마크와 스웨덴, 폴란드가 각기 다른 속셈으로 강화하고자 하는 금수조치를 무산시키는 문제가 아니었다. 발트 해의 항구들은 러시아가 서유럽의 생활과 정치에 관여할 수 있는 기회를 넓혀주는 역할을 했다. 러시아의 안녕과 발전을 위해 '서방을 향해 열린 창'을 장악하려는 이반의 시도는 결국 25년간 간헐적으로 치러진 전쟁으로 이어져왔다. 그러나 타타르에 대한 그의 승리가 영속적이었던 데 반해, 통치 초기에 리보니아에서 거두었던 성공적 전과들은 결국 이렇게 역전을 당하게 된다. 결국 그가 꿈꾸었던 과업이 완결되는 것은 훗날 표트르 대제(Pyotr I, 1672~1725)에 이르러서이다.

그러나 차르는 바토리의 승리를 애써 무시했고 잔치는 계속되었다. 차르가 누군가의 머리에 펄펄 끓는 국물을 들이붓는 식으로 지나치게 난폭한 장난을 한다 해도 그것은 그냥 장난일 뿐이었다. 의사가 달려오고 그 사람을 소생시키라는 명령이 떨어지지만 그의 회생은 이미 불가능했고 연회는 고인에게 바쳐지는 야비한 축배로 계속 이어졌다.

이반이 애타는 심정으로 주목했던 점은 바로 후계자가 그 자리에 함께하지 않았다는 사실이다. 스물일곱의 청년으로 성장한 차레비치(tsarevitch, 황태자)는 방탕과 잔혹행위를 즐긴다는 측면에서 아버지의 벗이 되었다. 또한 한 수감자가 탈옥해서 차르를 살해하려고 했을 때 이반의 목숨을 구해줌으로써 그에 대한 헌신적 사랑을 입증한 적도 있었다. 차레비치는 마치 화살처럼 돌진해서 암살자를 자처하는 그자를 단칼에 베어버렸다. 그와 아버지 사이의 피의 결속을 확증하는 순간이었다.

그러나 최근 들어 그들 간에는 모종의 긴장감이 감돌고 있었다. 그 청년은 군사적인 영광을 꿈처럼 간직하고 있어서 바토리의 조롱에 자신이 대응할 수 있도록 허락해달라고 졸라왔던 것이다. 그런데 자신의 통치기간 중 하필이면 이 시점에서 폴란드 왕과 대결하려 하는 것이 얼마나 난감한 일인지 잘 알고 있는 이반은 이를 거절한다. 당시 모스크바 주변 수백 마일에 걸쳐 거주하고 있던 농민들은 이반의 폭정을 견디다 못해 도망쳐버렸고, 엄청난 양의 영토가 이반의 추종자

들에 의해 황폐화되었으며 고위급 장군들은 차르의 명령에 따라 이미 처형당하고 없었던 것이다. 게다가 까마귀 날자 배 떨어지는 격으로 아들에게 군대의 통솔권을 부여하라는 요청을 하기 위해 때마침 대표단이 도착했다는 사실이 차르의 노여움을 증폭시키고 말았다. 차레비치는 이 일이 자신과는 아무런 관련도 없다고 맹세했지만 이미 아버지의 의심을 불러일으킨 뒤였다.

끝이 쇠로 된 지팡이에 의지한 채 이반은 이 부담스러운 연회석상에서 천천히 일어나 기도를 드리기 위해 예배당으로 향했다. 그러나 그가 은빛, 금빛 성상들을 채 마주하기도 전에 차레비치가 해명을 요구하며 예배당으로 들이닥쳤다. 처음에 그는 엄한 눈매로 아들을 쳐다보았다. 그는 기도하는 동안 방해받는 것을 싫어했다. 그러나 차레비치의 입에서 그를 책망하는 언사가 쏟아지는 순간 이러한 불쾌감은 돌연 분노로 바뀌고 만다. 아버지를 꾸짖는 아들이라니? 그날 아침 며느리와 우연히 마주친 차르는 그녀가 왕위 계승자의 아내로서 지켜야 할 법도인 세 벌의 속치마를 입지 않고 한 벌의 속치마만 입은 것을 보고 그녀를 때렸다. 아마 마구 두들겨팼을 것이다. 하지만 그게 무슨 문제란 말인가? 너무도 많은 사람들이 죽고 너무도 많은 사람들이 고문당했던 까닭에 임신 중이던 그의 며느리가 유산을 했다는 소식에도 이반은 눈 하나 꿈쩍하지 않았다.

하지만 차레비치의 말투, 그것만큼은 귀에 쏙 들어왔다. 너무도 무례하기 짝이 없는 것이, 어디 감히 신의 부유성사를 받은 차르에게 목청을 높인단 말인가! 이반은 쥐고 있던 지팡이로 아들을 무자비하게 가격한다. 그리고 그 젊은 아들이 땅바닥에 완전히 널브러질 때에야 비로소 아버지는 앞으로 달려가 아들을 팔에 끌어 안고 흔들어대며 큰소리로 도움을 청한다. 그리고 용서를 구한다.

아들은 사흘 동안 사경을 헤맸다. 그리고 아버지는 그동안 식음을 전폐하고 잠도 한숨 자지 않은 채 신의 자비를 애원하며 성상 앞에서 눈물을 흘리며 서 있었다. 사흘째 되던 날, 초저녁 무렵 이반은 의사들이 그들끼리 뭔가 더 이상 속닥거리지 않는다는 사실을 깨달았다. 그는 침대로 다가가 절망에 휩싸인 채 아들의 몸 위로 쓰러졌다. 차례비치가 숨을 거둔 것이다.

이반은 인생의 말년에 독특한 장부를 작성하는 데 몰두한다. 그는 자신에게 희생된 사람들의 이름을 떠올리려고 애쓰면서 크렘린의 이곳저곳을 배회했다. 그는 때로는 아주 상세한 명단을 작성하다가도 또 어떤 때는 단지 애매모호한 기억에 불과한 것들을 기록하기도 했다. 말하자면 그는 "모스크바 근교 작은 마을에서 100여 가족" 혹은 "프스코프의 한 수도원에서 평수도사 30명"이라고 휘갈기기도 하고 "바실리 스타리츠키와 부인 그리고 두 아이들"이라고 기록하면서 날짜와 장소까지 첨부하기도 했다. 희생자 명단은 수도사들에 의해 그들의 영혼이 위로받을 수 있도록 엄청난 금 선물과 함께 각처의 수도원에 전달되었다.

그는 리보니아에 대한 모든 권리를 포기하면서 바토리와 화해했다.

거의 우연이나 다름없는 일이지만, 죄수 신분의 일단의 모험가들이 시베리아를 점령해서 러시아제국에 엄청난 규모의 부속 영토를 제공하는 일이 벌어지기도 했다. 하지만 이반은 거들떠보지도 않고 죽음의 찬가를 작곡했다.

한 젊은 여인이 차르의 또 다른 아들 드미트리(Lzhedmitry)를 낳았다. 그러나 이 아들은 제국을 통치하지 못할 운명을 타고났다. 아니 오로지 유령이 되어 통치하도록 운명지어져 있었다. 드미트리는 청년 시절에 이반의 후계자 표도르(Fyodor Ⅱ, 1589~1605)를 대신해 섭정하

고 있던 보리스 고두노프(Boris Godunov, 1551?~1605)에 의해 살해당할 운명을 타고났던 것이다. 그리고 그는 왕위를 노리는 자들에 의해 두 번 부활한다. 요컨대 자신이 살해된 아들임을 주장하는 두 명의 가짜 드미트리를 통해 부활하는 것이다. 어쨌든 이로써 700년 류리크(Rurik) 왕조는 이반과 함께 막을 내리게 된다.

말년에 이반은 육체적으로나 정신적으로 끔찍스러운 고통에 시달린다. 때때로 그는 국사를 돌보던 와중에도 자신이 죽인 아들 차레비치와 대화를 나눈다. 이반은 복부와 생식기가 부풀어오르는 병에 걸려 몸져누운 뒤 점성가와 점쟁이를 불러 자신의 운명을 예언해달라고 한다. 그러자 그들은 이반이 3월 18일에 운명할 것이라고 예언한다. 그리고 그날이 오자 이반은 이들 엉터리 예언가들을 처형할 것이라는 말을 전한다. 그러자 그들은 "아직 그날이 끝나지 않았다."고 대답한다. 이내 그들이 옳았다는 사실이 판명된다. 이반은 목욕을 끝내고 체스판을 가져다 달라고 말하지만 체스 게임을 시작하기도 전에 침대 위로 고꾸라진다. 그의 사나운 눈은 마치 자신의 분노와 슬픔을 달래기 위해 딱 한 사람의 목숨만 더 죽음으로 몰아가겠다는 듯 여전히 부릅뜬 채였다.

후기

스탈린이 통치하던 시절, 천사장 성 미카엘 대성당에 대한 보수작업이 진행되던 도중에 이반의 무덤이 개봉되어 그의 두개골과 유골에 대해 X선 촬영이 이루어졌다. 그러나 과학적으로 흥미를 끌 만한 내용은 아무것도 발견되지 않았다. 다만 훗날 한 조각가가 차르의 동상을 주조할 때 그의 두개골을 모델로 활용한 것이 전부였다. 이반의 수의는 이미 오래전에 부스러져서 먼지가 되었다. 수의는 일반 수도사의 평범한 예복이었을 것으로 추정된다. 그가 죽기 전에 자신의 사체에 대해 예배의식을 치르고 성유를 발라 평수도사로 매장해주기를 원했었기 때문이다.

무덤 속에서는 베네치아풍의 유리 항아리도 발견되었다. 그 항아리의 뚜껑을 열었을 때, 놀랍게도 그 당시에 사용하고 남은 기름이 증발되지 않은 채 그대로 보존되어 있었다. 아마 이반은 자신을 뒤따라올 자들을 위해 그 기름을 남겨두었을지도 모른다. 그들 역시 용서받아야 할 일들을 수도 없이 저지른 자들이었을 테니까 말이다.

거리의
부랑자에서
최고의 선동가로

히틀러 HITLER

▲ 나치스 일당독재 체제를 확립한 히틀러는 '총통'이라 불리며 명실상부한 독일의 독재자가 된다. 그는 외교상의 성공과 경제의 재건 그리고 군비 확장을 통해 독일을 최강국으로 발전시켜 국민의 열광적인 지지를 받게 된다. 또한 독일민족에 의한 유럽 제패를 실현하기 위해 제2차 세계대전을 일으키게 된다. 사진은 1938년 오스트리아를 독일제국에 합병한 후 독일의회에서 박수갈채를 받고 있는 히틀러의 모습이다.

Biography

1919년 독일노동자당이라는 반(反)유대주의 정당에 가입, 제1차 세계대전이 발발하자 독일군에 지원, 무공을 세워 1급 철십자장을 받았다. 웅변에 능했던 그는 당의 선동가로서 정치활동에 전념하였다. 1923년 11월 8~9일 뮌헨에서 봉기를 획책했으나 군부와 관료의 지지를 얻지 못하여 실패하였다. 1930년 9월 총선거 이후 그의 일생은 곧 나치스의 역사가 되었다. 1933년 히틀러는 총리로 임명되어 일당독재체제를 확립, 국민들의 지지를 받게 되었다. 그러나 제2차 세계대전에서 계속되는 패전으로 나치스의 퇴세는 만회할 길이 없었고, 그는 베를린이 함락되기 직전에 자살하였다.

1. 모성 예찬의 시인

> **저 가엾고도 작은 동물이 그대의 한 끼 식사를 위해 죽임을 당해야 한단 말인가!**
> — 채식주의자 아돌프 히틀러(함께 식사를 하던 동료가 송아지 고기를 먹는 것을 지켜보며)

1940년 파리. 나치스를 상징하는 십자가(卐) 깃발이 점령 도시의 심장부에 있는 에펠탑에 나부끼고 있다. 그로부터 그리 멀리 떨어지지 않은 근사한 건물 앞에 군용차량 한 대가 멈춰 선다. 두 명의 친위대원이 차에서 훌쩍 뛰어내리더니 건물 관리인을 옆으로 밀치고 건물 안으로 들어간다. 잠시 후 그들은 꾸러미 하나를 들고 나온다. 그 꾸러미는 밀사에 의해 베를린으로 긴급 수송된다. 밀사가 멈춰서는 곳마다 그의 몇 마디 속삭임은 즉각적인 효과를 발휘한다. 그는 히틀러가 기다리고 있는 총통 관저에 도착할 때까지 길을 재촉한다.

그 꾸러미는 말 한마디 없이 크리스타 슈뢰더(Crista Schröder)에게 전달된다. 히틀러의 비서 중 한 사람인 그녀는 물건이 도착했음을 알리기 위해 곧장 총통의 측근들을 불렀다.

오래지 않아 그들이 웅장하게 재건된 관저에 모습을 드러냈다. 나치 독일의 명실상부한 실세들이 하나둘씩 대리석 계단을 걸어올라와 거대하게 우뚝 솟은 종마상(種馬像)과 나신상(裸身像)을 지나 널찍한 입구로 들어왔다. 나신상은 할례를 받지 않은 남자의 벌거벗은 상으로 성 불구자 히틀러의 당과 신독일군의 상징이었다.

제일 먼저 모습을 드러낸 것은 '작은 박사(Little Doctor)'로 알려진 파울 요시프 괴벨스(Paul Joseph Goebbels, 1897~1945)였는데 그는 비록 몸은 뒤틀려 있어도 여전히 능력 있는 선전장관이었다. 실패한 소설가요 학자로서 다리가 기형적으로 굽은 불구자이면서도 성욕이 넘쳐흐르던 괴벨스는 육체와 정신 모두 히틀러와 한몸이나 마찬가지였다. 단 한 번 히틀러의 눈 밖에 난 적이 있는데, 그가 체코의 여배우에 빠져 아내를 버리려 했을 때이다. 히틀러는 그의 아내 마그다를 좋아하고 존경했기 때문에 괴벨스에게 아내의 침대로 되돌아가라고 명령했다.

다음 차례는 비만증 환자 헤르만 괴링(Hermann Göring, 1893~1946)이었다. 그는 히틀러에게 선택받은 후계자로서 보석으로 뒤덮인 육군 원수의 지휘봉을 뽐내며 검은 담비 코트를 입고 등장했다. 제1차 세계대전 당시 저돌적인 파일럿이었던 그는 이제 쾌락에 빠진 마약중독자로서 공군 총사령관이자 4개년 계획의 전권 위임자 역할을 맡고 있었다. 다소 장황해 보이는 휘황찬란한 직함들은 그의 엄청난 허영심조차 만족시킬 정도였다. 그러나 사실상 그가 하는 일이란 거의 없었다. 나치스 초기에 그의 주요한 효용가치는 사교적인 분야에서 두드러졌다. 상류계급 사회에 정통한 그는 나치스의 성공에 결정적인 기

여를 하게 되는 철강왕 프리츠 튀센(Fritz Thyssen)을 위시한 유수의 실업가들을 히틀러에게 소개해주는 등 사교계에서 막강한 위력을 발휘했다. 괴링은 이제 사냥으로 소일을 하고 이국적인 음식을 게걸스럽게 먹어치우며 지내고 있었다. 물론 그가 자신의 장대한 사유지 카린할(Karinhall)을 장식할 온갖 예술작품들을 유럽의 여러 박물관으로부터 약탈하는 시간을 제외한 나머지 시간에 그렇다는 말이다. 수수한 것을 좋아하던 히틀러와 달리 괴링은 허세로 치장한 화려한 제복들을 좋아했다. 그리고 그 제복들을 디자인하는 데 많은 시간을 허비했다. 공군의 성공적인 전과들은 그와는 상관없이 달성된 것이었다. 반면에 공군이 기록하는 패배는 그의 오만과 태만 그리고 마약으로 인한 인사불성의 직접적인 결과였다. 뉘른베르크 재판과정에서도 그는 전혀 뉘우치는 기색 없이 자신의 변호사에게 변호를 단 세 마디로 이렇게 끝내라고 말한다. "내 똥구멍이나 핥아라."

괴링의 오랜 적수인 외무장관 요아힘 폰 리벤트로프(Joachim von Ribbentrop, 1893~1946)도 모습을 드러냈다. 그는 아둔하고 오만방자한 외알 안경의 사나이다. 처음 히틀러의 대영제국 대사였던 그는 영국의 위협에도 불구하고 히틀러에게 폴란드를 침공하라고 조언했다. 영국은 결코 무력개입을 하지 않을 것이라고 확신에 차서 말했던 것이다. 샴페인 판매원 출신인 그의 이름에 붙어있는 '폰'(von, 귀족의 성 앞에 붙이

헤르만 괴링 | 그는 독일육군의 원수로서 국가비밀경찰과 강제수용소 등을 만들어 반대파를 체포 · 학살하였으며, 처형당하기 직전 자살하였다.

는 단어—옮긴이)이라는 칭호는 가짜였다. 무솔리니의 사위 치아노(Ciano)가 제3제국의 지도자들을 가리켜 "부(富)와 결혼한 깡패들"이라 했을 때—이 말은 얼마 안 있어 치아노 자신에게도 꼭 들어맞게 되는 묘사이다—바로 그 말뜻을 전형적으로 보여주는 인물이 리벤트로프이다.

다음 차례는 게슈타포의 우두머리인 하인리히 히믈러(Heinrich Himmler, 1900~1945)로 제3제국 내에서도 가장 흉악한 인물로 손꼽히는 자이다. 양계장 주인이었던 그는 이제 히틀러에 의해 노예가 되거나 아니면 살해될 운명에 처한 피점령지 주민들의 생명을 좌지우지하게 된다. 히틀러는 무수한 '인간 이하의 존재들' 즉 유대인, 폴란드인, 러시아인, 우크라이나인, 집시족, 공산주의자, 동성애자, 여호와의 증인, 지식인, 그밖에 나치에 반기를 든 사람들이나 탐탁지 않은 자들에 대한 가학성 실험과 함께 유대인 문제의 '최종적인 해결'을 히믈러에게 맡긴다. 그는 감정이 없는 로봇과도 같은 인물이자 탁월한 관료였다. 그가 작성한 보고서에는 "유대인 4만 명 국외 추방" "우리의

골격 연구를 위해 러시아인 죄수 1만 명의 살을 발라냄" 등등의 통계 숫자가 적혀 있었다. 자신의 조카가 동성애자임이 밝혀졌을 때도 히틀러는 정치범수용소에서 조카가 죽도록 내버려두었다.

마지막에 모습을 드러낸 인물은 알베르트 슈페어(Albert Speer, 1905~

요아힘 폰 리벤트로프 | 영국주재대사, 외무장관 등을 거친 그는 제2차 세계대전을 발발시켰으며 히틀러의 대소련전에도 협력한다. 결국 군사재판에서 처형당한다.

1981)였다. 그는 이들 패거리들 가운데 가장 사려가 깊은 지성인이었고 따라서 그의 죄는 그만큼 더욱 큰 것이었다. 건축가였던 그는 히틀러가 그에게 약속한 장래와 권력으로 인해 잘못된 길로 빠져들었다. 그는 전쟁이 끝나면 베를린과 뮌헨을 비롯한 독일 전역에서 대대적인 규모의 재건사업이 있을 것이라는 말에 넘어갔다. 그에게 무기 생산의 책무가 떨어지고 그는 연합군의 맹렬한 폭격에도 불구하고 끝까지 순조롭게 독일의 생산고를 증대시키는 기적을 이룬다. 그가 이렇듯 기적이라 할 만한 결과를 낳은 데에는 조직을 다루는 재능도 한몫 했지만 강제 노동력을 무차별하게 활용한 탓도 있었다. 남녀를 막론하고 수많은 사람들이 그의 군수공장에서 죽음으로 내몰리며 노동을 했던 것이다.

그들은 서로 시기심과 적개심을 품은 채 아무 말 없이 총통을 기다리고 있었다. 그러한 시기심과 적개심은 그들에 대한 통제력을 강화하기 위해 히틀러에 의해 조장된 면도 없지 않았다.

히틀러는 심부름꾼이 귀중한 꾸러미를 가지고 왔다는 소식을 접하고 곧장 관저로 돌아왔다. 음흉하고도 매사를 적당히 묵인할 줄 아는 히틀러의 개인 비서 보어만(Martin Bormann, 1900~1945)이 문을 활짝 열어젖히면서 "총통 각하십니다." 하고 알리자 좌중이 일제히 기립해서 경례를 했다.

총통의 얼굴은 창백했고 표정은

알베르트 슈페어 | '히틀러의 건축가'로 불린 그는 히틀러의 총애를 받으며 히틀러와 나치 제국의 영화를 위한 도시와 건축물을 짓는 데 몰두했다.

마치 꿈을 꾸는 듯했다. 그는 빠르게 종종걸음을 치며 다가왔다. 그의 '여성스러운' 몸짓과 걸음걸이는 그를 처음 만난 사람들을 종종 놀라게 했다. 그는 대중 앞에서는 과도한 남성의 힘을 표현하기 위해 자세 하나하나를 조심스럽게 연출하곤 했지만 긴장을 풀고 있을 때는 우스꽝스럽게 여자를 흉내내는 데 빠져들곤 했다. 히틀러의 남성다움에 대한 생각 역시 우스꽝스러운 흉내내기에 불과했다. 그것은 야만성이나 공격성과 밀접한 연관을 맺고 있었다. 특히 그는 여성과 말을 하고 있을 때 무소 가죽으로 만든 채찍을 휘두르거나 자신이 기르는 개에게 큰 소리로 명령을 내리는 등 '슈퍼맨'에 대해 자신이 가지고 있는 생각을 우스꽝스럽게 모방했다.

히틀러는 동성애자가 아니다. 하지만 여성과 관계를 맺으려는 생리적 욕구에도 무관심했던 것을 보면 엄밀한 의미에서 그는 이성애자도 아니었다. 그의 성 정체성은 그의 해외언론 담당 비서의 부인인 헬레네 한프슈탱글(Helene Hanfstaengl)과의 관계에서 잘 드러난다. 그녀는 나치스 초창기부터 히틀러를 잘 알고 있었으며 한때는 그의 '갈망'의 대상이기도 했다. 히틀러는 그녀의 집을 방문했을 때 남편이 방 밖에 있는 사이에 그녀 앞에 무릎을 꿇고 그녀를 향한 비극적인 사랑을 한탄하기도 했다. 하지만 그녀에게는 히틀러가 '중성'이라는 점이 확실했기 때문에 그녀는 히틀러의 행동을 진지하게 받아들이지 않았다. 그의 리비도는 정치와 밀접한 연관을 맺고 있었다. 그를 진실로 흥분시키는 순간은 바로 연설 중에 찾아왔다. 무아지경에 빠져 포효하는 청중들 한가운데서 그의 연설은 맹렬한 정점을 향해 달려가곤 했다. 그는 기회가 있을 때마다 이렇게 말했다. "정치는 여자와 같다. 만일 당신이 그녀를 마땅히 사랑해주지 않으면 그녀는 당신의 머리를 물어 뜯을 것이다."

"여러분, 착석해주시오." 히틀러가 낮게 깔린 음성으로 말했다. 피곤에 지친 그는 사람을 보내 주치의 테오도르 모렐(Theodor Morell)을 데려오라고 명령을 한다. 모렐은 항상 각성제를 준비하고 있었다. 계속해서 회의들이 이어진 긴 하루였다. 오늘의 일정은 조국을 위해 다섯 이상의 아이를 낳은 여성에게 '영웅 어머니 훈장(Hero-Mother medals)'을 수여하는 행사로 끝이 났다. 인구 증가 정책의 목적은 분명 정치적인 것이지만 그 상은 모성에 대한 히틀러의 집착을 반영하는 것이기도 했다. 히틀러의 어머니 사진은 그가 거처하는 모든 곳에서 볼 수 있다. 히틀러가 어머니의 날을 기념해서 지은 초기의 감상적인 시가 뮌헨의 한 신문에 발표된 적도 있었다. 그 시는 독자들이 그들의 어머니들이 늙고 병들었을 때를 기억하도록 해주는 내용을 담고 있었다.

모성에 대한 히틀러의 열정적인 시들은 이 잔인한 독재자가 지니고 있는 또 다른 측면인 다정다감한 면을 보여주고 있다. 그는 자신에게 결여된 진실로 인간다운 감정을 거짓으로 연출된 감정을 통해 만회하고 있었다. 그의 감상적 취향의 뿌리에는 이러한 감정의 가식이 자리잡고 있었다.

그러나 현실적이건 공상적이건 사람들은 그러한 문제들에 대한 히틀러의 감정을 결코 사소한 것으로 치부하지 않았다. 교활한 기회주의자 라셔(Rascher) 부인은 히틀러가 자신의 신성한 주제들에 관해 유난히도 과민하다는 사실을 아이러니하게 보여준 사례다. 그녀의 남편 라셔 박사는 다카우에서 진행 중이던 결빙 및 고도 실험 담당자였다. 이 실험은 가령 조종사가 북극해로 추락했거나 비행기가 적의 화기에 의해 공중에서 파괴되었을 때를 가정한 것으로 공군에 활용할 목적을 갖고 있던 것으로 보인다. 그러나 실제로 과학적 가치란 전무했고 다만 나치의 '과학'이 현실과 얼마나 동떨어져 있는지를 보여줄 뿐이었다. 정치범수용소에 갇힌 사람들은 발가벗겨진 채 결빙된 물통에 몇 시간이고 갇혀 있어야 했고 라셔는 그들의 체온 변화와 사망에 이르는 시간을 기록했다. 또 어떤 사람들은 특수 감압실에 수용되었다. 훗날 뉘른베르크 전범재판에서 목격자들은 당시의 상황을 이렇게 증언한다. "그들은 점점 미쳐가고 있었으며 압력을 줄이기 위해 머리칼을 쥐어뜯었다. 그들은 정신착란 상태에서 자해를 할 목적으로 머리와 안면을 손가락과 손톱으로 할퀴어댔다. 그들은 손과 머리를 벽에 짓이겼고 고막에 전달되는 압력을 줄이기 위해 비명을 질러댔다. 그들의 몸부림은 결국 죽음으로 막을 내렸다."

라셔 박사의 실험은 나치의 권력자 집단에 깊은 인상을 심어주었지만, 그와 부인 사이에 자식이 없다는 사실은 미쳐돌아가는 제3제국 세계에서 그에게 불리하게 작용했다. 승진에도 영향을 미칠 정도였다. 그러자 남편만큼이나 잔인한, 그래서 여자 맥베드라 불릴 만한 라셔 부인—그녀는 수용소에서 징발한 가사 노예들을 때려 죽인 것으로 알려져 있다—은 사람들을 속이자고 남편을 몰아세운다. 그녀는 마흔여덟의 나이였지만 마치 아이를 출산한 것처럼 거짓행세를 했다. 물론 그 갓난아이는 고아원에서 유괴한 아이였다. 그러한 사기행각은 성공을 거두고 그녀는 독일인의 모성과 나치 과학을 대표하는 기적적인 인물로 떠받들어진다. 요컨대 그처럼 늦은 나이에 아이를 출산할 수 있었던 것은 모두 나치 과학의 소산이라는 것이었다. 그리하여 둘째, 셋째 아이가 연이어(거짓으로—옮긴이) 태어난다.

그러나 라셔 부인에게 부여된 명예는 결국 그녀를 몰락으로 이끈다. 라셔 부인은 '영웅 어머니'로 불리고 라셔 박사는 자신의 과학적인 업적으로 인해 존경받게 되지만 명예는 질투를 동반하는 법. 그와 경

쟁관계에 있는 박사 한 사람이 그들의 행적을 추적한 것이다. 결국 고아원 보모가 나타나서 당국에 그들의 사기행각을 일러바치는 데에는 그리 오랜 시간이 걸리지 않았다. 나치의 관점에서 보면 칭찬받고도 남을 라셔의 짐승과도 같은 실험들조차 이러한 사기행위, 즉 영광스러운 독일 모성에 오점을 남긴 행위의 대가를 회피하는 데는 전혀 도움이 되지 않았다. 부부는 결국 자비를 구하는 라셔 부인의 절규에도 아랑곳없이 끝내 형장의 이슬로 사라진다.

다른 박사들(전 하버드 의과대학교 교수였던 에드윈 카첸엘렌보겐(Edwin Katzenellenbogen)과 같이 그들 분야에서 꽤 발군의 업적을 쌓은)은 불임, 괴저병 그리고 악마적인 상상력이 발휘될 수 있는 모든 분야에서의 실험을 계속 해나갔다. 모성을 치켜세우고, 총애하는 여배우 셜리 템플(Shirley Temple)을 미칠 듯이 좋아하며, 괴벨스의 일곱 자식과 보어만의 열 명의 자식들 앞에서 '아돌프 아저씨' 행세를 한 히틀러의 감상적인 허세가 거짓이었음을 폭로해주는 것이 바로 이러한 잔인한 실험들이었다. 그가 보여주는 감상적 태도, 감정의 과잉―사실은 거짓 감정―은 다른 상황에서는 전혀 다르게 표현된다. '양 극단은 서로 통한다(les extremes touchant)'는, 요컨대 서로 반대되는 것처럼 보이지만 실은 동일한 경우라 할 만하다.

측근들에 둘러싸인 채 모렐 박사의 주사 한 대와 앞에 놓인 단맛이 나는 과자 접시에 힘을 얻은 히틀러가 명령을 내린다. "자, 시작합시다."

비서가 파리로부터 배달된 꾸러미를 가져오자 스크린이 내려오고 조명이 어두워진다. 나치의 최고 권력자들이 넋을 잃고 지켜보는 가운데 영사기가 돌아가기 시작한다.

'전쟁, 전쟁, 전쟁―당신네 남자들이 입에 담는 것이라곤 오로지 전쟁뿐이다!' 스칼렛 오하라가 미국 남부의 한 농장 계단에 앉아 쓴웃음을 짓고 있다. 히틀러의 공식 통역사 슈미트 박사가 스칼렛의 불평을 독일어로 옮겨준다. 파리가 함락되기 전까지만 해도 유대인들이 제작하고 메트로 골드윈 메이어 영화사(MGM)가 보급하는 상영 금지된 영화 필름을 구하는 일은 불가능했다. 그러나 이제 파리의 MGM 금고를 급습해서 〈바람과 함께 사라지다(Gone with the Wind)〉에 나오는 미국의 옛 남부를 베를린으로 옮겨오는 것은 비교적 손쉬운 일이 되었다.

히틀러가 영화에 몰두한 데에는 할리우드에 대한 찬사 이상의 또다른 의미가 있었다. 그것은 제3제국의 얼마나 많은 요소들이 몽상과 연극적인 행위에 기초하고 있는지를 보여주는 것이기도 했다.

단순히 그 주변환경을 감안하여 본다면 거대한 방과 대리석 기둥으로 재건축된 베를린의 관저와 호화스러운 알프스 산장 베르크호프는 그 드넓은 공간을 둘러보는 사람들에게 특별한 인상을 주기 위해 마련된 거대한 무대 세트처럼 보였다.

오스트리아 총리 슈슈니크(Kurt von Schuschnigg, 1897~1977)가 히틀러와 협상을 벌이기 위해 알프스에 왔을 때의 일이었다. 당시 그는 우선 산의 측면에 나 있는 U자형 급커브의 도로를 빙빙 돌아 10마일을 올라가야 했다. 그리고는 지하 통로를 걸어서 통과한 뒤 산 정상 내부에 설치된 엘리베이터를 타고 약 700피트를 올라갔다. 그리스풍 기둥들이 서 있는 한 회랑을 따라 잰 걸음을 옮기던 수상은 자신이 어느새 사방에 펼쳐진 산들을 굽어 내려다볼 수 있는 유리벽과 엄청나게 높은 지붕이 있는 홀에 들어와 있음을 깨닫게 된다. 베르크호프에서 바라다보는 전망은 아찔한 현기증과 함께 어떤 환각을 불러일으킴으로써 슈슈니크로 하여금 마치 자신이 공중에 붕 떠 있는 듯한 착각에

빠지도록 만들었다. 바로 그곳에서 나치스 돌격대 복장을 한 히틀러가 그를 기다리고 있었다.

슈슈니크가 미처 인사를 마치기도 전에 총통은 거칠고 경멸적인 목소리로 그의 말을 가로막음으로써 오스트리아 총리를 얼떨떨하게 만들어버렸다. 품위 있는 외교적 언사에 익숙해 있던 오스트리아 총리는 위압적인 태도를 한 나치스 장군들이 임석한데다 히틀러의 눈에서 타오르는 원초적인 증오심과 그의 흉악성에 압도되어 더욱 평정을 잃게 된다. 증오심으로 제정신이 아닌데다 히스테리성 발작을 일으킬 듯한 총통의 태도는 결국 그가 기꺼이 전쟁을 치를 준비가 되어 있을 뿐 아니라 나아가 오로지 정복을 위해 자신의 모든 것을 바치고 있음을 은연중에 나타내고 있었다.

히틀러의 격분이 어느 정도 진심에서 우러나온 것이라는 데에는 의심의 여지가 없었다. 그가 끓어오르는 증오심을 끊임없이 비축해온 것은 사실이었기 때문이다. 그러나 이러한 태도의 상당 부분이 연극이었다는 사실은 히틀러가 그의 참모장 격인 카이텔(Wilhelm Keitel, 1882~1946) 장군과 의논할 것이 있다며 슈슈니크를 잠시 옆방에서 기다리도록 내보낸 후에 드러난다. 독일군 최고 사령부(OKW) 사령관인 이 아첨꾼은 훗날 뉘른베르크에서 교수형에 처해지게 된다.

장군이 자신을 호출한 이유를 묻자 히틀러는 "이유는 무슨 이유" 하며 심술궂게 웃어 젖힌다. 그것은 슈슈니크를 당혹스럽게 만들기 위해 그가 꾸민 계략의 일부분이었던 것이다. 이번 경우뿐만 아니라 모든 협상에서 히틀러는 노련한 연기자나 된 듯 매사에 치밀하게 계산된 행동을 했다. 그의 제물이 된 사람들 가운데 그러한 상황에 굴하지 않을 만큼의 근력을 가진 사람은 거의 없었다.

슈슈니크 역시 그러지 못했던 게 분명하다. 그날 그는 오스트리아의 주권을 굴욕적으로 포기하는 협정에 서명하도록 협박당한 꼴이 되었다. 그리하여 일주일 이내에 오스트리아는 독일제국에 완전히 흡수 합병되는 운명에 처하고 슈슈니크 자신도 1년이 채 안 되어서 정치범 수용소에 수감되어 친위병들의 조롱을 받아가며 칫솔로 화장실 바닥을 박박 문지르는 신세가 되고 만다.

그렇다고 해서 히틀러가 이런 연극적인 재능을 누군가에게 공포심을 불러일으키기 위해서만 이용한 것은 아니었다. 또한 누군가를 격려할 일이 있을 때에도 그는 연극적인 재능을 이용했다. 특히 전황이 독일에게 불리하게 돌아가면서 여러 장교들이 전쟁에서 패할 것이라는 사실을 총통에게 말하기로 굳게 결심하고 사령부로 달려왔을 때 그들은 결국 최면을 거는 듯한 총통의 눈초리에 옴짝달싹 못하게 된다. 비관적인 소식을 전달하라는 명령을 받고 왔던 그들은 총통의 면전에서 그저 침묵을 지키다가 그제서야 깨달았다는 듯—자신들의 총통이 그렇게 될 것이라고 말했기 때문에—그들에게 승리를 가져다줄 대의를 위해 기꺼이 죽을 각오를 하고 전장으로 돌아갔다.

히틀러가 도대체 어느 정도까지 자신이 맡은 배역 속에서 자기 자신을 망각했는지, 그게 아니면 어느 정도까지 자신의 행동에 대한 관찰자로서 그 배역으로부터 객관적인 거리를 두었는지 때론 알아내기 힘들다. 그리고 그 자신도 가끔씩은 그에 대한 확신이 없었음이 분명하다.

열정과 치밀한 계산이라는 두 가지 요소는 1934년 나치당의 숙청 사업을 진행할 때에도 중요하게 작용한다. 히틀러는 자신의 가장 광신적인 추종자들, 즉 나치당의 핵심을 이루어왔던 준군사조직인 나치 돌격대(SA, 소위 갈색셔츠단)에 대한 숙청을 단행한다. 히틀러는 바로 10년 전에 국가를 전복하려는 과정에서 이 돌격대를 인솔한 적이 있

었다. 이 반란은 결국 실패로 돌아가고 그는 1년간 감옥신세를 져야 했다. 그때 이후로 그는 국민투표를 통해 나치당의 원내 의석 확보를 통한 '합법적인' 권력 장악에 관심을 집중하게 된다. 공화국을 내부로 부터 전복시켜 정상적인 과정을 통해 권력을 장악한 뒤 그 제한적인 권력을 절대권력으로 전환시킨다는 것이 그의 계획이었다.

처음 나치스는 독일 의회에서 과반수 의석을 얻지 못했다(나중에는 국민의 5퍼센트만이 나치스에게 반대표를 던지는 상황이 벌어지지만). 그러나 과반수 의석을 확보하지 못했음에도 히틀러는 불안정하나마 연립 정부 내에서 가까스로 총리로 임명된다. 제1차 세계대전 이후 독일의 경제상황은 절망적이었다. 그리고 히틀러가 권력을 장악하기 전까지 수많은 연립 정부들이 줄을 이었으나 단명했다. 한 인물에 이어 다른 인물이 총리 자리에 올라 독일을 통치해보고자 했지만 정치적인 혼돈 속에서 좌절을 맞고 곧 교체되는 신세로 전락하고 말았다. 제1차 세계대전에서의 패배 그리고 황제의 퇴위라는 상황을 맞아, 서로 이해 관계가 충돌하는 10여 개의 정당들이 각기 산산조각난 독일 공화국을 통치하고자 기를 썼다. 단일체 조직인 군대만이 유일하게 이러한 독일의 정치상황 속에서도 나름대로 의미 있는 세력을 유지하고 있었다. 하지만 군부는 민주주의에 적대적이었고 전제적 통치로의 회귀를 원하고 있었다.

공화국 총리로서 히틀러는 이제 어려운 선택의 기로에 서 있었다. 말하자면 군과 자신의 추종자들 사이에 끼인 형국이었다. 냉혹한 성격에 얼굴에 흉터가 있는 에른스트 룀(Ernst Röhm, 1887~1934)이 이끄는 나치돌격대는 독일을 송두리째 뒤집어엎는 '나치 혁명'을 원하고 있었다. 그리하여 핵심 거점들이 급진 나치스 쪽으로 움직이는 상황을 만들어내고자 했다. 히틀러의 총리 임명 이후 이들 당 돌격대원들은 마치 그 땅의 주인인 양 행세했다. 돌격대 차량을 타고 고래고래 소리를 지르면서 거리를 누비고 다니며 그들 마음 내키는 대로 온갖 행패를 다 부리고 다녔다. 그러는 동안 룀이란 작자는 공공연히 동성 애적 행위를 자행하고 다녀 군부의 분노를 샀다. 그는 젊은 남성들에 둘러싸여 있고 그의 돌격대 뚜쟁이들은 그의 연인이 될 만한 자를 찾 아 독일 전역을 훑고다녀야 했다.

제3제국 기간 동안 수많은 남성 동성애자들이 정치범 수용소에 갇 혀서 역사상 그 유례를 찾아볼 수 없을 정도로 가혹한 학대를 받았다. 따라서 히틀러가 룀의 동성애적 취향을 눈감아준 것은 그에 대한 히 틀러의 호감이 어느 정도였는지를 알 수 있게 해준다. 히틀러는 돌격 대장에게서 자신과 동류의 기질을 발견한다. 그는 히틀러처럼 난폭하 고 증오심으로 가득 차 있으며 자신의 목적 달성을 위해서는 수단과 방법을 가리지 않는데다 나치의 교리에 대한 열렬한 신봉자였던 것이 다. 그는 룀의 성적 취향을 그저 '열대지방에서 보낸 오랜 세월' 탓으 로 돌려버린다. 또한 그가 영웅으로 떠받드는 두 사람, 즉 프로이센의 프리드리히(Friedrich Ⅱ, 1712~1786) 대제와 바그너의 후원자인 바이에 른의 루트비히(Ludwig Ⅱ, 1845~1886) 왕이 보여준 동성애적 취향과 관련해서도 히틀러는 침묵을 지킨다.

보수적이고 귀족적인 군 장성들은 히틀러를 지지하는 데 있어서 한 가지 조건을 달고 있었다. 히틀러가 나치돌격대원들 그리고 룀과의 관계를 끊어야만 히틀러의 체제를 지지하겠다는 것이다. 히틀러를 에 워싸고 있는 오합지졸인 나치돌격대원들은 당이 비합법적이었을 당 시 지난한 세월을 함께한 사람들이며, 룀은 수포로 돌아간 1923년 폭 동의 주모자로 히틀러와 함께 금고형을 복역한 바 있다. 군은 국가 내 유일한 무기 소지자로서의 특권을 계속 보호받고 싶어했으며 돌격대

가 해체되기를 바랐다. 반면에 룀과 돌격대 간부들은 군을 통제할 수 있는 핵심적인 지위를 원했다. 또한 히틀러는 공화국을 분쇄하고 절대 독재자로서 나라를 통치하려고 했다.

히틀러는 권력에 이르는 길이 어느 쪽인지를 계산하는 과정에서 자신의 추종자들과 결별하고 군부와 손을 잡는다. 아무런 사전 경고도 없이 그는 수백 명의 돌격대원들을 급습해서 나치스가 훗날 '긴 칼의 밤'이라 부르는 대학살극을 연출한다. 대역죄를 뒤집어쓴 돌격대 지휘자들은 침상에서 질질 끌려나오거나 맥주집에서 체포되기도 하고 병영 막사에서 포위당하기도 했다. 또 어떤 경우에는 신혼여행 기간 중에 체포되기도 했는데 이들은 모두 재판이나 어떠한 사전 설명도 없이 사형에 처해졌다. 그들은 마지막까지 상황 파악도 못한 채 '하일 히틀러'를 외치며 숨져갔다.

히틀러는 룀을 체포하기 위해 돌격대 장교들과 룀 그리고 그들의 남자친구들이 함께 머물고 있는 한슬바우어(Hanslbauer), 즉 작은 한셀의 집으로 몸소 차를 몰았다. 그들 중에는 슐레지엔 지역 돌격대 간부인 에른스트 하이네즈란 인물도 있었는데 레슬링 선수를 방불케 하는 거구에 앳된 얼굴을 한 그는 현장에서 사살해버리겠다는 히틀러의 위협이 있기 전까지 옷 입기를 거부했다. 총통은 그 순간까지도 갈등하고 있었다. 나치당을 위해 결정적인 공헌을 한데다 히틀러 자신을 위해서도 수차례나 목숨을 걸었던 룀을 적으로 돌려세운다는 것이 히틀러로서는 여간 힘든 일이 아니었을 것이다. 히틀러는 룀을 투옥시키는 선에서 마무리 지으려 했지만 괴링과 괴벨스는 그 수장을 죽이지 않고서는 돌격대를 무력화시킬 수 없다며 히틀러에 반발했다. 그리하여 결정적인 순간에 이르자 히틀러는 "반역! 반역자! 독일의 적들!"이라 절규하듯 외치며 발작적인 열변을 토한다. 그리고는 자신의 경호원에게 그곳 한슬바우어에 있는 사람들을 모조리 체포하라고 명령한다. 각별한 애정의 증표로 히틀러는 룀에게 자살과 처형 중 스스로 선택할 수 있는 기회를 준다. 이에 대해 그는 이렇게 답한다. "만일 아돌프가 나를 죽이길 원한다면 그는 직접 그 일을 해야 할 것이다." 그러자 경호원이 그의 몸에 총알을 발사한다. 바닥에 쓰러져 피를 흘리며 죽어가면서 그가 남긴 마지막 말은 "나의 총통, 나의 총통"이었다.

돌격대 수장들뿐 아니라 정적들 그리고 심지어 단지 '너무 많이 알고 있는' 민간인들에 대해 자행된 이러한 대대적인 검거 선풍과 평시의 독일에서는 그 유례를 찾아보기 힘든 살육행위를 정당화하기 위해 총통은 라디오 방송을 통해 전 국민에게 담화문을 발표한다. 그는 위험이 너무 막중했던 까닭에 합법적 절차에 신경 쓸 겨를이 없었다고 주장하면서 독일의 안녕을 위태롭게 한 부도덕한 반역자들을 비난하는 열정적인 연설을 행한다. 오늘날에도 이 연설을 녹음한 테이프를 듣고 있노라면 히틀러의 허울 좋은 진심과 격정에 절로 감화받게 된

다. 오늘날에도 그 목소리에 유혹당하지 않으려면 꽤나 의식적인 노력이 필요할 정도이다. 그 목소리는 대의명분을 위해 함께 싸워준 이들 '옛 전사들'의 배신행위에 가슴 찢어지는 슬픔을 토로하고 있는 듯하다. 독일제국 의회는 이 불법행위를 소급해서 인준하고 국민들도 총통의

요제프 괴벨스 | 그는 나치스의 선전장관으로 최후까지 히틀러에 충성하였으며, 히틀러가 자살한 다음날 총리 처자와 함께 자살하였다.

손을 들어주었다. 그리고 이것은 제3제국 내에서 그 어떤 법률도 더이상 법으로서의 기능을 수행하지 못하고 오로지 히틀러의 의지만이 통용되는 비극적 상황의 서막을 알리는 신호탄이었다.

이제 총통과 운명을 같이하게 된 군 장성들조차도 이내 그들이 거래한 당사자가 어떤 사람인지를 깨닫게 될 터였다. 군은 과거에 그들이 누렸던 독립적인 특권계급으로서의 권리를 그리워하며 이후 2년에 걸쳐 진행되는 히틀러의 '나치화' 과정에 두 손을 들게 된다. 전쟁—그들 식이 아닌 히틀러식 전쟁, 즉 그 어떤 신중한 전략적 고려도 완전히 무시하는, 그리하여 결국 현실 자체를 무시하는 무모한 모험—을 준비하는 가운데 히틀러는 군 내부에 있는 '반동분자'들을 깨끗이 쓸어낸다.

우선 그는 적당한 구실을 붙여 블롬베르크(Werner Blomberg) 총사령관을 제거하고 다음으로 군에 의해 블롬베르크의 뒤를 이을 인물로 발탁된 폰 프리치(Werner von Fritsch)에 대해서는 남자 매춘부에게 가짜 대금청구서를 작성하도록 일을 꾸며 그의 명예를 실추시킨다. 결국 군을 스스로 통제할 수 있게 된 히틀러는 자신의 절대적인 특권과 천부적 재능을 인정치 않으려는 사람들을 지위고하를 막론하고 깡그리 면직시켜버린다. 나아가 히틀러는 군이야말로 무기를 쥘 수 있는 유일한 조직이 될 것이라는 약속을 번복해 무력화된 돌격대 대신 나치친위대(SS)를 창설하고 군 내부에도 친위대 사단을 편성한다. 그리하여 히틀러를 자신들의 도구로 활용할 생각을 했던 군 장성들은 이제 자신들을 경멸하는 한 사람에 의해 오히려 자신들이 노예가 되었음을 깨닫게 된다. 좋든 싫든 제2차 세계대전은 히틀러의 대전이 될 터였다. 이제 군 장성들은 심부름꾼 신세를 감수하든지 아니면 강제 전역될 처지에 놓이게 된 것이다. 히틀러는 그 어떤 저항도 용납하지 않을 것이기 때문이다.

전쟁을 수행하는 과정에서 총통에게는 전략이나 역사적 사례들보다는 오히려 공상이 더 중요한 역할을 차지했다. 품위 있는 자세, 연극적인 몸짓. 히틀러의 연설들을 그토록 효과적인 것으로 만들었던 것은—적어도 그가 연기를 하고 있는 동안만큼은—자신의 연기에 대한 스스로의 믿음이었다. 자신을 잊고 공상에 빠져드는 그의 능력은 전쟁 기간 중 그가 내린 결단들을 이해하는 열쇠 구실을 한다. 왜냐하면 히틀러가 비록 위대한 전술가 클라우제비츠(Carl von Clausewitz)의 저서를 읽고 또 제1차 세계대전의 전투방식들을 암기하고 있었다 할지라도, 그에게 가장 큰 영향을 끼친 것을 딱 한 가지만 들라고 하면 그것은 바로 그가 소년 시절에 읽은 개척시대의 미국 서부에 얽힌 이야기들이었기 때문이다. 그런데 소년 시절만이 아니었다. 히틀러의 해외언론 담당 비서의 열두 살 난 아들 에곤 한프슈탱글은 히틀러의 침실 책장이 인디언의 교활함과 개척자들의 용맹성에 얽힌 이야기책들로 가득 차 있다는 사실에 놀란다. 그 아이조차도 이미 손을 뗀 책들이었기 때문이다. 군 장성들은 수많은 젊은 목숨들을 앗아갈 지나치게 위험한 계획들을 포기하라고 여러 차례 히틀러를 종용했지만 히틀러는 군 장성들이 미국 서부개척시대에 대해 좀 더 많은 생각들을 가져줬으면 좋겠다는 식의 반응을 보였다. 그는 게임을 즐기는 소년이었던 것이다.

프랑스와의 전투에서 이러한 총통의 허세는 어느 정도 성과를 거두게 된다. 그는 탱크를 동원한 전투를 벌이기에 부적절한 구릉지대로 기갑부대를 보내 연합군이 거의 예상치 못한 곳에서 그들을 공격한다. 그 결과 불과 6주 만에 프랑스를 함락시키고 더불어 영국 원정군(때맞춰 핑케르크에서 철수한) 부대를 거의 고스란히 점령하는 전과를

거둔다.

하지만 전부가 아니면 무(無)라는 식의 무모한 도박으로 러시아 전선에서 고배를 마신 적도 있었다. 러시아와의 전투는 히틀러가 과거 머릿속에서 상상했던 인디언의 매복공격과 같은 배신행위를 이용한 것이었다. 불과 두 해 전에 총통은 스탈린과 평화와 협력을 약속하는 조약을 체결한 바 있었다. 두 나라 간의 합의는 일종의 정략결혼이었다. 그 조약으로 히틀러는 동부전선에 신경 쓸 필요없이 마음 놓고 영국과 싸울 수 있게 되었으며 스탈린은 러시아의 군사적 능력을 제고시킬 시간을 벌 수 있었다. 물론 스탈린도 조만간 두 나라가 전쟁을 벌이게 될 것이라는 점을 인식하고 있었다. 하지만 스탈린 자신의 표현대로 "그 히스테리 환자 히틀러"에 대한 불신에도 불구하고 그 러시아 지도자는 전쟁이 그처럼 빨리 터질 줄은 꿈에도 생각지 못했던 것이다. 그는 한밤중에 일어나 수십만의 독일군이 국경을 넘었다는 소식을 접하게 된다. 이미 히틀러가 계산에 넣었던 대로 스탈린은 놀라움에 말문이 막혀버리고 말았다.

처음 독일군은 러시아 영토를 가로질러 빠른 속도로 진군했다. 러시아는 마치 사상누각처럼 허무하게 무너지고 있었다. 레닌그라드가 포위당하고 독일군이 모스크바 외곽 40마일 지점에 진지를 구축한 상황에서 스탈린그라드는 러시아 전투의 한 전환점 구실을 했다. 이 도시를 두고 양측은 필사적인 전투를 벌였다. 양측의 전력 손실도 엄청났다. 처음에 독일군은 이 도시의 심장부에 위치한 철도역을 점거하고 한때나마 러시아의 병참선을 용케도 차단하는 전과를 올리면서 강쪽으로 전진해 나갔다. 러시아 병사들은 공황상태에 빠져 도망치기에 바빴다. 독일 공군기들은 꼬리에 꼬리를 무는 피난 행렬에 기관총을 쏘아댔고 러시아의 군부대들은 혼란에 빠져 무너져가고 있었다. 소비에트 군 장성들 또한 장갑차를 타고 맨 앞에서 불타는 도시를 빠져나가는 탈출 행렬을 이끌고 있었다.

그러나 스탈린은 자신의 이름을 딴 그 도시가 결코 함락되지 않을 것이라는 점을 명백히 하기 위해 포위된 수비군에 증원군을 급파한다. 여름이 가고 가을이 오고 또 가을이 가고 겨울이 왔다. 그해 겨울이 여느 때보다 빨리 찾아온데다 기록적인 혹한이 맹위를 떨치면서 전세는 역전된다. 그리하여 히틀러의 계산에는 들어 있지 않았던 소비에트의 신규 사단이 독일 제6군을 포위하는 사태가 발생하자 사령관 파울루스(Friedrich Paulus) 장군은 총통에게 퇴각을 허락해주도록 간청한다.

그러나 히틀러는 전략적 후퇴라는 개념 자체를 항상 부정해왔다. 물론 30만 대군이 훗날을 기약하며 퇴각한다면(핑케르크에서 영국군이 그랬던 것처럼) 그들의 목숨을 구할 수 있을 터였다. 그러나 히틀러의 대답은 '노'였다. 히틀러는 어린 시절에 읽은 미국 서부개척시대의 허구적 이야기들과 일맥상통하는, 학생 티를 못 벗은 낭만적 망상에 빠져 "승리 아니면 죽음!"을 고집한다. "독일 병사는 자신의 발자취를 남긴 곳에서 결코 후퇴해서는 안 된다!" 값비싼 희생을 치러야 하는 히틀러의 광기 어린 전술들을 더 이상 견뎌내기 어려웠던 군 장성들과 히틀러 간에 오가는 신랄한 말들이 점차 그 도를 더해가면서 총통은 그 누구를 막론하고 참모들과는 함께 식사하거나 악수하는 일조차 거절했다.

전황은 악화일로를 걷고 있었다. 군대는 포위당하고 연료와 군수품은 거의 바닥이 날 지경에 이르렀으며 고립된 병사들은 집단으로 투항하고 있었다. 또한 위생상태는 끔찍스러운데다 병사들은 동상과 굶주림과 설사 등으로 고통받고 있었다. 한마디로 지독한 재앙의 연속

이었다. 빈약하게나마 공수물자가 보급되기는 했지만 그것으로는 턱도 없이 모자라는 상황이었다.

그 와중에 괴링은 햇볕 따사로운 이탈리아의 휴양지에 있는 별장에서 스탈린그라드의 병사들을 위해 크리스마스 메시지를 발표한다. 그 메시지는 총통을 감동시켰다. "그대들의 용맹성은 역사에 길이 찬미될 것이다!"

'포위선 돌파' 시도를 허락해달라는 요청이 있었지만 히틀러는 거절한다. 대신에 그는 군에게 방어 대형을 갖추고 최후의 일인까지 싸울 것을 명령한다. 히틀러는 최후의 시간을 맞고 있는 그들의 영웅적 행위를 독려하기 위해 모든 장교들을 일계급씩 특진시키고 파울루스에게는 육군 원수의 지휘봉을 수여한다. 그리고 이렇게 설득한다. "역사상 독일 육군 원수가 투항했다는 기록은 없다. 그들의 용맹성이 전 독일 국민들의 빛나는 귀감이 될 수 있도록 하라."

독일 국민들은 베토벤 제5번 교향곡이 배경 음악으로 깔리는 가운데 독일군 30만 명이 전사하고 9만 1,000명이 사로잡혔다는 뉴스를 듣게 된다. 생포된 병사들 중 전쟁이 끝나면서 러시아 포로수용소로부터 살아 돌아온 숫자는 불과 5,000에 불과했다.

참담한 패배였다. 히틀러는 전쟁 초기에 거둔 몇 차례의 승리에 도취되어 자신이 결코 오류를 범할 수 없는 존재라고 느꼈다. 그러나 이번 패배는 바로 그 몇 차례의 승리 속에 이미 배태되어 있었던 것이다. 독일이 이탈리아, 체코슬로바키아, 오스트리아, 폴란드, 프랑스, 노르웨이, 헝가리, 유고슬라비아, 루마니아, 벨기에, 덴마크 그리고 그리스를 패퇴시켰든 아니면 자국의 세력권으로 끌어들였든 간에 그는 이제 공상과 현실을 구분할 수 없게 된 것이다. 그의 정복 전쟁은 환상적이었다. 거의 상상조차 할 수 없는 것이었다. 역사에 새로운 한 페이지가, 새로운 장이, 새로운 책이 쓰인 것이다. 앞으로 불과 몇 년 안에 제3제국이 자취도 없이 사라져버리고 베를린은 폐허로 변하고 자신의 관저는 산산이 파괴되어버리리라고 그가 어찌 상상이나 할 수 있었겠는가? 당시 그가 베를린을 누비며 타고 다녔던 메르세데스 자동차는 미국의 한 놀이공원에서 오싹한 전율을 즐기려는 사람들의 놀잇감으로 그 비참한 최후를 맞이하게 될 것이다. 호객꾼이 "온갖 악행을 다 저지른 괴물, 아돌프 히틀러가 한때 앉았던 자리"라고 소리치면 사람들은 몇 푼의 돈을 주고 그곳에 앉을 기회를 사게 될 것이다. "자, 신사 숙녀 여러분. 단돈 두 냥! 이것이 바로 히틀러가 탔던 그 자동차입니다!"

그러나 1940년 당시만 해도 아직 이 모든 일들은 여전히 미래의 일이었다. 1940년, 히틀러와 그의 심복들은 방금 아주 만족스럽게 보았던 영화 〈바람과 함께 사라지다〉를 두고 담소를 즐기며 달콤한 차 한 잔을 앞에 두고 있었다. 모임은 밤이 으슥해질 때까지 계속되었다. 총통이 불면증 환자였기 때문이다. 그는 지칠 대로 지쳐 잠에 빠져들기 전까지는 홀로 남겨지는 것을 두려워했다. 따라서 새벽의 여명이 베를린에 찾아들 때가 되어서야 비로소 그들은 하나 둘 자리를 털고 일어나 작별을 고했다. 괴링, 괴벨스, 슈페어, 보어만, 리벤트로프, 히믈러. 그들은 잔뜩 힘이 들어간 거만한 자세로 대리석 계단을 걸어내려왔다. 그들 각각은 총통의 '제3제국'에 출연하는 배우들이었지만 어느 누구도 놀라운 결말이 예정되어 있다는 사실을 깨닫지 못했다. 슈페어를 제외하고(그는 종신형에 처해질 것이다) 나머지 사람들은 5년이 채 안 되어 각각 자신의 손으로, 혹은 러시아 폭탄에 의해, 아니면 교수형 집행인의 올가미에 의해 세상을 떠나게 된다.

2. 지하 벙커에서의 결혼식

바로 그 순간 나는 다시 태어났다! 이제야 비로소 내가 가야 할 길을 찾았다.
이것은 하나의 명령과도 같았다.

— 요시프 괴벨스, 뮌헨에서 처음으로 히틀러의 연설을 듣고서

1945년 4월, 베를린. '총통의 벙커'. 사태는 이제 종국으로 치닫고 있었다. 나치 신봉자들 중에 골수분자들마저도 갑자기 조증환자처럼 웃음을 터뜨리는 가운데 떠들썩한 파티가 시작되었다. 히틀러의 비서, 부관, 시종, 요리사, 연락장교들이 총통과 함께 최후의 저항을 위해 모여 있었다. 죽음의 그림자가 그들을 둘러싸고 있었지만 그들은 잠시 전투를 멈추고 레코드판을 틀어놓고 춤을 즐겼다. 핫재즈가 환기장치의 툴툴거리는 소리를 집어삼켰다. 파티장은 관저 정원 지하 수백 피트 아래에 있었다. 그 벙커는 베를린을 쑥대밭으로 만들고 있는 러시

아의 공습으로부터 히틀러를 보호해주고 있었다.

일주일 전까지만 해도 히틀러는 지푸라기라도 잡는 심정으로 여전히 희망을 잃지 않고 있었다. 루스벨트(Theodore Roosevelt)가 사망했다는 소식을 히틀러는 제국을 위기에서 구해줄 신호로 받아들였다. 바로 하루 전 괴벨스는 《프리드리히 대제의 삶》 속에 나오는 한 구절을 히틀러에게 읽어주었다. 프리드리히는 전쟁이 패배로 끝날 것 같자 자살을 신중히 고려하고 있었다. 그러나 그때 러시아의 여제가 세상을 떴고 그녀의 계승자는 전쟁을 마감한다. 그러자 프리드리히는 패배의 위기로부터 벗어나 승리를 거머쥔다. 히틀러가 풀죽은 목소리로 물었다. "그렇다면 이번에는 어떤 여제가 죽을까?" 그런데 마치 그 질문에 화답이라도 하듯 다음날 루스벨트가 세상을 뜬 것이다.

잠시 동안 벙커 안에 있던 모든 사람들은 서로 자축을 하며 기쁨에 들떴다. 각지로부터 축하 인사가 답지했다. 그러나 루스벨트의 죽음은 사실상 아무런 변화도 가져다주지 못했다. 트루먼(Harry S. Truman)이 요지부동으로 버티고 있었기 때문이다. 이윽고 해묵은 절망이 벙커에 있는 사람들의 가슴속에 다시 둥지를 틀었다.

그것은 히틀러와 그의 집단이 세계를 인식하는 방식을 상징적으로 보여주는 행동이었다. 그들은 기독교적인 '미신'을 경멸하는 비신자들임에도 그들 스스로가 극도로 미신에 빠져 있었다. 그래서 그들은 끊임없이 자신들의 운명을 어떤 전조나 조짐 그리고 별자리를 통해 읽어보려 애썼다.

히틀러는 그야말로 기막힌 행운으로 암살을 모면해왔던 그간의 상황을 가장 의미 있는 '전조'로 받아들이는 듯했다. 그의 목숨을 노리는 수차례의 시도가 있었지만 그때마다 히틀러는 간발의 차이로 목숨을 건질 수 있었다. 그의 비행기 안에 설치된 폭탄이 사전에 발각되어

제거되지만 그 폭탄은 불발탄이었다. 또 이런 경우도 있었다. 히틀러는 나치 창설 기념 축하식장에서 어떤 알 수 없는 직감 혹은 충동에 따라 예정보다 일찍 행사장을 떠났다. 그리고 얼마 안 되어 히틀러가 연설을 했던 바로 그 연단 아래에서 폭탄이 터졌다. 또다시 그렇게 목숨을 구한 것이다.

전쟁 막바지에는 가장 기적적이라 할 만한 일이 벌어진 적도 있었다. 이른바 '장군들의 음모'라 불리는 사건으로부터 기적적으로 살아남은 것이다. 한 고위급 장교가 폭탄이 담긴 서류가방을 벙커로 운반해온다. 그곳에서 히틀러는 전황 회의를 주재 중이었다. 지도가 펼쳐져 있는 탁자는 무거운 콘크리트 판으로 지탱되고 있었다. 그 장교는 서류가방을 내려놓고 그곳을 빠져나갔다. 그야말로 몇 초 후면 폭발이 일어날 상황이었다. 그러나 그가 움직이려는 쪽에 서류가방이 놓여 있자 히틀러는 지도 위로 상체를 굽히며 무심코 그 가방을 건너편 콘크리트 판 쪽으로 옮겨놓았다. 그런데 그것이 자신의 목숨을 구하게 해줄 줄이야! 히틀러는 한쪽 고막이 찢어지고 바지도 넝마처럼 갈가리 찢겨졌지만 그 외에는 상처 하나 없이 온전했다.

그 후 경악한 측근들에게 히틀러는 "하늘이 나를 도왔다."고 말하면서 우스꽝스럽고 거의 만화 같은 자신의 몰골은 아랑곳하지 않은 채 의기양양하게 이렇게 덧붙였다. "그것은 나에게 주어진 사명을 완수하라는 뜻이다."

전날까지도 히틀러는 여전히 이러한 사명에 대해 나름대로 신념을 가지고 있었다. 너덜너덜해진 도로 지도를 들고서 이 방 저 방을 활보하고 다니며 눈에 띄는 사람마다 붙잡고서 벵크(Walter Wenck, 1900~1982) 장군의 제20군을 즉각 구출해낼 수 있는 묘책에 대해 온갖 손짓 발짓을 다해가며 설명을 해댔다. 그러나 이제 그 자신조차도 벤크 장군의 부대가 그의 상상 속에서 꾸며진 허구라는 사실을 깨닫게 된다. 그 부대는 이미 오래전에 붕괴되었다. 모든 게 끝장이었다. 그가 입에 총을 물고 방아쇠를 당기기 전에 할 일이라고는…… 오직 결혼하는 것뿐이었다. 그것이 그의 마지막 행동이 될 것이다. 그는 자신의 정숙한 정부 에바 브라운(Eva Braun, 1912~1945)에게 결혼을 통해 마지막 보상을 하기로 결심한다.

히틀러가 진정으로 집착했던 이복 조카딸 겔리 라우발(Geli Raubal)이 자살하고 난 뒤 이 젊은 여인 에바 브라운은 그의 변함없는 연인으로 남아 있었다. 히틀러가 그린(그리고 서명까지 한) 겔리의 내밀한 사생활을 담은 포르노 수준의 그림들은 한 공갈협박꾼의 강요에 못 이겨 당 회계담당자가 그녀에게 보낸 연애편지와 함께 모조리 사들였다. 그 공갈협박꾼은 그의 여주인의 아들과 함께 너무도 많은 것을 알고 있었던 관계로 훗날 뮌헨 외곽의 한 숲에서 둘 다 시체로 발견된다.

겔리의 자살에는 혐오감과 반감, 수치심 같은 것들이 큰 요인으로 작용했다. 히틀러는 역겨운 행위―그녀는 히틀러 위에 쪼그리고 앉

아 오줌을 누도록 강요받곤 했다―를 통해서만 성적으로 자극을 받는 인물이었다. 히틀러와 관계를 맺다가 결국 자살한 유명 영화배우 레나테 뮐러(Renate Müller)의 경우도 이와 비슷했다. 뮐러는 히틀러가 자위행위를 하면서 그녀 앞을 기어다니는 동안 그를 후려치고 발로 차야 했던

에바 브라운 | 히틀러와 함께 대중 앞에 모습을 드러낸 적이 없었던 에바는 히틀러와의 결혼식 직후 그와 함께 죽음의 순간을 맞는다.

것이다.

이 모든 상황을 더욱 복잡하게 만든 것은 히틀러의 고환이 유전적으로 하나뿐이었다는 사실이다. 숯덩이가 된 히틀러의 시체를 검시한 러시아인은 "음낭이 불에 타긴 했어도 원상태가 잘 보존되어 있었는데 왼쪽 고환이 보이지 않았다."고 말했다. 상대방을 최면에 빠뜨리는 그의 눈초리가 갖는 힘은 두 눈이 고환을 대신하는 차원에서 어느 정도 보상의 성격을 지니고 있었던 셈이다. 많은 사진들 속에서 히틀러는 마치 카메라를 굴복시키기라도 하려는 듯 뚫어져라 렌즈를 응시하고 있다. 반면에 그의 두 손은 방어 자세로 성기 앞쪽에 포개져 있거나 아니면 어떤 형태의 모자로라도 그 부분을 가리고 있었다.

고환이 하나라는 신체적 조건이 히틀러에게 육체적으로 성행위를 불가능하게 하지는 않았지만, 일종의 수치심이 그를 주저하게 만들고 육체와 자신과의 관계를 왜곡시켰다. 그의 인생 전반에 걸쳐서 그는 입맞춤당하는 것을 못 견뎌 했다. 심지어 어머니는 히틀러의 소년 시절에 그를 깨울 수 없을 때면 누이에게 이렇게 말하곤 했다. "아돌프에게 입맞춤하고 오렴." 그러면 그는 거의 공포에 가까운 반응을 보이며 침대에서 벌떡 몸을 일으켰다. 그리고 이러한 공포심은 성인이 되어가면서 더 심화되어갔다.

사회생활 초창기에 히틀러는 대대로 예술 관련 출판업에 종사해온 한프슈탱글가의 신년 파티에 초대되어 간 적이 있었다. 이곳에서 그는 겨우살이 나무(크리스마스 장식에 쓰이며 그 밑에서는 소녀와 입맞춤해도 좋다는 관습이 있다—옮긴이) 아래에서 한 젊은 여성에게 기습적으로 입맞춤을 당하게 된다. 히틀러는 그 자리를 황급히 도망쳐 나오고 말았다. 주먹을 꽉 쥔 채 얼굴에서는 땀이 비 오듯 쏟아지고 있었다. 그가 보기에 성욕이란 그저 거리낌없이 입맞춤이나 해대는 너무도 음탕한 행위였던 것이다.

에바 브라운과 히틀러 간의 연애가 이복 조카딸과의 관계와 차별화되는 이유는 그것이 성적인 것이 아니라 단지 공상 속의 것이었기 때문이다. 에바는 여동생 그레틀(Gretl)에게 "한 남성으로서 그는 나에게 아무것도 주지 못한다."고 말했다. 그리고 히틀러의 주치의에게는 총통의 발기불능을 치료할 수 있는 처방전이 있는지 묻기도 했다.

그러나 그녀의 모든 생활은 '총통'의 주변을 맴돌았다. 에바는 사적인 자리에서조차 히틀러를 '총통'이라고 불렀다. 그가 곁에 없을 때 그녀는 운동을 즐기거나 축음기에 레코드를 걸고 춤을 추고, 자주 옷을 바꿔 입어보기도 하고, 손톱 손질을 하거나 영화 잡지를 읽으며 소일했다. 그녀는 히틀러가 저지르고 있는 온갖 죄악에 대한 이해는 말할 것도 없거니와 도대체 히틀러의 생각과 동떨어진 것을 생각할 수 없는 여성이었다. 그녀는 총통이 말하는 여성상, 즉 "어린아이처럼 천진난만하고 아담하고 온화하며 생각이 없는 존재"에 자신을 맞추었다. 그는 지금 그대로의 그녀를 원했다. 지적인 여성들은 그를 불편하게 만들 뿐이었다.

그렇다고 해서 히틀러가 정치적으로 여성의 가치를 과소평가했던 것은 아니다. 오히려 그가 자신은 결코 결혼하지 않을 것이라고 언명했던 것은 그만큼 여성들을 중요한 정치세력으로 간주했기 때문이라고 보는 편이 정확하다. 요컨대 그는 여성들의 공상의 대상이 되기를 원했다. 그가 아내와 함께 있는 광경은 이러한 환상을 깨뜨려버리고 말 것이라고 생각한 것이다.

그것은 권력이 지닌 낭만성에 대한 날카로운 통찰이었다. 향후 여성들이 나치당의 발전에 매우 중요한 요소가 될 것이라는 사실을 염두에 둔 행동이었던 것이다. 피아노의 명문인 베히슈타인가의 베히슈타

인 부인은 자신이 속한 폐쇄적인 상류사회로 히틀러를 기꺼이 받아들인 최초의 인물이었다. 그녀는 남편에게 "그 젊은이를 양자로 맞아들이고 싶다."고 말한다. 히틀러의 나이는 이미 40줄에 들어섰고 그녀는 예순 살의 여성이었다. 그리하여 이제 그가 그녀의 무릎에 얼굴을 파묻으면 그녀는 그의 머리카락을 쓰다듬으며 그의 '과도함'을 책망하게 될 것이다. 사실 그의 이 과도함이야말로 그녀를 그에게로 끌어당긴 힘이었음이 분명하다. 한때 빈의 빈민굴에서 살았던 그 이단자는 이제 세인트루이스에서 맥주양조장을 운영하는 가문의 공동재산 소유자이자 상속자인 부인의 단아한 정원에서 차를 마시고 있는 자신을 발견하게 된다. 공작이 한가로이 꽃밭을 거닐고 인공호수에서는 백조가 자맥질을 하는 동안 재력가이자 권세가인 남편들은 공산주의의 위협을 분쇄하겠다는 히틀러의 약속에 귀를 기울이고 아내들은 사람을 최면에 빠뜨리는 그의 눈빛에 매료되어 앉아 있다.

또한 위대한 작곡가 리하르트 바그너(Richard Wagner)의 며느리 비니프레트 바그너(Winifred Wagner)도 주목할 만하다. 영국 태생의 그녀는 바그너의 오페라에서 위대한 민족주의 정치의 이상을 발견하고 독일인들보다 더 독일적인 여성이 되었다. 그녀는 바그너의 오페라에 헌정된 도시 바이로이트에서 히틀러를 기쁜 마음으로 받아들였다. 그녀와의 관계는 히틀러에게도 중요한 의미를 지녔다. 바그너 음악의 기저에 흐르는 정신이야말로 나치 운동에 영감을 불러일으킨 바로 그 정신이었기 때문이다.

바그너가 음악으로 표현한 고대 독일의 신화들은 나치에 의해 그 생명을 되찾는다. 나치의 가치는 기독교적인 것이 아니라 이교도적이다. 나치 청년들에게 훈육되는 것은 자비나 사랑 혹은 겸손이 아니라 감정의 엄격성과 인종적인 증오심 그리고 육체적인 힘이었다. 바그너가 작곡한 오페라 전편에서 형제와 자매들은 근친상간을 범하게 되는데 이러한 결합을 통해 탄생한 아이가 영웅적인 전사 지크프리트(Siegfried)였다. 근친상간은 이 오페라에서 중요한 역할을 하는 모티프이다. 그것은 공동체를 창조하기 위해 억눌러왔던 본능적이고 길들여지지 않은 원시적인 욕망을 바그너식으로 찬양하고 있는 부분이었다. 그리고 바로 이 점으로 인해 히틀러는 바그너에 푹 빠져들게 된다. 왜냐하면 히틀러의 호소 역시 원시적인 것, 다시 말해 청중들 가슴 깊숙이 숨어 있는 감정에 맞닿아 있었기 때문이다. 히틀러는 뉘른베르크 대집회에서 대중들을 향해 연설할 당시, 그들의 증오심과 야만성 그리고 유혈에의 욕망과 군사적 영광에 대한 갈증을 선동한다.

바그너 오페라의 세계는 히틀러의 상상의 세계, 즉 한 불면증 환자의 악몽과 백일몽의 세계였다. 대규모의 음악극 《니벨룽겐의 반지(Der Ring des Nibelungen)》에서 영웅 지크프리트는 그에게 세계를 지배할 힘을 줄 황금 반지를 찾아 길을 떠난다. 그러나 사랑을 포기함으로써 주조된 이 반지에는 저주가 내려지고, 반지는 불가피하게 그것을 소유한 자의 목숨을 거둬가며 결국 만물의 파멸을 가져온다. 바그너의 《니벨룽겐의 반지》 중 제4부 〈신들의 황혼(Götterdämmerung)〉은 베를린과 독일의 전 국토가 폭격으로 쑥대밭이 되어 항복 직전의 상황에 처했을 때 히틀러가 독일 전역에 울려퍼지도록 명령했던 음악이다. 그것은 절체절명의 상황에서도 예술을 흉내내는 히틀러와 같은 인물에게서나 볼 수 있는 극단적인 예이다.

벙커 안에서 최후의 일각까지 상연될 연극, 즉 히틀러와 에바 브라운의 결혼이자 곧 장례식은 바그너의 《트리스탄과 이졸데(Tristan und Isolde)》로부터 그대로 따온 것이었다. 그 악극에서 사랑과 죽음을 노래하는 음악인 〈사랑의 죽음(Liebestod)〉은 죽음 속에서 비로소 완성

되는 사랑을 바그너식으로 찬미하고 있다. 히틀러가 바그너의 손자들에게 '호주머니에 권총이 있는 아저씨'로 불리게 된 그곳, 바이로이트에서 비니프레트 바그너는 결국 자신과 비슷한 영혼을 가진 히틀러를 환영했던 것이다. 그녀의 히틀러에 대한 동경은 독일의 신화에 대한 동경과 밀접한 관계가 있다. 바그너가 신화를 각색해 거대한 오페라 대작들 속에 음악적으로 표현했던 것처럼, 그녀의 히틀러에 대한 동경은 독일 신화에 대한 동경과 밀접한 관계가 있다. 전쟁이 막을 내리자 대부분의 독일인들은 자신들을 나치의 참사와 따로 떼어 생각하고자 애썼다. 남들이 히틀러와 아무런 관련도 없다고 주장할 때 비니프레트만은 오히려 자신이 나치스의 초기 당원이었음을 자랑스럽게 여겼다. 연합군이 독일을 점령했을 당시 독일에는 오직 단 한 명의 나치 당원이 남아 있었는데 자신이 바로 그 사람이라고 말했을 정도이다.

그러나 비니프레트와 같은 저명 인사들이나 자본가의 부인 혹은 사교계의 여성 명사들만 히틀러를 지원했던 것은 아니다. 여성 노동자들과 주부, 여학생, 여성 노인들도 총통의 주변에 떼를 지어 몰려다니며 연설 도중에 혼절하기도 하고 히틀러의 차량 앞으로 달려들기도 했다. 심지어 그가 란트스베르크 감옥에서 1년간 복역하던 시절에 사람들은 그가 목욕한 물까지 구하려고 애를 썼다. 감옥은 히틀러를 위한 일종의 성지 역할을 했다. 그의 감방은 초콜릿과 사탕으로 넘쳐났고 그의 창문을 향해 꽃을 던지는 여성들도 있었다. 무력으로 국가를 전복시키려 했던 그의 시도가 미수에 그침으로써 그는 1년간 감옥생활을 해야 했지만 이를 통해 그의 낭만적인 호소력은 오히려 강화되었다. 그리고 앞으로 그에게 승리를 안겨다줄 것은 결국 이러한 전설, 즉 불같이 정열적인 연설과 태도와 이미지였다. 그는 영웅이 되어 출옥했던 것이다.

히틀러는 그를 추종하는 여성들 중에서도 특히 그의 정치집회에서 안타깝게 한숨지으며 눈물을 글썽이는 나이 지긋하고 '고상한' 여성들을 좋아했다. 그는 경호원들이 일명 '하지정맥류(下肢靜脈瘤, 다리 피부의 정맥이 확장되고 꼬불꼬불 비틀리면서 늘어나는 질환으로 중년 이후의 여성에게서 특히 많이 발병한다—옮긴이) 여단'이라고 부르던 그들을 위해 연단 앞 몇 개 줄을 따로 마련하도록 지시하고 이를 직접 확인하기도 했다.

여성 추종자들과 히틀러 간의 이러한 연대는 전황이 불리해졌을 때에도 역시 중시되었다. 히틀러는 전쟁 수행이나 생존에 절대적으로 필요한 것이 아닌 모든 공장과 회사를 폐쇄하도록 명령했지만 미용실만큼은 예외로 남겨두었다. "나는 우리 여성들의 열정을 꺾는 그 어떤 짓도 하지 않을 것이다." 그는 이렇게 주장했지만 여성의 허영심에 대한 이러한 양보는 두말할 것도 없이 생색에 불과했다. 여성들이 천박함을 타고났다는 그의 여성관에는 변함이 없었다.

최후의 순간까지 부인을 맞아들이지 않겠다는 의지를 굳건히 지켜낸 것은 그 때문이었다. 독일의 구세주에게 결혼은 걸맞지 않았던 것이다. 에바는 중요한 방문객이 있을 때마다 항상 그들 눈에 띄지 않는 곳에 있어야 했다. 사실상 독일 국민들은 전쟁이 끝난 후에야 비로소 그녀의 존재를 알게 되었다. 그러나 모든 것이 파국을 향해 치닫고 있는 시점에서 그녀는 히틀러의 알프스 산장을 떠나 베를린에서 그와 함께 죽음을 맞이하겠다고 고집을 피웠다. 그녀의 충직한 마음에 감복한 히틀러는 자신들의 결혼식과 자살을 동시에 치르기로 작정한다.

벙커 안의 몇몇 사람만이 이 엄숙한 의식을 지켜보게 되었다. 총통 다음으로 높은 서열을 차지하고 있었던 괴벨스는 히틀러가 죽는 즉시 자신도 목숨을 끊기로 결심했다. 그는 자신 앞에 어떠한 미래도 없을

뿐더러 거의 총통에 버금가는 유명세를 타고 있었던 까닭에 피신할 곳도 마땅히 없다는 사실을 깨닫고 있었다. 그는 함께 죽기로 마음먹고 아내와 어린 여섯 자녀들까지 벙커로 데려왔다. 결혼식 준비를 하는 동안 여자아이들은 에바가 신부화장을 하는 모습을 호기심 어린 눈으로 지켜보았다. 에바의 예비 신랑은 평소 화장하는 것을 못마땅히 여겨 자주 이렇게 말했다. "프랑스제 립스틱? 나는 그것이 무엇으로 만들어지는지 여러 숙녀분들 앞에서 입에 담기조차 싫다. 바로 폐수다." 히틀러의 성적 취향을 단적으로 알 수 있게 해주는 말이었다. 아이들은 곧 주사 한 방에 자신들의 놀이가 영원히 끝나게 될 것이라는 사실도 모른 채 근처에서 깡충거리며 숨바꼭질에 여념이 없었다.

히틀러의 비서들도 그 자리에 있었다. 그날 신부는 비서들 각자에게 선물로 유품 하나씩을 주었다. 먼저 크리스타 다라노프스키(Christa Daranowsky)는 엉덩이가 무겁고 다갈색의 머리카락을 가진 여성으로 전에는 엘리자베스아덴 사의 직원이었다가 지금은 총통을 헌신적으로 모시고 있었다. 히틀러는 그녀를 위해 자기 부관 중에서 신랑감을 물색해준 적이 있었는데 그가 결혼중매광이었던 점을 감안하면 이런 배려는 각별하다 할 것도 없는 일이었다. 가장 나이 어린 비서인 트라우들 융게(Traudl Junge)는 히틀러의 '의견'에 따라 그의 시종과 결혼했다. 한 독일군 장성의 손녀딸인 그녀는 최근 몇 달 동안 히틀러 앞에 임박해 있던 패배의 분위기에 가장 압도당해온 비서라 할 수 있다. 나치즘에 대한 환상이 히틀러를 위해 일해오는 과정에서 점차 허물어져갔던 것이다.

마지막으로 크리스타 슈뢰더를 들 수 있다. 그녀는 에바를 결코 좋아하지 않았지만 지금 신부의 치장을 거들고 있다. 그녀는 눈물을 삼키기 위해 입술을 깨물었다. 그런 모습은 그녀에게서는 좀처럼 볼 수 없는 감정 표현이었다. 항상 매사에 유능했던 슈뢰더는 히틀러의 마지막 유언장, 그 두서없고 자기 연민에 빠져 있는 기록을 받아 적게 될 것이다. 유언장에서 그는 전쟁을 일으킨 책임을 유대인에게 전가한다. 그는 세계를 향해 이렇게 말한다. "그들이 비록 이 엄청난 재앙을 야기했지만 나는 그들 수백만 명의 목숨을 거두었으므로 웃으며 무덤으로 들어갈 것이다." 슈뢰더는 초창기부터 히틀러를 위해 일해 왔던 까닭에 그의 독백을 수천 번도 더 들었을 터였지만 그녀에게 있어 히틀러는 여전히 '위대한 인물'이었다. 그래서 그의 말 한마디 한마디를 마치 영원히 지켜야 할 보물처럼 다루었다.

결혼식을 올리기 전에 한 가지 실행에 옮겨야 할 일이 남아 있었다. 그것은 '정의'의 문제를 처리하는 일이었다. 에바의 여동생 그레틀은 친위대 장군 헤르만 페겔라인(Hermann Fegelein)과 결혼했다. 그날 아침 페겔라인은 지상의 빛을 향해 끝없이 뻗어 있는 계단을 올라 총통의 벙커를 빠져나갔다. 그는 육중한 철제 문이 그의 뒤에서 금속성 소리를 내며 닫히자 일주일 만에 보는 백주의 햇빛에 눈을 가늘게 뜨며 안도의 한숨을 내쉬었다. 그리고는 햇빛을 향해 돌진했다. 인근 거리들을 전속력으로 달려 굶주림에 지친 베를린 주민들이 동물들을 잡아먹어버린 황폐한 동물원 티어가르텐을 지났다. 천신만고 끝에 그는 샤를로텐부르크에 있는 자신의 아파트를 향해 도심을 가로질렀다.

그가 조심해야 할 것은 폭탄과 무너져내리는 건물 더미만이 아니었다. 도처에 순찰병들이 깔려 있는 것이다. 베를린을 수호하기 위한 이 최후의 결사적인 전투에는 고작 열두세 살 난 소년들까지 징발되었다. 페겔라인 역시 이 사실을 잘 알고 있다. 총통은 이들 어린 병사들의 가슴에 훈장을 달아주며 솜털도 채 가시지 않은 그들의 뺨을 자신의 마비된 손으로 쓰다듬어 준 적이 있다. 총통이 그 악마 같은 눈초

리로 그들의 눈을 응시할 때 바로 그 곁에 페겔라인이 서 있었던 것이다.

비록 어린아이들이었지만 만일 제자리를 이탈한 페겔라인을 체포한다면 이 소년병들은 그가 친위대 장군이라는 사실에 아랑곳하지 않고 현장에서 그를 사살해버렸을 것이다. 그것은 총통의 명령이었다. 그래서 페겔라인은 도시를 포위하고 하루가 다르게 벙커를 향해 옥죄어오는 러시아 병사들뿐만 아니라 독일군 순찰병들도 경계해야 할 판이다. 그는 지금 한 헝가리 외교관의 부인인 아리따운 백작부인을 만나러 가는 중이다. 그는 그녀를 데리고 그 도시를 탈출할 작정이다. 백작부인과 같은 미인과 함께 이곳에서 개죽음을 당하는 것은 그에게는 수치스러운 일이었다.

그러나 자신이 이룩한 세계가 산산조각나고 있는 상황에도 불구하고 히틀러는 페겔라인이 눈에 띄지 않는다는 사실에 주목했다. 에바에게 물어보았지만 여동생의 남편이 어디로 사라져버렸는지 그녀로선 알 턱이 없었다. 히틀러는 그를 찾기 위해 그레틀 브라운에게 부관을 보냈다. 그러나 첫아기를 임신중이어서 지독한 입덧에 시달리고 있던 그레틀은 남편이 총통과 함께 있을 것으로 생각했다.

"그를 찾아내라! 그를 체포하라!" 히틀러의 명령이 떨어졌다. 그리하여 한 시간도 채 안 되어 불운한 페겔라인은 친위병들에게 둘러싸인 채 벙커로 도로 끌려오고 말았다.

"비겁한 놈!" 페겔라인의 군복에서 견장과 훈장을 잡아뜯어내며 히틀러가 고함을 질렀다. "반역자! 변명할 테면 한번 해봐!"

그러나 페겔라인은 군이나 게슈타포의 모든 고위급 군 간부들과 마찬가지로 격분에 휩싸여 제정신이 아닌 총통의 모습을 이미 본 적이 있었다. 이제 히틀러는 바닥에 드러누워 주먹으로 바닥을 연거푸 치면서 카펫을 물어뜯을 태세였다. 아니 상황은 더 나쁠지도 몰랐다. 페겔라인을 당장 파면시킬지도 모를 일이었다. 그렇게 되면 그는 관저의 계단을 지나 떠밀리듯 차에 태워져 정치범수용소로 직행하게 될 것이다. 그러니까 이런 순간에는 오로지 침묵이 약이라는 사실을 페겔라인은 알고 있었다. 눈을 낮게 내리깔고 넓은 어깨를 뒤로 젖히고 있는 페겔라인은 잘생긴 용모에 키가 훤칠한 인물로 갈색 머리에 푸른 눈을 가진 전형적인 '아리안족'이었다. 그는 자신의 지도자 앞에 초라한 모습으로 서 있었다.

"저 자를 방에 가둬라." 히틀러가 경호원들에게 명령했다. 뜻밖의 일이었다. 에바는 그를 변호하기 위해 입도 뻥긋하지 않았지만 사람들은 그가 에바 여동생의 남편이기 때문에 목숨을 건졌다고 수군거렸다. 오랜 습관을 통해 그녀는 총통의 의지에 복종하는 법을 배워왔던 것이다.

그러나 그날 얼마간의 시간이 지난 뒤 페겔라인의 반역행위는 전혀 다른 견지에서 비춰지게 된다. 외국 방송을 감시하던 한 첩보장교가 충격적인 뉴스 한 토막을 입수했다. 게슈타포의 수장인 하인리히 히믈러, 즉 페겔라인의 상관인 그가 서방 연합군에게 항복하려 했다는 것이었다. 상상조차 할 수 없는 일이 벌어진 것이다. 히틀러가 항상 '충성스러운 하인리히'라 불렀던 바로 그 히틀러가 자신을 저버린 것이었다. 급전이 큰 소리로 낭독되자 벙커 안에 있는 모든 남녀들은 분노와 공포에 휩싸여서 미친 사람처럼 소리를 질러댔다. 상태가 가장 나쁜 사람은 역시 히틀러였다. 안면이 붉은색으로 변하고 몸은 사시나무처럼 부르르 떨리면서 머리는 주체할 수 없이 흔들거렸다. "모두 사살하라! 한 사람도 남김없이 죽여버려라!" 거친 그의 목소리는 섬뜩하기까지 했다.

도대체 누구를 사살하라는 말인가? 그들이란 누구를 의미하는 것인가? 히믈러? 히믈러의 부관들? 아니면 영국과 미국인 전쟁포로들? 베를린을 포위하고 있는 러시아 병사들? 그러나 그게 누구인지는 중요하지 않았다. 지금 이 순간 히틀러는 말끝마다 "죽여라"를 되뇌이고 있었다. 과거에 히틀러는 사태를 이 지경으로 만든 독일 공군장교들을 한 사람도 예외 없이 사살해야 한다고 불평을 털어놓은 적이 있었다.

히틀러는 마치 맥없이 무너지기 일보 직전인 사람처럼 의자에 몸을 의지한 채 한동안 꼼짝 않고 서 있었다. 그러더니 방금 도착한 저돌적인 공군 조종사 한나 라이츠(Hanna Reitsch) 쪽으로 몸을 돌렸다. 그녀는 노련한 조종술로 치열한 공중전이 펼쳐지고 있는 하늘을 뚫고 나무와 빌딩 숲을 헤치며 베를린으로 날아들었다. 러시아군의 탐조등이 그녀의 전투기를 포착해서 대공포를 쏘아댔지만 그녀는 그런 악조건을 뚫고 비행기를 급강하시켜 브란덴부르크 문 근처의 넓은 도로에 착륙했다.

그녀는 빌딩들이 불타면서 내는 빛을 의지하여 오로지 총통과 운명을 같이하겠다는 일념으로 벙커에 이르는 길을 뚫고 왔다. 그러나 몇 가지 놀라운 사실들이 그녀를 기다리고 있었다. 그녀를 먼저 충격으로 몰아넣은 사실은 그녀의 영웅이 어느새 노인이 다된데다 중풍까지 앓고 있다는 점이었다. 그의 머리는 계속 흔들거리고 한쪽 다리는 걸을 때

하인리히 히믈러 | 게슈타포의 우두머리인 그는 유대인 대학살과 탄압으로 제3제국 내에서도 가장 흉악한 인물로 손꼽힌다. 전후 연합군에 체포되자 자살하였다.

마다 질질 끌리고 있었다. 급전을 읽으려 했을 때도 그는 돋보기를 똑바로 들고 있는 것조차 힘들어 했다. 두번째 충격은 최신 유행의 옷을 입고 벙커 안을 활보하고 다니는 총통 나이의 반밖에 안 되어 보이는 에바 브라운을 만난 일이었다. 히틀러에게 정부가 있었던 것이다. 마지막으로 한나는 총통과 죽음을 함께하기 위해 엄청난 위험을 무릅쓰고 베를린으로 그 먼길을 날아왔건만 그가 자신에게 생을 마감하도록 허락하지 않는 것을 보고 충격을 받았다. 오히려 히틀러는 그녀에게 귀대할 것을 명령했다.

"한나! 지금 즉시 비행기를 몰고 출발하시오!" 히틀러는 그녀의 손을 부드럽게 감싸쥐고 그녀의 눈을 빤히 들여다보면서 명령했다. "반역자가 내 뒤를 이어 총통 자리에 오를 수는 없다! 그대는 반드시 히믈러의 계급장을 떼내야 할 것이다. 그자는 죽어 마땅하다!"

한나는 숨죽여 눈물을 흘리며 머리를 조아리고는 히틀러의 뜻에 복종했다.

히틀러는 그녀를 위해 몇 가지 명령서를 작성했다. 그리고 에바 브라운은 여동생 그레틀에게 쓴 작별의 편지를 그녀에게 맡겼다. 그러나 그 편지는 결국 전달되지 못한다. 훗날 한나는 이 편지를 읽지 않고는 배길 수 없어서 편지를 꺼내 읽었는데 그 내용의 유치함에 분통을 참을 수가 없어서 갈기갈기 찢어버렸다고 말한다. 그녀 역시 질투심 많은 여인이었다. 히틀러의 삶 속에 한나는 한 사람의 여성으로 존재하고 있지 않았던 것이다.

벙커를 떠나며 한나는 총통에게 마지막으로 경의를 표하고 전투기로 향한다. 그 전투기를 몰고 이제 두번째 기적을 행할 차례였다. 그녀는 뛰어난 조종술과 용맹성을 발휘해서 전쟁으로 쑥대밭이 된 도시를 가까스로 빠져나갔다. 그러나 그녀가 목적지에 도착했을 때 한 차

례 미군의 대대적인 공습이 그곳을 휩쓸고 지나갔음을 알게 된다. 뮌헨의 파괴된 건물들 사이로 당 사령부 건물인 브라운하우스도 처참하게 무너져 있었고 내부에 있던 사람들은 모두 숨져 있었다. 불 같은 투혼을 지닌 이 전투기 조종사는 결국 총통의 명령서를 전달하는 데 성공하지만 그 명령을 이행해야 할 사람들은 이미 이 세상 사람들이 아니었다.

3. 세 치 혀에서 나온 가공의 파괴력

히틀러는 한나 라이츠와 작별하고 이제 페겔라인 쪽으로 관심을 돌린다. 그는 아침 이후 내내 방에 갇혀 있었다. 그가 없으면 국경까지 갈 꿈조차 꿀 수 없는 헝가리 백작부인을 제외하면 아무도 그를 염두에 두지 않고 있었다. 심지어 그의 소유 재산을 샅샅이 조사해온 친위대 경호원들조차 그의 존재를 잊고 있었다. 그의 재산을 조사하는 과정에서 한 편의 희극이라고 할 만한 일이 밝혀졌다. 페겔라인이 에바 브라운의 보석류 몇 점을 훔친 사실이 드러난 것이다. 총통이 그녀에게 선물한 팔찌와 귀고리들이 다이아몬드로 장식된 매우 낭만적인 필

치의 히틀러 초상화와 함께 숨겨져 있었다. 게다가 백작부인에게서 온 연애편지도 발견되었는데 거기에는 자신의 임신한 아내를 저버리려는 페겔라인의 꿍꿍이가 담겨 있었다.

기회주의자 페겔라인은 그 나라의 처지를 상징하는 명쾌한 표본이었다. 히틀러가 자살한 뒤 한 주가 채 지나지 않아 나치 운동은 그 종적을 감추게 된다. 역사상 그 어떤 정치적 운동 조직도 그 창설자의 죽음 이후 그처럼 빠르게 자취를 감춘 적은 없었다. 그것은 한낱 신기루요 악몽에 불과했으며 그 근저에는 공허와 허무주의, 죽음과 파괴에 대한 갈망만이 자리잡고 있었다. 어떤 의미에서 보면 페겔라인은—단지 천재적 재능이 없었을 뿐—히틀러와 다를 바 없었다.

제3제국 기간 동안 히틀러는 독일 국민에 대한 자신의 크나큰 사랑을 열광적으로 설교하고 떠벌렸지만 그것은 모두 연극이요 한낱 가식에 불과했다. 그들은 히틀러 자신의 영광을 위한 단순한 도구에 지나지 않았던 것이다. 이제 벙커 안에서 그의 가면은 떨어져나간다. 히틀러는 만일 자신이 죽어야 한다면 독일 민족 역시 함께 사멸해야 마땅하다고 결심한다. 그는 군수물자 총책인 슈페어에게 독일 내의 모든 공장과 교량, 발전소를 파괴하라고 명령하면서 이렇게 말한다. "이 모든 것은 나에게 무가치한 것으로 입증되었다. 독일 국민의 기본적인 생존에 필요한 것이 무엇인지는 고민할 필요 없다. 모두 파괴하는 것이 최상의 길이다. 우리 민족이 상대적으로 더 나약한 존재임이 입증되었고 미래는 우리보다 강한 러시아 국민의 것이기 때문이다. 어쨌든 이 투쟁 이후에도 살아남을 자는 오직 열등한 사람뿐이다. 우량종은 이미 죽임을 당했기 때문이다." 그의 명령은 물론 실행에 옮겨지지 않았다. 슈페어는 자신의 군수품 공장에서 일하는 수많은 폴란드인, 러시아인, 유대인 노동자들을 죽음으로 몰아넣은 데 대해서는 일말의 양심의 가책도 느끼지 않았지만 수많은 자기 동포를 죽음으로 몰아넣을 수는 없었다.

하지만 이러한 조치가 취해지지 않았어도 그리고 지하 벙커에서 총통이 최후의 나날을 보내는 동안에도 많은 사람들은 죽음을 맞이한다. 그의 살인 충동이 잠에서 깨어난 것이다. 히틀러는 비록 포위당한 도시의 지하 수백 피트 아래에 있었지만, 잡음이 심하게 섞인 통신망을 타고 흘러나오는 쉰 듯한 목소리만으로 충분히 효력을 발휘하고 있었다. 그의 말은 여전히 법이었던 것이다.

페겔라인은 이 마지막 순간의 희생자 가운데 한 사람이 될 운명이었다. 처음에 히틀러는 그를 기꺼이 용서해줄 생각이었다. 어찌됐든 그는 친위대 장군이고 히틀러의 친위대에 대한 애정은 남달랐던 것이다. 히틀러는 친위대를 자신의 '예수회(Jesuit)'라고 부르며 로욜라(San Ignacio de Loyola, 1491~1556)의 예수회 수도사들과 그들을 종종 비교하곤 했다. 그러나 히믈러에 관한 소식이 그의 생각을 완전히 뒤바꿔 놓았다. 그들의 수장이 반역자임이 입증된 이상 그들 모두를 의심하지 않을 수 없었다. 특히 페겔라인은 최근 들어 총통 사령부에서 히믈러의 연락책으로 근무해온 자가 아니던가! 더구나 그날 아침에 있었던 페겔라인의 배신행위는 히믈러의 반역행위와 거의 동시에 일어났다. 이것이 의미하는 바는 무엇일까? 히틀러는 그의 배신행위가 단순히 한순간의 비겁한 행위가 아니라 그 속에 무언가 더 큰 음모가 도사리고 있을 것이라는 판단을 내린다.

그 불운한 친위대 장군은 히틀러 앞에 다시 불려왔다. 총통은 경멸이 가득 담긴 눈초리로 그를 응시하며 소리친다. "그의 허리띠를 풀어라!" 허리띠에는 '우리의 충성은 우리의 명예'라는 친위대의 모토가 새겨져 있었다.

배신자가 비장하게 자신의 계급을 들먹이며 스스로를 변호하기 시작하면서 기묘한 군법재판이 바야흐로 눈앞에 전개된다. "친위대 장군의 한 사람으로서 본인은 말하고자……" 그러나 모욕과 경멸의 감정이 폭발하면서 히틀러가 그의 말을 가로막는다. 그리고는 페겔라인의 운명을 결정지을 질문과 함께 끝을 맺었다. "그래? 그렇다면 장군께서는 가장 어렵다 할 만한 임무를 띠고 있을 당시 무엇을 하셨는가?"

지금 히틀러는 폴란드와 러시아 침공 당시 그곳 주민들을 상대로 자행된 대대적인 학살극, 지옥의 악령들을 나치라는 형제애로 똘똘 뭉치게 한 그 범죄행위에서 페겔라인이 한 역할을 묻고 있다. 그것이야말로 충성의 가장 확실한 증표인 것이다. 피고는 변명거리를 찾으며 머뭇거렸지만 히틀러는 코웃음을 쳤다. 조금 전만 해도 에바의 여동생을 위해 모르는 척 눈감아주었지만 히틀러는 페겔라인이 친위대의 한 사람으로서 도저히 용서받을 수 없는 약점을 가지고 있다는 사실을 알고 있었다. 페겔라인은 결벽증을 지니고 있었던 것이다. 친위대는 단순한 점령과는 차원이 다른 끔찍한 사명을 완수하기 위해 창설된 부대였다. 우선 정규군에 의해 사전 경고 없는 전격작전이 이루어지고 나면 이어서 피점령지 주민들에게 공포스러운 암운을 던지는 야만적인 살인전문 무장기동대가 친위대였던 것이다.

처음 대폴란드전 당시에는 군대조차도 총통의 잔학성에 불만을 토로했었다. 친위대는 대상의 나이를 불문하고 무자비한 행태를 보였다. 심지어 임신부나 어린아이들까지도 고문당하고 살해되었다. 그러나 히틀러는 군대의 반대를 일축해버렸다. 애초부터 그의 계획은 모스크바를 평정하는 것이었다. 히틀러는 커피를 마시며 비서들에게 이렇게 속마음을 털어놓은 적이 있었다. "그렇소. 그곳에 도시가 존재했었는지조차 상상할 수 없을 정도로 완전히 지구상에서 쓸어 없애버리는 거야. 레닌그라드를 폭격해서 그곳을 호수로 만드는 거지. 그러려면 댐과 운하들을 파괴해야겠지. 그래서 그 도시가 범람하면 우리 독일 관광객들이 거기에서 보트를 타며 즐길 수 있을 거야. 러시아, 폴란드 그리고 그 동부지역의 광대한 땅은 독일의 식민지가 될 테고, 주민들 중에서 지식깨나 가지고 있는 녀석들은 모조리 죽여버리고 나머지는 노예로 부려먹는 거야. 그들에게는 읽는 법도 가르쳐서는 안 되겠지. 그저 독일인들이 점령지 영토를 차를 몰고 지나갈 때 출입금지 도로를 알리는 표식을 읽어줄 수 있을 정도면 충분하지 않겠어?'

독일군이 모스크바로 진격해 들어가던 당시 우크라이나를 통과할 때쯤에는 이미 공동묘지와 이동 가스 차량이 익숙한 풍경이 되어 있었다. 페겔라인은 그러한 풍경을 보면 입맛을 잃는 사람이었다. 그는 '신성한 사명'을 완수하는 데 필요한 자질들을 갖고 있지 못했다. 그런데 그러한 결벽성은 페겔라인 혼자만의 문제는 아니었다. 친위대의 강인한 전사들 중에서도 수없이 많은 희생자들을 학살한 뒤 신경쇠약에 걸려 고생하는 경우가 종종 있었기 때문이다. 그들은 갖가지 소음과 냄새 그리고 풍경들에 홀려 더 이상 진군하는 대열에 합류할 수 없게 된다.

그러나 민감한 성격의 소유자들이 이러한 사명을 위탁받을 수 없다면 학살과 약탈을 즐기는 사디스트들 역시 사명을 완수하는 데 적합하지 못했다. 히틀러가 보기에는 끝없는 학살 욕구에만 자극을 받는 그들 역시 똑같이 자격미달이었다. 히틀러는 자신의 부하들이 먹잇감을 찾는 강인한 야수이면서 동시에 자신을 절제할 수 있는 병사이기를 바랐다. 그는 학살행위를 일종의 업무이자 의무로 바라보았다. 따라서 이러한 임무를 수행하기 위해 병사들은 단련될 필요가 있었다. "강한 자만이 살아남는다. 그래서 독일 국민들은 강해야만 하는 것이

다." 독일 민족이 살 공간은 확장되어야 했고 그 대상은 러시아의 광활한 영토였다. 그것이 바로 고위급 간부에서부터 말단 신병에 이르기까지 귀에 못이 박이도록 들어야만 했던 히틀러의 노선이었다.

그러나 페겔라인 장군은 그러한 '이상주의적' 허튼소리가 통하는 인물이 아니었다. 그는 서로 뒤엉켜 있는 시체 더미에 넌더리를 내고 있었다. 페겔라인은 그의 상관인 히믈러를 우크라이나까지 수행하는 과정에서 산림 개척지에 이르게 되었다. 그곳 한 고랑에는 고통스럽게 죽어간 사람들의 시체가 나뒹굴고 있었다. 그는 졸도할 것만 같아 두 손으로 눈을 가렸다. 처음에는 그도 이 광경을 무심코 지나쳤다. 히믈러는 처형당하기 위해 도열해 있는 유대인들 사이에서 푸른 눈의 금발 머리 소년을 발견하고 그에게 정신이 팔려 있었다.

"네 부모 중 어느 쪽에 유대인이 아닌 분이 계시느냐?" 히믈러는 문득 그 소년에게서 '아리아인'의 특징을 발견하고 물어보았다.

소년은 고개를 절레절레 흔든다.

"네 조부모는 어떠시냐? 그들도 모두 유대인이란 말이지?"

"네, 그렇습니다." 소년은 거짓말을 하면 살아남을 수도 있는 기회를 거부하고 당당하게 대답했다.

"그렇다면 내가 너를 위해 할 수 있는 일이란 없다!" 히믈러는 사형 집행을 계속하라는 신호를 보내며 소리쳤다. 총이 발사되고 나머지 희생자들과 함께 그 소년도 자신이 방금 파놓은 뒤쪽 고랑으로 쓰러졌다. 이 광경을 보던 페겔라인은 구토를 하기 시작했다. 수치심에 몸을 떨며 장군은 자신의 막사로 달려갔다. 그곳에서 그는 모렐 박사가 특별히 건네준 알약과 독주로 마음을 달랬다.

본래 성병 전문의사인 모렐은 처음에는 총통의 주체할 수 없는 헛배부름증세를 치료하기 위한 주치의로 발탁되었다. 모렐은 벨라돈나

제와 스트리크닌(신경흥분제—옮긴이) 그리고 아트로핀(벨라돈나에서 추출하는 유독성 알칼로이드, 경련완화제—옮긴이)을 배합한 비정통적인 환약을 처방해주었다. 히틀러는 서서히 나타나기 시작하는 스트리크닌 중독 증후군, 즉 빛에 대한 민감성, 참을 수 없는 위경련, 눈을 멀게 하는 두통, 거친 목소리 그리고 피부에 나타나는 붉은 기미 등을 무시하고 최후의 순간까지도 엄청난 양의 이 환약을 복용한다.

모렐은 또 주사제를 통해 히틀러가 각종 흥분제에 중독되도록 만들기도 했다. 모렐은 대규모 연설이나 집회를 앞둔 히틀러에게 이 약들을 처방해주었다. 히틀러의 심장 박동을 빠르게 해주는 심파톨과 주사제 비타멀틴 등이 처방되었다. 비타멀틴은 비만증 환자이기도 한 이 의사가 퍼비틴과 카페인을 혼합해 직접 조제한 것이다. 우울증을 방지하기 위해 정낭 및 전립선 추출물인 프로스타크리눔이 처방되기도 했다. 모렐은 약제들을 닥치는 대로 썼다.

그러나 이 독창적인 의사는 이런 중대한 처방 외에 사사로운 처방을 내리기도 하는데, 페겔라인이 자신의 치명적인 약점을 한순간이나마 잊을 수 있었던 것도 바로 모렐이 준 환약 덕분이었다. 히틀러가 우수한 남성의 증표로 떠받드는 야만적인 냉혹함이 페겔라인에게는 결여되어 있었다. 하지만 진실을 말하자면 히틀러 자신도 이상적인 살인자와는 거리가 먼 유형의 인물이었다. 비록 총통이 생존투쟁에서 냉혹성이 왜 필요한가에 대해 설파하고 다녔다 할지라도—그는 이렇게 말하기도 했다. "나는 오직 한 가지, 때리고 때리고 또 때리는 일만을 알고 있을 뿐이다."—히틀러는 자신의 철학이 낳은 결과들을 결코 맞대면할 수 없었다.

자신이 권력을 쥐고 있는 동안 히틀러는 강제수용소를 절대로 방문하지 않으려 했다. 그는 자신의 극악무도한 행위들을 인간적인 면모

로 포장하여 묘사하는 것조차 듣기 힘들어 했다. 저녁식사에 초대된 한 젊은 여성이 목숨을 걸고 당시의 현실에 대해 히틀러를 비난한 적이 있었다. 아마 그 여성은 자신의 아버지가 히틀러의 총애를 받는 사진사라는 점을 염두에 두고 있었던 모양이다. 그게 아니면 히틀러가 나치당을 막 창립했을 당시 있었던 오래된 사건 하나를 기억해냈는지도 모른다. 히틀러는 그녀의 아버지 집을 종종 방문하곤 했는데 일찍이 그는 당시 10대 소녀에 불과했던 그녀에게 '관심'을 갖고 있었다. 그러던 중 단둘이 있는 기회가 찾아오자 히틀러는 그녀에게 다가가 손을 내밀었다. 하지만 그녀는 히틀러의 구애를 거절했다.

"제발, 히틀러 씨, 난 그렇게 할 수 없어요." 그녀는 이렇게 말했었다. 그 당시에도 이미 히틀러는 상당한 권세를 누리던 남자였던 까닭에 그녀의 아버지는 공포에 질려 이 사건에 대해 일절 함구할 것을 그녀에게 다짐받았다.

이제 히틀러유겐트(소년단)의 단장인 남편 발두어 폰 시라흐(Boldur von Schirach, 1907~1974)와 함께 만찬에 참석한 그녀는 자신이 최근 암스테르담 여행 중에 보고 들은 것을 말하기 위해 좌중의 대화에 끼어들었다. 살육의 제물이 되기 위해 한곳에 집합한 유대인 여성들의 비통한 절규와 게슈타포 차량으로 질질 끌려가던 어린 유대인 소녀에 대해 그녀는 말하고 싶었던 것이다.

그녀는 용감했다. 그것은 좌중을 놀라게 할 만한 행위였다. 그 자리에 있던 사람들은 인간성에 호소하는 그녀의 말에 당황한 나머지 얼어붙은 듯 자리를 지키고 있었다. 히틀러의 분노는 하늘을 찌를 듯했다. 그녀보다 덜한 죄를 저지른 사람도 강제수용소에 수용되는 판이었다. 그러나 히틀러는 그녀를 수용소로 보내는 대신에 다시는 자기 앞에 나타나지 말라는 엄명과 함께 내쫓아버렸다. 그날 저녁 남은 시간 동안 그는 당장이라도 그녀에 대한 자신의 생각을 바꿀 것처럼 보였다. 그녀의 목숨은 경각에 달려 있었다. 그는 손가락 마디가 하얗게 변할 때까지 주먹을 꽉 쥐고서 연신 투덜대고 있었다. 그녀는 고통스러운 현실을 너무 가까이 들이댐으로써 히틀러를 실망시켰던 것이다.

독일군 사상자가 늘어나기 시작하던 상황에서도 히틀러는 부상병들을 문병하러 갈 수 없었다. 그는 그런 광경을 견뎌낼 수 없어서 병원과는 아예 담을 쌓아버렸다. 그는 연합군의 폭격으로 폐허가 된 독일의 도시들을 언급하는 것도 견디지 못했다. 히틀러는 이들 도시들을 불가피하게 통과해야 할 때에는 자신이 탄 기차의 차양을 내리도록 지시했다. 그의 눈에는 그 광경만큼 끔찍스러운 것도 없었던 것이다. 군의 사기 진작을 위해 정기적으로 여행을 했던 괴벨스는 폐허로 변한 집 주변을 배회하던 시민들에게 이런 질문을 받은 적도 있다. "우리의 총통께서는 어디에 계십니까?" 그들은 기사의 갑옷이나 "히틀러는 승리다!"라는 괴상한 슬로건 아래 돌격대원 복장을 하고 있는 히틀러의 사진이 담긴 포스터를 통해서만 총통을 볼 수 있었던 것이다.

히틀러의 이런 성향은 사적인 일에 있어서도 마찬가지였다. 자신의 비서인 트라우들 융게의 남편이 전선에서 사망하자 히틀러는 그 사실을 그녀에게 전하려 했지만 결국 입도 열지 못한다. 그는 그 상황에 압도된 것이다. 그 자리에는 마침 페겔라인 장군도 있었다. 적어도 이런 면에서는 이 매력적인 친위대 남성이 지도자보다 더 강했다. 그는 총통의 주문 이상으로 그녀를 잘 다독거리면서 비서들 중에서도 가장 아름다운 이 젊은 여성을 위로했다.

정력적이고 자신만만하고 거칠 것이 없었던 페겔라인은 말(馬)들을 사랑하고 떠들썩한 분위기와 자신을 내세우기를 좋아했으며 선정적

인 것과 유행 그리고 여자를 사랑했다. 그리고 여성들도 그를 사랑했다. 지금 그가 죽음을 눈앞에 둔 이 순간조차도 트라우들 응게는 출입문에 서서 그를 지켜보고 있었다. 그녀가 페겔라인의 운명에 관해 얼마나 마음을 쓰고 있는지를 숨기기란 그리 쉬운 일이 아니었다.

"아무짝에도 쓸모없는 촌뜨기 녀석!" 히틀러가 이미 충분히 들었다는 듯 갑자기 절차를 생략해버렸다. 그리고는 판결이 내려진다. "정원으로 끌고 가서 총살해버려!" 말이 떨어지기가 무섭게 페겔라인이 총통의 면전에서 끌려나갔다.

"저런 인간이 어떻게 장군 계급장까지 달게 됐는지 몰라." 이렇게 상황에 어울리지 않는 일들을 벌이는 히틀러는 러시아군이 시시각각 벙커를 향해 압박해오고 있다는 현실을 인정하지 않으려는 듯이 보였다. 이런 태도는 전쟁을 지휘하는 내내 총통이 보여준 대표적인 방식이었다. 그는 부하들에게 넘겨도 될 사소한 일에 시간을 낭비하고 자신이 이미 내린 결정사항들을 뒷받침해줄 통계나 도표들을 자세히 들여다보면서 하찮은 일에 집착하곤 했다.

만일 어떠한 사실이 히틀러의 이론과 맞지 않는 경우 상황은 그만큼 사실에 불리하게 작용했다. 예를 들어 1942년 한 장성급 회의에서 그는 러시아군의 엄청난 군사력을 경고하는 보고서를 읽고 있는 한 장성을 하마터면 두들겨팰 뻔했다. 화가 치민 히틀러가 씨근거리며 그 장성의 면상에 대고 주먹을 흔들어대는 통에 장군의 당번병이 상관의 몸을 뒤로 잡아당겨야 했다. "쓸데없는 소리 집어치워! 저 자식을 당장 정신병자수용소에 가둬버려!" 히틀러가 소리를 질러댔다. 그리고는 전쟁무기에 관한 통계자료들을 주워섬기기 시작했다. 그야말로 아주 하찮은 세부사항들까지 조목조목 들먹일 수 있는 경이로운 기억력이 아닐 수 없었다. 도대체 무슨 목적으로 그랬던 것일까? 그건 야구에 관한 자질구레한 통계만도 못한 내용들이었다.

지금도 히틀러는 전과 마찬가지로 쓸데없는 일에 정신이 팔려 있었다. 페겔라인이 정원으로 끌려나가자 그에 대해 시시콜콜한 생각을 하고 있었다. "어떻게 저렇게 비겁하고 나약한 녀석이 기사십자훈장을 받을 수 있었을까?" 총통은 페겔라인의 옛 동료들을 노려보면서 마치 그들도 자신을 배신하기나 한 것처럼 은근히 압박했다.

"총통 각하, 혹시 '성채(Castles)'에서 복무한 덕분이 아닐까요?" 부관 중 한 사람이 넌지시 암시했다. 이건 매우 영리한 암시였다. 나치의 군사전문학교인 성채는 제국 내에서 승진을 보장받는 가장 확실한 길이었다. 이들 군사전문학교들은 엄선된 소수를 위한 훈련장이었다. 그리고 이곳의 훈련과정을 이수한 졸업생들은 나치의 엘리트 집단에 합류할 수 있는 자격을 얻을 수 있었다.

성채에 관한 이야기가 나오자 히틀러는 잠시 한숨을 돌리고 마음을 가라앉혔다. 성채야말로 그가 믿고 있는 모든 것이 현실 속에서 구현된 곳이었기 때문이다. 온통 과거에 대한 공상으로 뒤덮인 성채들은 고대 기사도를 되살린 훈련생들에게 절대적인 충성심을 불어넣도록 계획된 곳이었다. 히틀러가 말을 이었다. 바야흐로 그의 끝없는 독백이 시작된 것이다. "페겔라인이 성채 출신이라면 그는 예외 없는 법칙은 존재하지 않는다는 것을 입증해주는 좋은 본보기가 될 것이야. 그토록 품위 있는 환경 속에서 후보생들은 기꺼이 죽음의 길로 뛰어드는 것을 배우고……." 정신이 산만해진 히틀러가 장광설을 늘어놓았다.

일자무식의 페겔라인이 독일의 새로운 '웨스트포인트아카데미(미국 육군사관학교)'에 버금가는 교육기관을 졸업했다는 사실 자체가 얼마나 희한한 일인지에 대해 언급하는 사람은 아무도 없었다. 꼭 8년 전, 그러니까 1930년대에 장래의 친위대 장군이 될 페겔라인은 다글핑

경마장에서 말을 관리하고 부업으로 경마에 돈도 걸며 생활하던 자로 자신의 마구간 침대를 거쳐간 처녀들에게 서툰 연애편지 한 장 제대로 쓸 줄 모르던 위인이었다.

그러나 당시 군사학교는 과거 귀족적이고 결코 만만치 않았던 전쟁학 전문학교로서의 모습을 이미 찾아볼 수 없었다. 제3제국시대에 그런 교육기관은 더 이상 존재하지 않았다. 페겔라인 같은 인물이 군사학교에 들어갈 수 있었던 것은 그 때문이었다. 히틀러는 구식학교 출신 장성들을 멸시했다. 외알 안경에 철모를 쓴 이 신사들은 매번 진군을 할 때마다―체코슬로바키아, 폴란드, 노르웨이, 프랑스, 러시아 등으로―훼방을 놓으며 히틀러가 독일을 재앙으로 몰고가고 있다고 경고했기 때문에 그러한 멸시에는 나름대로 타당한 근거가 있었다. 그들은 히틀러에게 철군하라거나 요구사항들을 좀 조정해보라거나 아니면 기다려라, 주의력과 절제를 보여라―위험한 도박을 삼가라― 하면서 이구동성으로 참견하는데, 이는 마치 그리스의 합창을 보는 듯했다.

제1차 세계대전 당시 히틀러의 계급에 빗대어, 또한 나폴레옹을 은근히 암시하면서 그들끼리 '오스트리아 꼬마 상병'이라 부르는 식으로 그들은 히틀러를 조롱했다. 또 그들은 '히스테리 환자이지만 오합지졸 중에서는 그래도 목소리가 가장 큰' 히틀러를 자신들의 목적 달성을 위해 이용하려 했다. 게다가 그는 정식 군사훈련이라고는 받아본 적도 없고 오로지 게임을 위한 본능만 갖고 있는 아마추어이자 이단자였다. 그런데 바로 그런 그가 스스로 옳았음을 입증한 것이다. 그는 모든 통념을 깨뜨리고 승리를 쟁취했다. 그리하여 결국 군사 전문가 신사들이 틀렸음을 입증한 것이다.

전쟁이 끝난 뒤 슈페어는 이들 초기의 성과들이 결국 나치의 몰락을 위한 발판을 마련한 것이나 다름없다고 기술한다. 초기의 승리는 독일 민족과 그 지도자 모두를 취하게 만들었고 히틀러로 하여금 이성을 잃고 자신의 무오류성을 확신하도록 만들었다. 러시아 전투 당시 장군들은 나름대로 견해를 제시하고자 했지만 히틀러는 그들의 의견을 일거에 묵살한다. "지금 필요한 것은 전문성이 아니라 나치에 대한 충성심이다."

이 말을 입증하기라도 하듯 히틀러는 러시아 전투가 진행되는 도중에 작전사령관을 파면하고 군 통수권을 완전히 장악한다. 그리하여 그는 자신의 격정과 광기를 제어할 최후의 이성적 수단을 제거해버리고 만다. 그는 묻는다. "군을 나치 정신으로 무장시키는 데 나보다 더 잘할 자가 누구란 말인가?" 그리고 한마디 덧붙인다. "전술보다 더 중요한 것은 승리하겠다는 의지이다. 승리가 아니면 죽음을!"

히틀러가 성채들을 설립한 것도 바로 이러한 목적, 즉 새로운 지휘관들을 나치 정신으로 무장시킬 목적에서였다. 성채는 모두 네 개 학교로 운영되었는데 이들 학교 내에서는 14세기 게르만 기사들의 분위기가 다시 조성되었다. 성채들은 나치식으로 왜곡되어 소생한 역사적인 환상이었다. 그곳의 제1원칙은 기사단의 단장—히틀러 총통—에 대한 절대적인 복종이었다. 그리고 성채의 목표는 두 가지, 즉 게르만 문화를 동쪽으로 확장시키고 폴란드인과 러시아인들을 노예화하는 것이었다.

히틀러가 정복하고자 호시탐탐 노리고 있는 이 광대한 영토의 식민지화를 뒷받침하기 위해 레벤스보른(Lebensborn, 생명의 샘)이라는 또 다른 친위조직도 창설되었다. 그리하여 순수 '아리안족' 특성—푸른 눈에 갈색 머리칼, 북유럽 게르만계의 용모, 나치의 기준에 맞는 두개골 치수—을 지닌 젊은 여성들이 혈통 개량을 목적으로 한 나치돌격

대원들과의 짝짓기를 자원한다. 히틀러의 희망대로라면 결국 '보다 순수한' 민족 원형을 창출하기 위해 '몽매한 게르만인들'(바로 자기 자신과 같은)은 혈통 개량을 통해 제거되어야 하는 것이었다. 또한 레벤스보른에게는 원하는 특징들을 갖고 있는 수많은 피정복국가 어린이들을 유괴하는 임무도 부여되었다. 일반 주민들이 모르고 있는 사실한 가지는 바로 히틀러가 전 게르만 민족을 아리안 혈통으로 혹은 순수 아리안 혈통으로 간주하고 있지는 않았다는 점이다. 이와 마찬가지로 국민들은, '우수 인종(Master Race)'을 양육한다는 미명 아래 정신박약자와 정신병자들이 죽음으로 내몰리고 있다는 사실 역시 전혀 깨닫지 못하고 있었다. 알려진 사실이라고는 고작 레벤스보른 관리들이 아리안족들끼리 부부의 연을 맺도록 독려하고 있다는 사실 정도였다. 그리고 성채에 몸담고 있는 청년들은 신랑감 후보 1순위로 간주되었다. 그들은 낭만적인 감정이나 결혼에 대한 관심과는 무관하게 오로지 '의무를 다하기 위하여' 성관계를 가져야 했다.

그러나 이러한 의무를 제외하면 성채의 젊은이들은 순결을 유지해야만 했다. 그들은 나치의 호들갑스러운 인종 이론들이 담긴 '인종학'이나, 두개골의 크기와 융기 그리고 형태가 성격과 지적 능력을 좌우한다는 식의 사이비 골상학을 연구하는 데 몰두하면서 욕망으로부터 자유로운 정신을 소유해야 했다. 육체적으로 그들은 산악 훈련과 낙하산 공중강하 훈련 등을 통해 전쟁에 대비하고 정신적으로는 총통의 어록을 연구하면서 전시에 대비했다. 그리고 마지막 훈련은, 그 역시 두꺼운 벽으로 둘러싸인 음산한 성채이자 5세기 전 게르만 기사들의 요새였던 마리엔부르크(Marienburg)에서 이루어졌다.

히틀러가 자신의 관념에 맞춰 변화시켜 놓은 것은 비단 군사전문학교만이 아니었다. 제3제국 치하에서는 모든 학교가 변화를 강요받았다. 심리학은 유대인이 날조해낸 학문으로 배척되었고 사실상 모든 학문 분야가 나치의 관점에서 재조명되었다. 물리학 분야에서 아인슈타인은 북방민족적인 순수한 형식의 과학을 더럽히는 유대인들의 음모에 가담했다며 인간 이하의 취급을 받았다. 독일인들은 나치의 방식으로 해석을 고집하다가 화학과 공학을 위시한 모든 학문 분야에서 뒤처지게 된다.

"나치의 열광이야말로 진실보다 더 중요하다." 이것이 히틀러가 말하는 기준이었다. 심지어는 나치 예술을 '타락한' 부류로부터 분리시키는 과정에서 피카소나 반 고흐 같은 거장들은 멸시의 대상이 된 반면에 어설픈 나치 예술가들이 극찬을 받기도 했다. 신세대들은 햇불 행진, 성악, 체조, 증오 수업(슬라브인과 유대인을 위한), 사랑 수업(우수 인종에 대한), 히틀러유겐트, 독일소녀연합 그리고 도시 젊은이들의 여가단체인 '즐거움을 통한 힘'(독일어로 Kraft durch Freude, 줄여서 KDF 라 부름―옮긴이) 등에 동원되었다(즐거움을 주는 힘의 활동 결과 10대의 임신이 사상 유례 없는 증가세를 보여 "나는 즐거움을 통해 내 힘을 잃었어." 라는 농담이 유행하기도 했다). 또한 유치원 어린이로부터 저명한 교수에 이르기까지 모든 사람들이 날마다 다음과 같은 서약을 되풀이해야 했다. "나는 우리나라의 구세주이신 아돌프 히틀러께 온 힘을 다해 헌신할 것을 맹세한다. 나는 맹세코 그분을 위해 기꺼이 내 생명을 바칠 것이다."

그리하여 총통은 전 국민을 교육하고 의식을 지도하는 전지전능한 존재로 화한다. 그러나 그 자신이 실제로 알고 있는 것이란 무엇인가? 그는 아주 어릴 때부터 지능을 요하는 일을 지속한다거나 훈련을 받는 데 도무지 재능을 보이지 못했다. 고등학교도 가까스로 이수했으며 가장 열등한 학생 축에 끼었다. 그나마 미술에 나름의 재능을 보여

미술가나 건축가가 되기를 바랐지만 이러한 꿈은 완고한 오스트리아 세관 공무원이었던 아버지의 반대에 부딪혔다. 하지만 그에 대한 어머니의 사랑은 남달랐다. 그래서 어머니는 남편이 세상을 뜨자 히틀러가 스스로 인생을 개척할 수 있도록 그를 빈으로 보낸다.

히틀러는 5년 동안 빈에 살면서 자신을 단련했다. 미술과 건축학을 공부하기 위해 빈에 있는 한 아카데미에 응시했지만 낙방의 고배를 마신 이 청년은 가난과 부랑자 생활 속으로 서서히 침잠해 들어갔다. 일상의 악습이라 할 것들로부터 자유로웠던—그는 술과 담배를 입에 대지도 않았으며 여자 앞에서는 부끄럼을 타는 편이었다—그는 갖가지 신문들을 닥치는 대로 읽으면서 정치에 빠져들게 된다. 그는 한 남성전용 합숙소를 거처로 삼고 있었는데 그곳에서 눈을 치워주거나 자신이 그린 정체불명의 수채화나 데생 작품을 팔아 생긴 쥐꼬리만한 수입으로 빵과 수프만을 먹으며 연명했다.

그는 자기 주변의 밑바닥 인생들과 정치를 논할 때면 가끔씩 거의 광적인 흥분상태에 빠져들곤 했는데 그가 하도 소리를 고래고래 질러대고 팔을 마구 휘젓는 통에 사람들은 신경질 환자 같은 이 괴짜의 행동에 대해 기겁을 하기도 하고 때로는 웃음을 터뜨리기도 했다. 실제로 그는 이가 득실거리는 옷을 입고 침대가에 앉아 증오심을 토로하고 공갈협박을 하고 세계의 미래에 대해 열변을 토하는 기묘한 광경을 연출하기도 했다. 이렇듯 정신착란 일보 직전의 인물이 어느 날 독일 총리의 자리에 오르게 될 것이라고 누가 상상이나 했겠는가.

때때로 그는 공공도서관에서 손에 잡히는 대로 아무 책이나 읽어대며 소일하기도 했다. 책을 선택하는 데에는 그 어떤 원칙도 이유도 없었다. 고대 그리스, 원시종교, 최면술, 점성학, 독일 역사, 요가, 최근 발행된 반(反)유대인 선전물, 수맥 찾기 그리고 철학, 그 중에서도 특히 니체—히틀러는 니체의 말들을 자기 식으로 왜곡한다—의 저작물들을 닥치는 대로 섭렵한다. 이런 무차별적인 독서조차도 청년 히틀러의 발전에 어떤 변화를 가져다주지는 못한다. 그가 알게 된 군사적 통계들과 마찬가지로 히틀러의 독서는 항상 단 한 가지 목적, 즉 그가 이미 믿고 있는 것을 확인하는 용도로 활용될 뿐이다.

이렇듯 한바탕 홍역을 치르듯 독서에 열중하고 열성적으로 논쟁을 벌이던 그가 어느 날부터인가 갑자기 의기소침해지면서 빈둥거린 때가 있었다. 이때는 히틀러가 자신의 뜻을 따르는 부랑자들을 붙잡고서 먹고살기 위해 알량한 궁리를 하던 시기였다. 자신이 그린 그림을 불에 살짝 그을려서 고미술품으로 보이게 만들어서 팔기도 했지만 그래봤자 그에게 돌아오는 것은 일주일 정도 그럴듯하게 저녁식사를 하거나 새 구두 한 켤레를 살 수 있는 돈이 고작이었다.

그 당시만 해도 언젠가 교수, 극작가, 철학자들까지 나서서 그를 오랫동안 학수고대해온 구세주로 떠받들게 되리라고는 어느 누구도 상상하지 못했다. 하이데거는 훗날 그를 두고 "독일 민족의 운명을 책임진" 인물이라고 칭송하게 된다. 그리고 이 위대한 철학자의 지지선언은 나치 체제가 국제적인 인정을 얻는 데 중요한 역할을 하게 된다. 심지어 뛰어난 장군들조차도 마지못해 그 앞에 굴복하고 만다. 히틀러는 유럽 정복자로서, 하나의 시대정신으로서, 하나의 사조이자 세계정신으로서 찬양받게 된다. 그러나 그러한 성공이 얼마나 큰 희생을 치르고 얻어진 것인지를 생각해보면 성공이라는 표현을 쓸 수는 없을 것이다. 하지만 독일 국민들은 자신들이 그동안 겪어왔던 고통의 세월 때문에 마음이 흔들려서 그를 구세주로 환영했다. 제1차 세계대전은 그들에게 빈곤과 절망 그리고 살인적인 인플레이션을 가져다주었다. 인플레이션이 너무나 심하다 보니 돈의 가치가 급락해 심지어 도

둑이 노상에서 남의 돈가방을 낚아챈 경우 돈 대신 가방만 가져갈 정도였다.

히틀러는 독일 국민들의 절망과 분노를 어떻게 이용할지 알고 있었다. 궁극적으로 히틀러에게 성공을 가져다준 것은 지식이 아니라 그의 본능이었다. 그는 증오와 질투에 익숙한 사람이었다. 그래서 그것들을 대중 및 그들의 원시적 감정과 접촉하는 데 활용했다. 그는 자신의 연설 속에 숨어 있는 리듬과 여러 형태의 손짓을 활용하는 데 가히 천재적인 인물이었다. 그의 연설이 서서히 절제되지 않은 분노로 발전해가면 대중들은 이를 받아들이고 그에 대한 반응을 보였다. 이것은 곧 히틀러의 '소명'(calling, 발정한 고양이의 울음소리라는 의미도 있음—옮긴이)이었다고 볼 수도 있다. 왜냐하면 그 속에는 그가 여성과의 관계에서는 결코 얻을 수 없었던 어떤 성취감, 즉 성욕을 배출시키는 그 어떤 요소가 있을 뿐 아니라 일종의 음흉한 예술적 기교도 숨어 있었기 때문이다.

청년 시절 히틀러는 처음으로 연설가가 등장하는 영화—켈러만(Bernhard Kellerman)의 기술 공상소설 《터널(Der Tunnel)》을 원작으로 한 영화로, 군중을 사로잡는 선동가가 나온다—를 보고 난 뒤 흥분상태에 빠져 영화가 끝나고도 몇 시간 동안이나 미친 사람처럼 몽롱한 얼굴로 주변을 배회한 적이 있었다. 당시에 대해 그는 "한 사람의 입에서 터져나오는 말의 위력이 나를 엄습했다."고 술회한 적이 있었다. 그것은 장래의 독재자에게 일종의 계시와도 같은 것이었다. 그리고 훗날 그가 자기 자신에게서 연설가로서의 천부적 재능을 발견하게 되는데 이는 두번째 계시라 할 수 있는 중요한 사건이었다.

대중 앞에서 최초로 연설을 행하기 이미 오래전부터 히틀러는 무언가를 말하고 설명하고 이론화하고 해석하고 싶다는 중압감에 시달렸다. 나중에 그의 단짝이 되는 아우구스트 쿠비체크(August Kubizek)—그는 한번 시작되면 몇 시간이고 계속되는 히틀러의 말을 기꺼이 경청해준 같은 반 친구였다—를 만나기 전까지만 해도 그에게는 친구도 없었다. 어쨌든 이미 그때부터 히틀러는 친구와 함께 몸짓과 감정 그리고 어법 등을 오랫동안 연습하면서 미래를 준비했다.

그가 처음으로 연설을 하게 된 것은 제1차 세계대전이 끝나고 나서였다. 그것은 매우 운명적인 순간이었음에도 불구하고 우연히 찾아들었다. 전쟁은 히틀러의 생활을 뒤바꿔놓았다. 부랑자에서 어엿한 군인으로 변신한 것이다. 그리고 그가 맡은 이 새로운 역할 속에서 조국은 그에게 삶의 존재 이유를 부여한다. 그는 전선에서의 생활을 불평하기는커녕 군 생활을 기꺼이 받아들였다. 악취와 빈약한 식사 그리고 각종 위험과 불편함, 그 어떤 것도 히틀러를 실망시키지 않았다. 그는 자신이 태어난 오스트리아를 저버리고 독일군의 최일선에 서게 된다. 히틀러는 오스트리아가 여러 민족이 뒤섞인 '잡종'의 나라라는 사실을 경멸하고 있었던 것이다. 그리하여 이제 그의 '조국'은 독일이 된다.

다른 사람들이 그를 왜 싫어했는지 그 이유를 알기란 그리 어렵지 않다. 그는 결코 여성에 관해 말하는 법이 없었고 고향으로부터 소포 하나 배달되어온 적이 없었다(그때는 이미 그의 어머니가 유대인 의사의 보살핌을 받다 암으로 세상을 뜬 상황이었다). 그는 결코 전쟁이 끝나기를 학수고대하지도 않았으며 심지어 술, 담배조차 입에 대지 않는 인물이었다. 개나 고양이까지 잡아먹어야 할 정도로 식량이 바닥이 난 상황에서 히틀러는 전쟁이 패배로 끝날 것이라고 말한 동료 병사와 주먹다짐을 하게 된다. 대대 부관이었던 후고 구트만(Hugo Gutmann)이 유대인이었음에도 불구하고 그는 이렇게 소리친다. "겁쟁이와 유대인

이나 그따위 말을 하지!" 그는 죽음을 무릅쓰고 가장 위험한 임무를 자원하지만 오히려 그의 가슴은 광신적인 기쁨으로 들끓어 올랐다.

독일의 항복과 함께 그는 군 병원에 입원한다. 독가스의 공격을 받아 일시적으로 정신착란 상태가 된 것이다. 그는 미친 사람처럼 횡설수설하며 고래고래 고함을 질러대다가 마침내 정신과 병동으로 이송된다. 그곳에서 그의 무분별함은 히스테리로 진단을 받는다. 이렇듯 무분별함과 좌절 그리고 광기의 시간을 보내던 수주일 동안 그는 거의 불가사의할 정도로 강렬한 환영을 경험한다. 그것은 유대인이 건강한 나라들을 감염시키고 파멸시키는 치명적인 세균이며 자신은 독일의 구세주가 되는 환영이었다.

결국 그는 많은 사람들과 함께 '완치' 판정을 받고 병원에서 풀려난다. 입원한 병사들이 사회생활을 할 만큼 완치가 되었는지에 대한 검증도 없이 한꺼번에 퇴원조치가 내려진 것이다. 전쟁은 패배로 끝났고 당국은 병사들을 홀대하고 있었다.

자신의 광신적 행위가 가져다준 훈장들을 가슴에 하나 가득 달고 히틀러는 한 보충여단을 찾아갔다. 그는 패전군 영내 도처에서 환멸과 무질서와 항명행위를 보게 된다. 심지어 병사들에게 집합 구령을 외치는 장교가 비웃음거리가 되는 경우도 있었다. 강화조약의 가혹한 조건들과 연합국들에게 지불해야 할 과도한 배상금은 독일을 약화시키는 데 일조하고 있었다. 급진 소비에트 조직들은 단명으로 끝나게 될 공산주의 공화국을 뮌헨에 설립하고 베를린의 핵심 건물들을 장악하면서 투쟁하고 있었다. 반면에 급진 우익세력들은 의병단을 조직해서 소비에트와 치열한 전투를 벌였는데 이 싸움은 결국 소비에트의 패배로 끝났다. 베를린이 여전히 위험한 상황에 놓여 있었기 때문에 바이마르에 공화국이 설립된다.

공화국은 설립 당초부터 권위주의적인 체제를 원하는 군 장교들에 의해 훼손당한다. 그러던 어느 날 히틀러가 자신의 동료 병사들 중 한 사람에게 열변을 토하는 현장을 한 장교가 우연히 목격했다. '이 사람이야말로 완벽하다!'고 생각한 그 장교는 즉각 그를 군의 정치 교화 프로그램에 배치했다. 당시 군은 병사들을 일종의 정치적 무기로 양성하기에 여념이 없었다.

히틀러는 초국가주의적, 극우적인 연사들이 진행하는 필수 과목들을 이수했다. 그러나 히틀러는 이미 그들을 대상으로 강의할 정도의 능력을 갖추고 있었다. 그리고 얼마 안 가 히틀러가 그들에게 연설을 시작하면서 모든 것이 명백히 드러났다. 협박과 약속과 전쟁에서의 패배에 대한 변명이 적절히 배합된 그의 연설은 낙담해 있던 병사들이 듣고 싶어했던 것과 정확히 맞아떨어졌다. "군은 단지 자유주의자들이 평화를 선동하면서 집으로 돌아갔기 때문에 전쟁에서 패배했을 따름"이라는 게 그가 취한 노선이었다. "유대인들과 자유주의자들이 등뒤에서 이적행위만 하지 않았어도 독일은 승리를 쟁취했을 것"이라는 이야기였다. 이 과정에서 히틀러는 자신을 독일의 지도자로 만들어줄 기술을 완성해가고 있었다. 말하자면 연설에 관한 한 이제 그를 따를 자가 없었던 것이다.

한 소규모 노동자 정당을 조사하도록 군이 그를 파견했을 때 히틀러는 그곳 연사가 제시한 몇 가지 요점에 대해 대답할 목적으로 일어섰다가 아예 자신의 연설로 끝을 맺는다. 이 소규모 노동당을 훗날 히틀러가 나치당으로 변모시키게 된다. 그의 길고도 열광적인 연설은 그곳에 모인 수십 명의 남자들을 흥분의 도가니로 빠져들게 만들었다. 자물쇠 제조공인 그 당의 설립자 드렉슬러(Anton Drexler)는 히틀러의 손에 우격다짐으로 팜플렛을 쥐어주고는 자신들과 행동을 함께

하자고 설득했다. 이 젊은 병사는 다른 사람이 이끄는 정당의 당원으로 활동할 마음이 털끝만큼도 없었지만 그들은 온갖 배려를 아끼지 않으며 그를 추켜세웠다. 그리고 몇 번의 회합 끝에 히틀러는 그 당의 의사일정을 장악해버린다. 굉장한 연설가가 혜성처럼 등장했다는 소식이 밖으로 퍼지자 이내 회합에 출석하는 인원이 두 배, 세 배, 네 배로 급속히 늘어났다. 바야흐로 히틀러는 자신의 목표를 향해 나아가는 노정에 서게 된 것이다.

연설은 경우에 따라서 서너 시간 계속되기도 했지만 한결같이 사전에 치밀하게 계획된 것이었다. 히틀러는 마치 감정의 바다에 빠져 넋을 잃은 듯이 행동했지만 이 모든 것은 마지막 세부사항까지 이미 예행연습이 끝난 상태였다. 중요한 연설이 있을 때에는 연설 날짜를 미뤄가며 말투에 감정을 실어보고 몸놀림을 머릿속에 그려보며 거울 앞에서 실제로 연기해보기도 했다. 그의 비서는 그가 안경을 쓸 필요가 없도록 특대형 타자기로 원고를 타이핑했다. 그가 연출하고자 그토록 간절히 원하는 전사 겸 지도자로서의 이미지에 안경은 걸맞지 않았던 것이다. 각기 다른 목소리를 내보며 그는 자신의 시종인 링게에게 이렇게 묻곤 했다. "어때, 충분히 총통처럼 들리는가?" 그 말은 마치 자신이 흉내내야 할 역할이 '총통'이라는 말처럼 들렸다.

청중들은 날이 갈수록 불어나고 당 조직은 결코 만만치 않은 위세를 갖추게 되었다. 그리하여 1923년 즈음에 히틀러는 이제 자신이 권력을 찬탈할 만하다고 생각한다. 반란은 뮌헨에서 일어날 예정이었다. 히틀러는 그곳으로부터 '베를린을 향한 진군'을 시작해서 공화국의 종말을 보고 싶어했다. 뮌헨을 지배하고 있는 3인 연합행정부의 3인 중 한 사람인 카어(Gustav, Ritter von Kahr, 1862~1934)는 1923년 11월 8일 밤 한 술집에서 애국적인 시위를 벌일 것을 종용한 바 있었다. 히틀러와 그의 돌격대원들이 출구를 차단하고 연사들을 연단에서 난폭하게 밀어붙이며 그곳을 급습했을 때는 카어가 군중들을 향해 연설을 하던 중이었다. 군중들 사이에서 일대 혼란이 일어났다. 히틀러는 허공을 향해 총을 쏘며 침묵할 것을 요구한 뒤 민족혁명이 시작되었음을 알렸다.

그는 핏기 없고 창백한 얼굴에 험악한 눈초리를 하고, 이마에 달라붙어 멋없이 흘러내리는 머리 모양과 자신에게 전혀 어울리지 않는 우스꽝스럽고도 딱딱한 모닝코트를 입고 있었다. 어딘지 낯선 느낌이 드는 행색이었다.

처음에 사람들은 경악과 멸시가 교차하는 가운데 그를 바라다보았다. 독일의 구세주를 자처하고 있는 이 웃기는 녀석은 도대체 누구란 말인가? 그러나 그가 연설을 시작하자 군중은 점차 그에게 빠져들기 시작했다. 그는 사람들이 무엇을 원하고 있는지를 본인들보다 더 잘 알고 있었다. 그는 열정과 광신적인 정열로 가득 차 있었다. 연설이 끝날 때까지 그는 계속해서 마력의 힘을 발휘했다. "승리 만세(Sieg Heils)" 찬동을 표시하는 천둥과도 같은 함성이 터져나오고 군중은 광란의 도가니에 빠져버렸다.

상황이 이쯤 되자 반란의 무리는 마음이 더욱 급해졌다. 술집을 빠져나온 히틀러는 루덴도르프(Erich Ludendorff, 1865~1937) 장군을 위시한 추종자들과 함께 '영웅들의 홀'로 들어갔다. 루덴도르프 장군은 제1차 세계대전의 영웅으로서 민주공화국을 멸시하는 히틀러에게 호감을 갖고 있었다. 반란군은 주 정부 경찰과 대치했다. 몇 발의 총성이 울리자 히틀러는 본능적으로 바닥에 엎드렸다. 그는 바닥에 쓰러지는 과정에서 어깨 관절이 삐는 가벼운 부상을 입었을 뿐이었다. 그것은 흡사 희가극을 보는 듯한 착각을 불러일으키는 장면이었다. 그

러나 폭동은 그의 명성만을 드높인 채 사실상 막을 내렸으며, 온갖 루머와 과장이 히틀러를 영웅으로 승화시키고 있었다.

반란 선동죄로 재판을 받는 과정에서도 히틀러는 자신의 연설을 다시 한 번 유익하게 활용한다. 공판 때마다 단숨에 두세 시간을 훌쩍 넘겨버리는 그의 연설은 결국 그에 대한 전 국민적인 인지도를 높여 주게 되었다. 그는 징역 1년 형을 선고받고 수감되었다. 감옥에서 그는 자신의 정치적 자서전인 《나의 투쟁(Mein Kampf)》을 저술한다. 두서없이 허풍만 가득한 이 책에는 예술에서 매독―그는 매독을 "나라가 직면한 가장 중요한 문제"라고 기술하고 있는데 이는 평생 동안 보여준 성적인 집착과 함께 히틀러가 병적으로 매달린 주제이다―에 이르기까지 갖가지 주제들에 관한 그의 생각이 담겨 있다.

그가 출옥하는 날 교도소장 이하 간수들은 그와의 이별을 아쉬워하며 눈물을 흘렸다. 출옥한 그에 대해 처음에는 독일 내에서의 대중연설이 금지되었다. 그러나 실제로 그의 연설을 금지시키기에는 너무도 많은 유력 집단들―실업가, 군부 그리고 히틀러가 경제적 고통으로부터 해방시켜주겠다고 약속한 해고 노동자들―이 히틀러에게 감화되어 있었다.

시간이 흐르면서 연설 횟수도 늘어나고 볼거리와 규모도 그 도를 더해갔다. 음악과 깃발의 바다, 구스 스텝(무릎을 굽히지 않고 다리를 높이 들어 걷는 독일 군대식 행진 보조―옮긴이)으로 걷는 끝없는 부대 행렬, 이 모든 것은 오로지 히틀러를 가장 돋보이게 하는 장치 구실을 했다. 물론 히틀러는 순교자의 필요성을 깨닫고 있었기 때문에 핏빛 깃발이 등장해서 순교자들을 기념하기도 했다. 나치 집회에서 사실상 가장 감동적인 순간이라고 한다면 〈호스트 베셀(Horst Wessel)〉 찬가를 부르는 순간이었다. 이 노래는 '공산주의자들과 싸우다' 목숨을 잃은 돌격대원 호스트 베셀에게 경의를 표하기 위해 히틀러가 특별히 의뢰한 것이었다.

베셀이 매춘부나 착취해온 뚜쟁이였다는 사실 따위는 중요하지 않았다. 실제로는 베셀을 쫓아낼 수 있도록 도와달라는 매춘부의 부탁에 나이 든 여주인이 거리의 건달 몇 명을 불러들였고 그들과 베셀 간에 싸움이 벌어지면서 베셀이 목숨을 잃은 것이었다. 나치의 순교자들은 바로 이런 소재들로부터 날조되었다.

히틀러는 그의 장례식을 중요한 시위의 한 장면처럼 연출하라고 냉소적으로 명령했다. 그리하여 나치 깃발과 스러져간 영웅에게 바치는 헌정품 그리고 베셀의 초상화를 앞세운 엄숙한 장례행렬이 마련되었다. 사람들은 한결같이 총통의 등장을 기다렸다. 살해된 청년의 어머니는 계속해서 "히틀러는 어디 계신가요?" 하고 물었지만 히틀러가 이곳에 모습을 드러낼 리 만무했다. 같은 시각 그는 자신의 산장에서 의붓조카딸인 겔리 라우발과 주말을 즐기고 있었던 것이다. 나치의 순교자가 영면을 위해 묘지에 엄숙히 안치되고 있던 바로 그 순간 독일의 '구세주' 무릎 위에는 라우발이 앉아 있었다. 훗날 살해된 청년의 어머니는 히틀러에게 분노에 찬 편지를 보내게 되지만 물론 답장이 오는 일은 절대 없었다.

이렇듯 나치의 모든 신화들은 장식되고 조작된 것이었다. 히틀러는 아무것도 믿지 않고 오직 권력 그 자체만을 믿는 사기꾼이자 기회주의자였다. 혹자는 서부전선에서 여전히 영국과 대치하고 있는 상황에서 동부전선의 러시아와 제2전선을 형성한 히틀러의 '실수'에 대해 언급할지도 모르겠다. 또 혹자는 러시아라는 거인과 전쟁을 치르면서 어리석게도 미국에 대해 선전포고를 한 그의 '판단착오'를 지적할 수도 있다. 그런가 하면 그의 정치 자문들은 피정복지의 슬라브계 주민

들에 대한 그의 처우에 대해 개탄하게 될 것이다. '하필이면 왜 지금 그들을 살해하고 고문을 가하는가? 왜 전쟁이 끝날 때까지 기다리지 못하는가? 농민들이 스탈린의 학정에 넌더리를 내고 있는 상황에서 바로 그들의 존재야말로 나치스가 볼셰비키(다수파─옮긴이) 체제를 끝장내는 데 엄청난 도움이 될 텐데'하고 말이다. 스탈린도 히틀러에 관해 이렇게 말한 적이 있었다. "그의 문제는 멈춰야 할 때를 모른다는 거야."

그러나 히틀러 자신도 달리 방도가 없었다. 히틀러와 그의 나치즘은 닥치는 대로 집어삼키고, 정복하고, 새로운 적을 찾아 헤매고, 그의 군대가 승리를 거둔 곳마다 죽음의 진지를 구축하는 일을 결코 멈출 수 없었던 것이다. 그것은 오로지 히틀러 자신의 죽음을 통해서만 끝날 성질의 것이었다.

이제 처형당할 운명에 처한 페겔라인은 지상의 빛을 향해 계단을 오르다가 계단을 내려오는 한 하급 장교와 마주쳤다. 그 장교의 도착과 함께 히틀러의 결혼과 죽음이라는 끔찍한 의식을 치를 준비가 완료된 것이다.

에바 브라운은 검은 비단옷을 입고 있었고 히틀러는 제복 차림이었다. 비서들, 괴벨스와 그 가족들, 보어만 그리고 경호원들이 결혼서약을 듣기 위해 반원형으로 도열했다.

"아리안계 혈통으로서 유전적인 질병이 없으며⋯⋯" 히틀러가 중얼거렸다. 신부는 '에바 브라운'이라고 서명하려다 갑자기 무언가를 기억해내고는 '에바 히틀러'라고 서명했다. 그리고 펜을 신랑에게 건넸다. 신랑은 '아돌프 히틀러'라고 휘갈겨 쓰고 아버지 이름 기록란에는 폐기해버렸던 성(姓)인 '쉬클그루버(Schicklgruber)'를 적었다.

저녁식사가 마련되었다. 식사 자리는 온통 회한으로 가득하고 그 회한은 결국 현재의 비참한 처지에 대한 회한으로까지 이어졌다. 히틀러는 자신의 뜻—자신의 인생 전반에 점철된 온갖 거짓과 광적인 증오를 반복하는 것에 지나지 않는—을 적어서 남기기 위해 그곳을 빠져나간다. 그와 신부는 침실로 들어가고 러시아 병사들이 시시각각 그들을 죄어오고 있는 상황에서 벙커에서의 마지막 밤이 시작되었다. 히틀러와 에바를 제외한 나머지 사람들이 춤을 추고 술을 마시며 떠들썩하게 웃어댔다. 웃고 떠들어대는 소리가 어찌나 시끄러웠던지 참다 못한 히틀러가 좀 조용히 해달라는 전갈을 보내야 할 정도였다.

다음날 밤이 되면 히틀러는 입 속에 총구를 겨누고 방아쇠를 당길 것이며 에바는 독을 마실 것이다. 그리고 그들의 시체는 관저 정원으로 질질 끌려져 나올 것이다. 이제 그곳은 석재로 된 나치의 상징 하켄크로이츠(Hakenkreuz, 갈고리 십자가 혹은 게르만 십자가라고 한다—옮긴이)가 산산이 부서져 있고 대리석 기둥도 무너져내려 폐허나 다름없었다. 아래 벙커에서는 괴벨스와 부인 그리고 그의 자식들이 충성스러운 장군 두 사람과 함께 죽어가고 있고 나머지 사람들은 모두 그곳을 빠져나갈 준비를 하고 있었다. 어떤 이들은 러시아 전투부대를 뚫고 탈출을 감행할 것이고 그러지 않는 이도 있을 것이다. 어쨌든 비서들은 하나같이 히틀러가 이별의 선물로 준 독약 캡슐을 몸에 소지하고 있었다. 야만적인 러시아 병사들에게 붙잡혔을 때 사용하기 위한 극약이었다.

미모의 비서 트라우들 융게는 마지막으로 히틀러가 잠을 잤던 침대를 보기 위해 총통의 방으로 들어갔다. 히틀러가 자신을 쏘았던 소파 근처 카펫에는 고였던 피가 말라붙어 있었다. 히틀러가 휘둘러대기 좋아했던 채찍과 회색 장갑 한 켤레가 문 근처 의자 위에 놓여 있었

다. 그녀는 장갑을 기념물로 간직하기 위해 손을 뻗었다. 그런데 그 무언가가 그녀를 멈칫하게 했다. 그녀는 그것이 무엇인지 깨닫지 못했다.

멈칫한 그녀의 동작은 미래에 전 독일 국민들이 만나게 될 딜레마를 단적으로 보여주는 것이다. 장갑은 생각하기에 따라서 중요한 상징물이 된다. 그녀가 그 장갑을 낀다는 것은 일종의 공범 행위이자 총통과 손을 맞잡는 행위라 할 수 있다. 말하자면 자신의 유죄를 인정하는 행위인 것이다. 그러나 그것은 동시에 죄를 숨기는 행위이기도 하다. 요컨대 장갑 낀 살인자처럼 범죄의 흔적들을 감추는 행위인 것이다. 그러나 융게는 그 순간 그저 아리송한 수수께끼를 마주한 듯한 느낌을 받았을 뿐이고, 그래서 몸을 돌려 홀 쪽으로 달려갔다. 발전기가 작동을 멈춰버린 까닭에 홀의 조명은 점차 어두워지고 있었다. 러시아 병사들이 언제 들이닥칠지 모를 일이었다. 그녀는 베를린을 탈출하기로 작정한 '충신'들의 대열에 합류했다. 그들은 손전등 불빛과 촛불에 의지해서 벙커의 계단을 올랐다. 그것은 미래를 향해 나아가는 길이었지만 그들을 기다리는 운명은 실로 다양했다. 포로가 되어 러시아 감옥에 갇히는 신세가 되기도 하고, 뉘른베르크나 독일 전역에 세워진 탈나치화된 법정에서 재판을 받아야 하는 처지에 빠지기도 하며, 남미 여러 나라에 흩어져 은둔과 망명 생활을 해야 하는 이들도 있을 것이며 혹 어떤 경우에는 구체제 독일의 잿더미로부터 부상하게 될 새로운 독일에서 안락과 명예를 얻는 이도 있을 것이다.

그 사이 정원에서는 부관들이 적의 포탄이 작렬하는 가운데 히틀러와 에바의 시체에 휘발유를 끼얹어 불을 지르느라 부산했다. 소름끼치는 임무를 마친 그들은 경례를 붙인 뒤 지도자의 시신이 화염에 휩싸이는 광경을 지켜보았다. 유럽의 지배자이자 전능한 총통이었던 한 인물이 마지막 장관을 연출하면서 산산이 부서진 두개골과 숯덩이가 된 몇 조각의 유골로 화한 것은 그야말로 순식간의 일이었다. 그리하여 그의 죽음을 통해 유대인들의 기도는 마침내 성취된다. "모든 사악한 것들은 연기처럼 사라질지어다."

성직자가 되기를 희망했던 비겁한 겁쟁이

스탈린 STALIN

edited and compiled by
Adrian Jones
Lecturer in History

▲ 2월혁명 후 스탈린은 레닌의 정치국에 민족인민위원으로 참여하게 된다. 이후 국가통제위원을 거쳐 초대 당 서기장이 되어 죽을 때까지 그 자리를 유지하면서 반세기 동안 독재적으로 전 소련을 통치했다. KGB와 당 기구를 장악한 스탈린은 3차에 걸친 대숙청을 감행하여 반대파뿐 아니라 충실한 당원, 군인, 관료와 무고한 많은 민중을 처형·투옥·제명했다. 사진은 1926년 당 지도자들과 군중 속에 서 있는 스탈린의 모습이다. 이후 그들은 스탈린에 의해 암살되었다.

STALIN

본명 요시프 주가시빌리. 레닌의 후계자로서 소련공산당 서기장·수상·대원수를 지냈다. 1901년 직업적 혁명가가 된 후 〈마르크스주의와 민족문제〉라는 논문으로 인정을 받아 1912년 당중앙위원이 되었고, 스탈린(강철의 사나이)이란 필명을 사용하였다. 1913년 체포되어 시베리아로 유형되어, 그곳에서 2월혁명(1917)을 맞고 페트로그라드(지금의 상트페테르부르크)로 돌아왔다. 4월 레닌이 망명에서 귀환하자 신정권의 민족인민위원이 되었고 1919~1922년 국가통제위원, 이어서 초대 당 서기장이 되어 죽을 때까지 그 자리를 유지하면서 반세기 동안 독재적으로 소련 전체를 통치하였다.

1. 신학생에서 혁명가로

> 한 사람의 죽음은 비극이지만 100만 명의 죽음은 단지 통계에 불과할 뿐이다.
> — 요시프 스탈린

　스탈린이 모르는 일은 없었다. 그가 듣지 못하는 것도 없었으며 또 모든 일들은 그의 지휘 아래 이루어졌다. 부부간의 잠자리에서 일어나는 일, 부하들끼리의 잡담, 심지어 '루비얀카'(모스크바의 정치범수용소—옮긴이)에서 흘러나오는 고통스러운 비명소리까지. 인민광장에 서 있는 동상에서부터 그를 기술하고 있는 수없이 많은 서적에 이르기까지 스탈린은 30년에 걸쳐 권력을 장악하는 동안 2억 명에 달하는 러시아 국민들의 의식 속에 뿌리 깊이 스며들어 있었으며 1953년 사망한 이후에도 그 영향력은 전혀 수그러들지 않고 있다.

1991년 키예프의 어느 허름한 아파트 벽에 빛 바랜 사진 하나가 걸려 있다. 제2차 세계대전 중에 전방에서의 스탈린 초상화이다. 그러나 이는 조작된 것이었다. 대의를 위해 죽기보다는 살아남는 편이 낫다고 말했던 스탈린은 혁명 전이나 후에도 자신의 목숨을 걸면서까지 싸운 적이 한 번도 없기 때문이다. 사진 아래로는 검은 숄을 두른 한 노파가 의자에 앉아 이제는 사라져버린 세상에 대해 이야기하고 있었다. 젊은 기자가 의심스러운 눈빛으로 그녀의 이야기를 들으면서 몇 년 전이었으면 감히 입 밖에 내지도 못했을 질문을 던졌다. 기자의 이런 태도는 무너진 레닌(Vladimir I. Lenin, 1870~1924)의 동상보다도 더 사실적으로 공산주의 정권이 끝났음을 의미하는 것이었다.

과연 이런 젊은 기자와 같은 신세대들이 마르크스주의 혁명의 중심을 차지했던 사상과 잔혹함의 미묘한 조합을 이해할 수 있을까? 빛과 어둠이 공존하던 그 시대를 지금의 러시아 젊은이들은 그저 폭력이 난무하고 종말론적인 예언들과 비현실적인 몽상들로 가득했던 부패한 과거사로 치부해버릴지도 모른다.

"그래요, 이제 모두 끝났어요." 회한에 잠긴 목소리로 노파가 말했다. "이제 모든 사람들이 스탈린을 괴물로 만들어가고 있지요. 그래도 한때는 인류를 대신해 어떤 목표를 이루겠다고 열심히 투쟁했던 사람이었는데." 그 노파는 감정이 격한 나머지 떨리는 목소리로 말을 이었다. "하지만 그렇게 투쟁해서 얻은 결과가 도대체 뭔가요!"

노파가 이렇게 비통해하는 데에는 분명 까닭이 있었다. 그녀의 남편은 라브렌티 파블로비치 베리아(Lavrenty Pavlovich Beria, 1899~1953)로, 1938년부터 비밀경찰 국장을 지내다가 1953년 스탈린 사후에 흐루시초프에게 체포되어 사형당한 인물이었다.

"누구보다도 돌을 맞아야 할 사람은 흐루시초프였어요. 스탈린이 죽

은 지 일 년이나 지났을까, 레닌의 영묘 안에서 추모식이 있었지요. 그때 야비한 흐루시초프가 소리쳤지요. '난 더 이상 이 스탈린의 송장 썩는 냄새를 참지 못하겠어!' 라구요. 그리고 바로 그 다음날 직원들은 기념묘소를 폐쇄시키고 안치되어 있던 스탈린의 시신을 꺼내 크렘린궁 성벽 아래로 옮겨 묻었어요. 그렇게 해서 스탈린시대는 정말 끝이 났답니다. 그것이 러시아를 30년 동안이나 지배했던 인물의 최후였지요!"

기자는 노파에게 만약 흐루시초프가 아니라 베리아가 스탈린의 뒤를 이었다면 과연 어떻게 되었을지를 물어보았지만 그녀는 바로 대답하지 않고 말을 돌려서 우선 자기가 남편을 어떻게 만나게 되었는지부터 설명하기 시작했다. 그녀는 남편의 뜨거운 애국심 때문에 함께 살게 되었다고 했으나 주변사람들의 이야기는 이와 너무 달랐다. 그들이 처음 만나게 된 것은 남동생을 살리기 위해 그녀가 베리아를 찾아가면서였고, 그런 그녀를 베리아가 그의 전차 안에서 강간했다고 했다. 당시 방탕한 생활에 신물이 나 있던 베리아는 그녀의 이국적인 아름다움에 다시금 색욕을 느끼고 스스로도 당혹스러워 했다. '이 여자의 무엇이 그토록 나를 안달나게 하는 걸까' 하고 생각한 베리아는 그녀와 동반여행을 다녀온 뒤에 그녀를 부인으로 삼았다. 그러나 그녀의 남동생은 루비얀카 교도소의 고문실에서 죽고 말았다.

L. P. 베리아 | 스탈린의 대숙청(1936~38) 때 공화국들에 대한 정치적 숙청을 직접 관장한 그는 예조프가 스탈린의 명령으로 총살당한 후 비밀경찰의 우두머리가 되었다.

"물론 지나친 면도 없지 않았고 잘못 또한 많이 저질렀지요." 베리아 부인은 한숨을 내쉬었다. "하지만 그 당시를 오늘날의 기준으로 판단할 수는 없지요. 당신도 레닌의 교시를 기억하실 겁니다. 그는 '혁명을 떠나서는 그 어떤 도덕성도 있을 수 없다'고 했어요. 우리는 적들에게 둘러싸여 있었고, 자본주의자들은 모두 우리가 무너지는 모습을 보고 싶어 안달이었지요. 처음에는 프랑스인과 영국인들이, 나중에는 미국인들까지 합세하여 반공산주의자들을 지원하기 위해 러시아 땅에 군사들을 파병했어요. 그리고 영국인들은 무려 스물여섯 명의 볼셰비키 당원들을 총살시켰지요. 스물여섯 명이나 말이에요!"

그녀는 계속해서 말을 이었다. "절체절명의 시기에는 그만큼 절체절명의 수단들이 강구되게 마련입니다. 그게 뭔지 아세요? 당신은 그 철저한 독재로 악명 높았던 1930년대에 정말 첩자들과 반체제 운동가들이 있었다고는 생각하지 않겠지요. 스탈린이 제 남편에게 누가 죄가 있다고 말하기만 하면 그는 곧바로 죄인이 되었어요. 모든 것이 그런 식이었지요. 자백을 받아내는 일은 남편에게 달려 있었고, 아무튼 그게 그의 '임무'였어요. 물론 남편의 부하들 중에는 이 일에 필요 이상으로 열심인 자들도 있었고, 속이 응큼한 사람, 걸핏하면 과음을 하고 문제를 일으키는 사람, 또 이보다 더 나쁜 자들도 있었지요. 말하자면 그들도 인간이었다는 거에요.

하루는 남편이 취조실을 지나다가 일이 어떻게 되어가는지 물었어요. 그러자 담당관리가 '정말 지독하게 고집 센 놈입니다. 입을 꽉 다문 채 오후 내내 한마디도 하지 않아요.' 하며 구석에 누워 있는 죄수를 가리켰어요. 하지만 남편은 죄수를 보고 나서 곧 이유를 알 수 있었어요. 그는 심하게 매를 맞아 이미 죽어 있었던 거지요."

이 말을 들은 젊은 기자가 공포에 질린 표정으로 그녀를 바라보자

노파는 고개를 가로저으며 쓴웃음을 지어 보였다. 이런 이야기가 아니라면 기자는 어떤 이야기를 듣기를 바랐던 것일까? 자기 앞에 앉아 있는 역사의 산 증인이 자신의 젊은 시절을 부정하기를 바랐던 것일까?

스탈린의 초상화 옆에는 베리아 부부의 결혼사진이 걸려 있었다. 그 그림은 기만적인 과거사를 완벽하게 상징하는 듯했다. 이국적인 외모에 커다랗고 검은 눈동자를 가진 아름다운 신부는 슬픈 미소를 짓고 있었다. 코안경을 쓴 신랑 베리아의 입술은 관능적으로 보였다. 꿈꾸고 있는 듯한 그의 표정은 다름 아닌 냉혹한 살인자의 얼굴이었다.

베리아는 한결같이 품위 있는 자세와 차갑고 관조적인 인상을 유지했다. 사실 너무도 교양 있어 보이는 베리아가 광적이고 흉악스러운 예조프(Nikolay Ivanovich Yezhov, 1895~1939)의 뒤를 이어 '내무인민위원회'(NKVD, 구소련의 비밀경찰—옮긴이)의 위원장이 되었을 때 러시아 사람들은 모두 안도의 한숨을 내쉬었다. 1938년에 사람들은 새로운 시대가 도래했다고 믿어 의심치 않았다. 베리아의 인기는 하늘 높이 치솟아오른 반면, 예조프는 정신착란 증세로 정신병원에 갇히는 신세가 되었다. 자신의 방에서 목을 매어 자살한 예조프는 목에 '나는 바보다!'라고 쓰인 천을 스카프처럼 두르고 있었다. 이로써 '예조프시대'가 막을 내린 것이다. 그리고 이로써 사람들은 공포의 시대가 끝났다고 생각했다. 그러나 공포의 형태만이 달라진 것임을 그 당시 사람들은 아무도 알지 못했다.

"반역은 모든 사람들의 마음속에 깃들어 있다. 문제는 이를 적발해내기 위해 누가 더 깊이 천착하느냐 하는 것이다."라고 스탈린은 예조프의 전임 내무인민위원 젠리크 야고다(Genrikh Yagoda, 1891~1938)에게 충고했다. (후에 야고다가 체포되어 중앙위원회 앞에 끌려오자, 그 전까지 야고다 앞에서 벌벌 떨었던 스탈린의 추종자들이 그를 비웃으며 조롱했다. 그러자 악명 높은 고문자였던 야고다는 '내게 힘이 있었을 때 너희들을 잡아넣지 못한 것이 후회막급이다.'라고 소리쳤다.)

어떤 의미에서 보면 1,400만 명이나 되는 남녀노소가 내무인민위원회의 교도소나 정치범수용소에서 죽을 때까지 노역을 하고 정신이 나갈 때까지 고문을 당하던 이 노예왕국은 누가 다스리든 별반 차이가 없었을 것이다. 비밀경찰의 위원장을 지냈던 인물들의 면면을 살펴보자. 초대 위원장이었던 제르진스키(Feliks Edmundovich Dzerzhinsky)는 폴란드 귀족 출신으로 러시아인으로 개명하고 볼셰비키 당원이 된 사람이었다.

그는 언젠가 당 대회에서 스탈린의 반대파를 거칠게 몰아붙인 직후 뇌졸중으로 사망했다. 그 다음 위원장인 메르진스키는 심미가였다. 그는 자신의 루비얀카 집무실에서 큰소리로 노래를 부르거나 차이코프스키의 피아노 곡들을 즐겨 연주했다. 죄수들은 사형장으로 끌려나가면서 그의 노랫소리를 들었다. 메르진스키의 뒤를 이은 야고다는 크렘린궁의 약사였는데, 스탈린은 야고다의 독약과 독가스에 대한 해박한 지식을 높이 평가하여 그를 기용했다. 그의 뒤를 이은 예조프는 이루 말로 표현할 수 없을 정도로 잔인했다. 예조프의 후임이었던 베리아는 매우 교양 있어 보이는 인물로, 그가 없었다면 소련의 원자폭탄 계획이 성공하는 데에는 상당히 오랜 기간이 걸렸을 것이다. 이들의 뒤에는 끔찍한 악몽을 현실로 만든 오직 한 사람, 스스로를 강철 같은 사나이라고 불렀던 스탈린이 있었으며, 그가 없었다면 이들의 이름은 아무 의미도 없었을 것이다.

요시프 주가슈빌리(Joseph Djugashvilli, 스탈린의 본명)는 1879년 그루지야의 조그만 마을에서 태어났다. 어린 시절 그가 살았던 집은 아버

지의 구둣방이 딸린 작은 오두막집이었다. (1940년대에 베리아는 이 집에 거대한 기념비를 세웠다.) 노예의 아들이었던 스탈린의 아버지는 구두수선 일로 생계를 어렵게 유지해나갔다. 하지만 그나마 가진 돈을 모두 술로 탕진해버린 후에는 술 취하지 않은 날에만 이웃 마을에 가서 막노동을 하곤 했다. 이런 아버지를 믿고 의지할 수 없었던 요시프의 어머니는 남의 집을 청소해주거나 밤에 삯바느질과 세탁일을 하여 아들과 함께 생계를 꾸려나갔다.

스탈린은 어린 시절 말이 없는 조용한 소년이었다. '떠벌리기 좋아하는' 사람들은 훗날 여생을 사회로부터 따돌림당하면서 지내는 경우가 많았는데, 스탈린의 처가에도 그런 경우가 더러 있었다. 스탈린이 아버지에 대해 언급한 적은 거의 없었으나 아버지가 처했던 환경을 심적으로 부담스러워했던 것은 분명했다. 러시아에 속담처럼 쓰이는 말로 "구두직공처럼 취했다."라는 표현이 있는데, 스탈린은 뭔가 잔인한 일을 해야 할 순간에 이 말을 입에 담곤 했다. 특히 러시아 내전 중 레닌에게 보낸 전보에서, 스탈린이 차리친(지금의 볼고그라드)에서 총살할 것을 명한 적군과 관리들을 묘사하는 데에 이런 표현이 들어 있었다. 이와 비슷한 이야기로 스탈린은 당 대회 연설 도중에 '구둣방을 잃은 가난한 구두직공'의 이야기를 하곤 했다. 언젠가는 잃어버린 자신의 구둣방을 되찾고 싶어하는 이 구두직공은 자신의 열악한 경제 여건

B. I. 레닌 | 1917년 2월혁명 직후 독일이 제공한 봉인열차로 귀국한 그는 혁명정권을 수립한 다음, 러시아의 공산정권을 지키기 위하여 코민테른을 결성하였다.

하에서도 혁명의식을 갖지 못한 채 쁘띠부르주아(소시민)가 되고자 한다는 이유로 심하게 비난을 받는다.

소년시절 한쪽 팔이 짧았던 스탈린은 치명적인 장티푸스도 이겨냈을 정도로 강인한 아이였다. 결단력도 있고 매사에 적극적이었으며 힘도 셌던 소년 스탈린은 언제나 다른 급우들보다 우위에 있었다. 술에 만취하여 어머니를 때리는 아버지에게 칼을 던진 후 아버지가 집을 나갈 때까지 이웃집에 숨어 지냈다는 일화도 있다.

이러한 환경 속에서 어린 스탈린이 가질 수 있었던 유일한 희망은 교회성경학교에서 특출나게 공부를 잘하여 그루지야의 수도 트빌리시에 있는 정교회신학교에 입학하는 것이었다. 스탈린의 어머니는 날마다 성상 앞에 엎드려 간절히 빌었다. "부디 제 아들이 성직자가 되게 하여주십시오." 이러한 어머니의 기도가 이루어지기라도 한 듯 총명했던 어린 요시프는 장학금을 받게 되고 결국 계속해서 공부할 수 있게 되었다. 열네 살 때 고향 마을을 떠난 그는 그로부터 5년 동안 학생으로 있게 될 트빌리시의 신학교로 들어갔다.

트빌리시는 그가 자란 마을과는 매우 다른 곳이었다. 그곳에는 유럽인들과 아시아인들이 각각 절반을 차지했고 길은 좁고 구불구불 이어져 있었다. 저잣거리와 좌판들 사이에서 페르시아인, 아르메니아인, 아제르바이잔인, 아랍인, 터키인들이 서로 시끌벅적하게 어우러져 살고 있었다. 그리고 후끈거리는 열기와 뿌연 먼지들, 이 모든 것이 스탈린에게는 극적으로 보였다.

요새처럼 보이는 정교회신학교에서는 바깥이 어두워지면 학생들을 모두 각자의 어둡고 좁은 방에 들어가도록 한 뒤 굳게 문을 걸어잠갔다. 당시 정교회신학교는 종교적인 면에서뿐만 아니라 정치적으로도 상당히 중요한 위상을 지니고 있었다. 19세기에 이슬람교와 기독교의

경계선상에 있던 고대 그루지야왕국을 정복한 차르는 이 지역을 러시아로 개화하기 위해 교회를 이용했다. 명성 높은 일반 대학들이 국수주의를 외치는 그루지야인들의 온상이 되는 것을 막기 위해 러시아 당국은 대안책으로 신학교를 세워 학생들을 세심하게 감시했던 것이다.

이렇듯 어린 나이에 스탈린이 들어간 학교는 곳곳에 정보원들이 스며들어 있는 곳이었다. 조금이라도 수상한 기미가 보이면 보고서에 낱낱이 기록되었고, 학생들의 방에서는 매 시간 금서에 대한 수색이 이루어졌다. 스탈린도 위고와 모파상의 책을 읽다가 들켜 여러 번 독방에 감금되었다. 그는 고대교회 슬라브어와 기도서를 공부하며 하루하루를 보냈다. 기도시간이면 스탈린은 누가 진실한지 알아보려고 학생들의 얼굴을 살피곤 했다. 이는 후에 스탈린이 반역자를 가려내기 위해 부하들의 얼굴을 찬찬히 훑어보던 버릇과 똑같았다. 즉 정교회 신학교의 분위기는 후에 스탈린이 통치하게 되는 러시아와 마찬가지로 사람을 질식하게 하는 것으로, 미래의 절대적 독재자에게는 너무도 이상적인 훈련장이었던 셈이다.

스탈린과 마음이 맞는 학생들은 수도사들을 곯려주기 일쑤였는데, 그들은 독실한 신앙활동을 활발히 하면서도 동시에 위험 수위를 넘나드는 질문을 곧잘 던지곤 했다. 스탈린은 다윈과 마르크스의 저서들을 읽으면서 그루지야 사회주의 단체인 '메사메 다시(Mesame Dazi)' 모임에도 몰래 다녔다. 학교를 다니는 동안 내내 무신론자였음에도 불구하고 열심히 신학공부를 한 덕분에 그는 매년 장학금을 받았다.

이상한 말이지만, 이때 스탈린이 배운 가장 중요한 교훈—이 교훈은 후에 스탈린이 레닌 사후의 권력투쟁에서 승리하는 데 크나큰 도움이 되었다—은 성경의 원문을 어떻게 읽는가 하는 것으로, 이것은 해석의 기술, 주해, 해석학을 모두 포함하고 있었다. 신학과 마르크스

정치학의 모든 권위는 궁극적으로 원전에 기원을 두고 있다. 신학의 원전은 당연히 성서이며, 당에서는 마르크스(1920년대에 이르면 마르크스-레닌)의 저서가 절대적인 원전이다.

교회와 당 모두 자신들의 원전에 대한 해석이 절대적으로 필요했는데, 이를 해석하는 사람들은 자신의 권위를 관철시키기 위한 하나의 '수단'으로 이들 원전을 이용했다. 결국 어떤 것이 진정한 교리이고 또 어떤 것이 이단인가, 굳이 볼셰비키의 용어를 사용하자면 어떤 것이 '일탈'인가 하는 것은 해석하는 사람에 달려 있었던 것이다. 스탈린은 자신을 따르지 않는 사람들을 마르크스의 교리로 괴롭혔는데, 즉 그들의 이론적 일탈이 그들을 처단되어 마땅한 위험스러운 '인민의 적'으로 만들고 있다는 식이었다.

비열하게 자신의 주장을 철회했던 구볼셰비키 당원 지노비예프(Grigory Y. Zinovyev, 1883~1936)와 카메네프(Les B. Kamenev, 1883~1936)도 과거에 저지른 혐의 사실 때문에 1930년대 일어난 대숙청 때 총살당했다. 당에서 가장 사상이 투명했다고 할 수 있는 부하린(Nikolay I. Bukharin, 1888~1938)도 이해할 수 없다는 듯 감옥에서 스탈린에게 서신을 남겼는데, "왜 나를 죽여야만 합니까?"라는 그의 질문에 대해 끝내 아무런 대답도 듣지 못한 채 죽고 말았다. "당신은 일탈주의자다!"라는 공식적인 설명 외에 그 어떤 답변도 없었던 것이다. 공포가 극에 달했던 1930년대로 갈수록 납득할 수 없는 체포 행위가 점점 더 횡행했고 공포의 강도도 그만큼 높아졌다. 그리하여 적과 동지가 함께 사형에 처해지기도 했다. 하지만 스탈린은 원칙과 교리에 전혀 흔들림이 없었다. 언제나 그는 오로지 한 가지 사안, 즉 권력만을 주시했던 것이다.

스탈린이 교회로부터 배운 거의 유일한 것은 교리를 어떻게 무기로

사용할 수 있는지에 대한 것이었다. 신학교에서의 정규과정은 그 범위가 매우 협소하여 아무리 노력을 하더라도 개인의 지적 발전에는 그리 큰 도움이 못 되었다. 스탈린이 엄청난 양의 책들을 읽으며 스스로 추구했던 분야는 철학, 경제, 역사 등으로 훗날 그의 인생에 큰 힘이 될 과목들이었다. 그러나 스탈린의 학문 탐구는 피상적인 것이었다. 어떤 점에서 스탈린은 통찰력도 있고 두뇌도 명석한 인재였으나 그의 학식은 중산층 가정에서 태어나 젊은 시절에 부르주아 문화도 경험하고 대학공부까지 마친 레닌이나 트로츠키(Leon Trotsky, 1879~1940)를 도저히 따라잡을 수 없었다. 스탈린의 강인함과 유약함 그 중심부에는 '무지'가 도사리고 있었던 것이다. 그는 대학에서는 결코 배울 수 없는 선물들을 얻었지만, 대학교육을 받지 못한 데서 나타나는 결함들도 많이 지니고 있었다.

스탈린은 자신의 결점을 심각하게 인식하고 있었으며 그와 동시대 인물인 유대인 트로츠키가 지닌 유창한 화술과 명성과 학식 그리고 군에서의 높은 인기를 시샘했다.

그러나 레닌에 대한 그의 태도는 이와 달랐다. 애초부터 스탈린은 레닌을 자신의 주인으로 여기며 그를 어떤 초월적인 존재로 받아들였다. 청년 스탈린을 쫓아냈던 수도승들이나 너무나 비굴했던 그루지야 사회주의자들과 비교해볼 때, 흉포하고 무자비하고 냉혹한 레닌은 스탈린과 같은 부류의 인물이었다. 그러나 스탈린과 달리 레닌은 자신의 잔인함을 마르크스주의 및 일반 철학에 대한 깊은 지식을 통해 정당화하는 방법을 알고 있었다. 성 바울이 예수의 가르침에 자신의 이념을 확실하게 새겨넣은 것처럼, 레닌도 20년이 넘는 긴 세월 동안 마르크스사상을 마르크스-레닌주의로 변화시키며 미래의 혁명당에 대한 자신의 생각을 사람들에게 철저히 주입시켰던 것이다.

그러나 사실이 이러함에도 불구하고 우리는 마르크스주의가 꼭 그런 형태를 취할 필요는 없었다는 점을 상기해야 할 것이다. 예를 들어 레닌과 동갑내기인 로자 룩셈부르크(Rosa Luxemburg, 1870~1919)라는 여성은 마르크스를 다르게 해석하며 레닌과는 다른 방향으로 혁명을 이끌려고 했다. 그러나 마지막에는 논쟁에 강하고 지독한 끈기와 완고한 신념 및 열정, 논리력을 지녔던 레닌이 모든 반대론자들을 물리쳤다.

유럽으로 망명한 이후 레닌은 선전문, 논설문, 종교서적, 학술논문, 권고문 등의 다양한 글을 러시아의 지하신문에 발표했다. 젊은 신학생은 레닌의 이런 글들을 닥치는 대로 탐독했으며 얼마 안 가 자신의 거짓된 신앙심을 더 이상 참을 수 없게 되자 혁명활동을 하게 될 날을 애타게 기다렸다. 그는 학교 당국을 노골적으로 경멸하면서 교장이 나타나도 자리에 앉은 채 미동도 하지 않았다. "네 앞에 서 있는 사람이 누구인지 아느냐?" 하고 교장이 묻자 이 레닌의 제자는 냉담하게 어깨를 으쓱하며 이렇게 대답했다. "글쎄요, 더러운 얼룩이지요, 아마?"

결국 스탈린은 졸업시험을 끝마치지 못한 채 신학교를 떠난다. 그는 신학교 생활을 통해 교리를 받아들였다. 다만 그것이 기독교적인 교리가 아니었을 뿐이다.

2. 혁명의 무덤을 파는 자

1950년 파리, 땀이 비 오듯 흘러내리는 무더운 8월이었다. 러시아 황실의 기념물들로 장식된 한 아파트에서 품위 있게 차려 입은 한 남자가 커튼을 쳤다. 그는 러시아 차르의 비밀경찰 오흐라나(Okhrana)의 국장을 지낸 스피리도비치 장군으로, 그곳이 파리임에도 몹시 주위를 경계하고 있었다. 트로츠키가 살해된 당시의 상황도 이만큼 위험했던 것일까? 인디언 판초를 입고 챙이 넓은 밀짚모자를 쓴 스탈린의 한 요원이 멕시코시티에서 글을 쓰고 있던 트로츠키에게 살며시 다가가 그의 뒷머리에 얼음송곳을 찔렀을 때 트로츠키는 스탈린을 네로 황제에 비유하며 러시아의 폭군 스탈린도 역사의 심판을 받게 되길 염원하는 내용의 글을 쓰고 있었다. 종이에 트로츠키의 피가 튀었고 쓰고 있던 글도 중단되었다.

결국 스탈린은 트로츠키의 유창한 언변에 스탈린다운 방식으로 답변한 셈이었다. 스탈린을 비판했던 다른 사람들도 수년 동안 이와 비슷하게 실종되거나, 아니면 러시아에 있는 친족들의 생명이 위협을 받자 침묵을 지킬 수밖에 없었다.

스피리도비치 장군도 지금 눈앞에 놓인 이 일을 적당히 넘겨버리면 혹 자신의 과거를 용서받을지도 모를 일이었다. 소위 '소송 관계자'라는 어떤 인물이 고용한 탐정 한 사람이 그를 찾아와 해괴한 서신 하나를 보여주었는데, 그 탐정은 서신의 진위 여부를 확인하고 싶어했다. 탐정은 서신에 담긴 젊은 시절의 스탈린에 대한 이야기가 세상을 깜짝 놀라게 할 정도로 대단한 것임을 알고 있었기에 어떻게 해서든지 그 서신이 믿을 만한 것인지를 확인하고자 했던 것이다.

지금까지 스탈린을 추적하던 모든 탐정들은 끝내는 비극적인 종말을 맞이해야 했다. 스탈린은 자신이 지나온 과거를 철저하게 숨겨왔으며, 신학교를 졸업한 직후 몇 년간 그를 알았던 사람들은 침묵을 지킨 현명한 자들을 제외하고는 모두 살아남지 못했다. 스탈린의 자녀들의 대부였던 아벨 예누키드제도 예외가 아니었다. 초창기부터 같이

지낸 동료 오르드조니키제도 그의 수다스럽고 거친 말투 때문에 죽음을 면치 못했다. 당시 그의 사인은 심장발작으로 알려졌으며 스탈린은 그의 장례식에도 참석했다. 또 젊은 시절 스탈린이 대의를 위해 은행을 털도록 훈련시켰던 반미치광이 카모는 어느 날 그루지야 도심에서 트럭

L. 트로츠키 | 1917년 러시아 10월혁명의 지도자였으며 소련 외무 및 군사인민위원을 지냈다. 그러나 레닌이 죽은 뒤 일어난 권력투쟁 과정에서 스탈린에게 권력을 빼앗기고 추방당했다.

에 치여 죽었다. 이런 사고사는 용기나 무모함이 아니라 신중함이 요구되었던 1930년대에 가장 빈번하게 일어났고, 이렇게 죽은 사람들의 수는 셀 수조차 없을 정도였다.

따라서 탐정은 정보를 얻기 위해 비밀경찰국 요원들, 즉 차르 왕국 말기에 스탈린의 행적을 뒤쫓았던 몇 안 되는 특이한 이력의 소유자들에게 관심을 돌렸다. 그리고 몇 달 동안을 찾아 헤맨 끝에 마침내 이 탐정은 그의 어려운 임무를 깊이 공감하는 전 비밀경찰 국장 스피리도비치 장군을 만나게 된 것이었다.

스피리도비치는 잠겨진 진열장을 열더니 오래된 은빛 유리병 하나를 꺼내어 탐정에게 보여주었다. 비밀경찰국에 근무했던 동료들의 서명이 감상적인 문구들과 함께 새겨져 있었다. 그러나 지금 중요한 것은 젊은 시절의 스탈린에 관한 편지를 썼던 장본인 '에레민'이라는 사람의 서명이었다. 탐정은 서신의 서명과 유리병에 적힌 서명을 비교해보고는 얼굴에 미소를 지었다. 두 서명은 한치의 오차도 없이 똑같았다.

이 서신의 값어치는 돈으로 환산할 수 없을 만큼 컸다. 사실 이 서신은 뉴욕의 '톨스토이 재단'이 '소송 관계자'의 지출을 정당화하기 위해 상당한 돈을 들여 구입하기로 되어 있었다. 그러나 정말 중요한 의미는 재정적인 면이 아니라 정치적인 면에 있었다. 에레민은 스탈린으로 알려진 요시프 주가슈빌리가 죄수가 되어 시베리아 유형지로 이송될 때, 그루지야와 자카프카지예(트랜스코카서스를 말함)에서 벌인 활동을 기술하면서 스탈린이 러시아 비밀경찰국에 준 도움을 자세히 피력했던 것이다.

"그(스탈린)는 1906년에 체포되면서 티빌리시 지방 헌병대장에게 여러 유용하고도 위력이 있는 정보들을 넘겨주었습니다. 1908년에는 바쿠 비밀경찰 구역의 헌병대장이 스탈린으로부터 여러 가지 첩보들을 넘겨받았으며, 스탈린은 페트로그라드에 당도한 후부터는 이 지역 비밀경찰의 첩보원이 되었습니다. 스탈린의 보고는 단편적이지만 정확성은 매우 뛰어난 것으로 간주되었습니다……. 저는 지금 개인적 차원에서 상기의 사실을 보고드리는 것입니다.”

이 서신은 혁명의 서막이 오를 때까지 비밀경찰국의 자료로 남아 있었다. 케렌스키(Aleksandr F. Kerensky, 1881~1970, 러시아 혁명 후 임시 정부의 총리를 지냄—옮긴이)의 병사들이 비밀경찰국의 자료담당 관리를 체포하려 했을 때 그는 엄청난 양의 기밀문서들을 태워 없애고 있었다. 하지만 병사들은 간략한 심문만 하고 나서 그를 풀어주었고 그 관리는 에레민의 서신을 가지고 가까스로 상하이로 빠져나갈 수 있었다. 그곳에서 운전사로 취직한 그는 후에 마치 잠자고 있는 폭탄과도 같은 이 편지를 한 ‘소송 관계자’에게 팔아넘겼던 것이다.

그러나 여러 가지 이유로 이 ‘폭탄’은 스탈린이 죽은 후 3년이 되던 1956년까지도 터지지 않았다. 1956년 이 서신은 스탈린 전기를 처음 영어로 집필한 돈 레바인(Don Levine)이라는 작가의 주목을 받게 되고, 그에 의해 『라이프(Life)』라는 잡지에 선정적인 기사로 실린 데 이어 《스탈린의 엄청난 비밀(Stalin's Great Secret)》이라는, 마찬가지로 부적절한 소책자로도 발간된다. 그러자 흐루시초프와 고위 공산당원들은 이러한 폭로에 분개하며 그 내용을 전면 부인했다. 소련의 지도층은 그런 냉소적인 폭로행위로 인해 공산당원들이 미몽에서 깨어나는 것을 원치 않았던 것이다. 스탈린은 소비에트 전(全) 세대의 이상적인 아버지였으며, 심지어 강제노동수용소의 정치범들 중에도 그의 죽음을 애도하는 자들이 많았기 때문이었다.

한 예로 외무장관의 부인으로 유대인이었던 파울리나 몰로토프는

스탈린이 마지막으로 유대인을 숙청하던 기간 중에 5년 동안이나 격리되어 갇혀 지냈는데, 스탈린의 사망 소식을 듣고서—그것이 그녀의 고된 시련의 끝을 의미하는 것임에도—의식을 잃을 정도로 슬퍼하며 울었다. 후에 어떤 사람이 스탈린을 비난하자 파울리나는 이렇게 말했다. "그는 제2차 세계대전 중에 우리나라를 구해준 영웅이에요! 그리고 그의 숙청작업으로 제5열(Fifth Column, 적과 내통하는 간첩—옮긴이)이 분쇄되었단 말입니다!" 놀라운 것은 스탈린에 대해 파울리나 한 사람만이 아니라 수백만의 소련 국민들이 이와 같은 반응을 보였다는 점이었다. 스탈린의 사망 소식이 공표되자 심지어 수용소에서도 엄청난 수의 사람들이 마치 집단 히스테리라도 걸린 듯이 애도했다. 말하자면 일반사람들은 스탈린을 두려워하면서도 동시에 그를 사랑했던 것이다.

따라서 소비에트 국민들은 에레민의 서신을 날조된 것이라며 비웃었고 결국 서신은 그 내용이 진실일 가능성이 매우 농후했음에도 불구하고 날조된 것으로 판명되었다. 내용 자체는 사실일 수 있으나 입증할 수 없다는 것이 그 이유였다.

조사당국은 전문가를 불러들여 서신의 진위여부를 감정하도록 지시했다. 전문가는 서신의 서명에서 어떠한 문제점도 찾아내지 못했다. 위조된 서명이 이토록 완벽하다는 것은 그야말로 수수께끼라 하지 않을 수 없었다. 그러나 그는 서신이 가짜라

V. M. 몰로토프 | 제2차 세계대전 전후에 걸쳐 소련의 외교를 담당했던 그는 레닌 사후 스탈린을 충실하게 지지했으며 반스탈린주의 입장에 선 당원들을 추방시켰다.

는 것을 입증할 만한 몇 가지 다른 증거들을 발견했다. 이를테면 아주 오랫동안 사용된 활자키 방식으로 찍힌 활자들을 볼 때 그 서신은 아주 낡은 타자기로 작성된 것이라 추정된다. 서신에 찍힌 날짜는 1913년인데, 서신에 쓰인 것과 같은 키릴문자를 '아들러 사'가 타자기에 도입한 것은 불과 몇 달 전의 일이므로, 에레민이 1913년에 정말 그 서신을 타이프로 쳤다면 당시에는 있지도 않았던 새로운 기계를 사용했다는 얘기이다. 그건 도저히 불가능한 일이었다.

하나는 스탈린 관련 서류를 담당했던 그 비밀경찰국의 관리가 비밀경찰국 편지지 여분을 갖고서 상하이로 달아난 후 서신을 만들었을 가능성이다. 다른 하나는 이 관리가 자신이 파기해버린 문서들 중에서 스탈린에 관한 서신내용을 기억해내어 다시 만들었을 가능성이다. 굳이 이 서신이 아니더라도 스탈린이 젊은 시절에 첩보원으로 활동하며 차르 당국에 정보를 주고 대신 특혜와 재정적 지원을 받았다는 점은 당시의 여러 가지 정황으로 미루어볼 때 사실이었던 것으로 추측된다.

스탈린은 체포될 위기를 너무나 자주 모면해서 동료들조차 그를 수상히 여길 정도였으며, 설령 체포되었다 해도 스탈린은 매번 가벼운 형량만 받고 풀려났다. 게다가 어찌된 일인지 스탈린은 프라하와 런던의 당 대회나 빈에서 있었던 레닌과의 특별 회합을 위해 러시아를 입출국하는 데도 전혀 어려움을 겪지 않았다. 그러나 그 무엇보다 특이한 점은 그와 사이가 안 좋은 반체제 혁명당원들이 모두 결정적인 순간에 체포되었다는 사실이다.

이 서신이 겪어온 역사는 마르크스주의 혁명과 70년간 이어진 공산주의 실험의 역사를 상징적으로 보여주는 것이었다. 그 안에는 수많은 반전과 모순, 진실 속의 거짓과 거짓 속의 진실이 담겨 있었다.

단순한 사실관계에 입각하여 얽히고설킨 실타래를 푸는 일이 어려운 것은 사실이지만 심리적인 접근은 이보다 훨씬 복잡다단하다. 왜냐하면 스탈린은 수수께끼 속에 내재한 신비(제2차 세계대전 중에 처칠이 러시아를 빗대어 묘사한 그대로) 그 자체였기 때문이다.

신학교를 떠난 후 레닌의 열광적인 추종자가 된 스탈린은 결정적인 기회를 포착할 수 있는 눈도 갖게 되었다. 동료 혁명당원들을 시기하면서 그들과의 권력투쟁에 합류한 스탈린은 그가 할 수 있는 모든 수단을 동원했다. 비록 제정 러시아의 경찰이 비열한 교섭의 대상일지라도 그는 전혀 망설이지 않았다. 그것이 바로 스탈린의 방식이었다. 스탈린이 권력을 쟁취하고 이를 지켜나간 방식을 문제삼는 것은 단순하고 어리석은 것이다. 그가 만일 좀 더 원칙대로 행동을 했다면 얼음송곳은 트로츠키가 아니라 스탈린 자신의 머리에 꽂혔을 것이다.

그것은 일종의 시대적인 풍조였다. 가면은 스탈린만 쓴 것이 아니라 러시아의 혁명을 외치던 수많은 사람들이 함께 쓰고 있었으며, 마치 동화에 나오는 것처럼 가면은 그것을 쓴 사람의 얼굴이 되었고 그의 정체는 철저히 숨겨졌다.

어쩌면 자신이 변절했던 과거의 기억 때문에 스탈린은 더 세심하게 주위를 경계했는지도 모른다. 권좌에 있으면서 스탈린은 무수한 사람들을 처형했는데, 그것은 그들이 변절했기 때문이 아니라 변절할지도 모른다는 생각에서였다. 3만 6,000명에 이르는 적군(赤軍, 러시아의 정규군—옮긴이) 장교들이 숙청되었다. 제2차 세계대전을 목전에 두고 적군의 정예부대가 무너져내린 것이다. 나치 독일군의 포로로 잡혀 투옥되었던 수백만 명의 러시아 군인들은 고향으로 돌아와 다시 수년간 투옥되어 감옥생활을 해야 했고, 그들 대부분은 강제노역에 시달리다 죽어갔다. 참으로 믿기 어려운 일이 아닐 수 없었다. "왜 죽을 때까지 싸우지 않았는가? 도대체 왜 포로로 붙잡혔단 말인가?" 스탈린은 그들이 포로로 잡히게 된 대부분의 책임이 스탈린 자신의 크나큰 판단착오에 있었다는 사실은 무시한 채 이렇게 물었다.

자신의 이러한 견해는 아들에게도 그대로 적용되었다. 스탈린은 아들 야코프를 독일군 포로 한 명과 교환하자는 독일의 제의를 거절하고 나치의 포로수용소에서 죽도록 내버려두었다. 고통스럽게 죽어가던 야코브의 사진은 아직도 남아서 보는 사람들의 동정심을 자극하고 있다. 야코프는 몇 달 동안이나 계속된 고문과 스탈린의 아들이란 이유로 유독 심하게 겪어야 했던 조롱을 참지 못하고 전기가 흐르는 철조망에 뛰어들었다. 그러나 아버지라고 해서 반역자에게 구원의 손길을 뻗어야 할 이유가 도대체 어디에 있단 말인가? 그뿐 아니었다. 스탈린은 심지어 며느리까지도 죽을 때까지 싸우지 않고 포로로 붙잡힌 반역자의 아내라는 이유로 구금시켜버렸다.

이 모든 행태들은 물론 나중의 일이다. 하지만 청년 스탈린의 첩자 행위는 이런 가혹함에 견주어 볼 때 더더욱 두드러져 보인다. 스탈린은 자신의 행동을 어떻게 변명했을까? 스탈린의 삶에 내재된 모순점들을 깊이 생각하면 할수록 그가 취한 행동의 동기가 무엇이었는지는 더욱 알 길이 없어진다. 거기에는 몇 겹의 은폐물이 존재한다. 따라서 스탈린 본연의 성격, 마르크스주의적 신념이나 동료 당원들 그리고 영웅이나 희생자들에 대한 그의 태도의 실체를 가려내기란 여간 어려운 일이 아닐 수 없다.

스탈린에게서 나타나는 가장 특징적인 입장, 즉 그의 계급에 대한 증오심 역시 모호한 면이 없지 않다. 노동자 계급 출신이었던 스탈린은 노동자나 빈농들에 대한 어떠한 환상도 없었다. 그는 부르주아 출신이었던 레닌처럼 노동자들을 낭만적으로 바라보지 않았다. 그러나

레닌에게는 스탈린이 노동자 출신이라는 점이 큰 매력으로 작용했다.

트빌리시에서는 철도 노동자 조직을, 바쿠에서는 유전개발 노동자 조직을 건설하면서 스탈린은 볼셰비키 노선을 끊임없이 반복했다. 말하자면 노동자들은 상부의 명령을 따라야만 한다는 것이었다. 그냥 방임해두면 노동자들은 보다 나은 경제적 혜택을 위해 흥정을 할지도 모르며 따라서 혁명적인 자세를 갖추려 하지도 않을 뿐더러 생산 수단의 소유에 있어서 근본적인 변화를 요구하지도 않을 것이기 때문이었다.

여기서 모순되는 것은 스탈린이 근본적으로는 노동자들을 불신하면서도 그들의 이름을 내세워 혁명을 주창한 점이었다. 그리고 소위 말하는 이 '노동자 혁명'을 지휘한 사람들은 사실상 교육받은 부르주아 계층이었다.

"혁명의 무덤을 파는 자!" 레닌이 죽은 뒤에 벌어진 격렬한 논쟁 중에 트로츠키는 마르크스가 나폴레옹에게 했던 이 말을 동원해 스탈린을 모욕하며 이렇게 덧붙인다. "당신은 혁명의 이상을 배반한 자요!" 스탈린의 두번째 부인도 자살하기 직전 스탈린을 향해 소리쳤다. "살인마!"

그럴 때마다 스탈린은 자신을 비난하는 사람들에게 답변할 가치가 없다고 생각했다. 만약 그가 이런 비난에 답변했다면 '혁명을 구하기 위해 혁명을 쓰러뜨린 것'이라고 했을 것이다. 이런 논리는 스페인 내전 중에 스페인을 구하기 위해서라면 개개의 스페인 사람 모두를 죽일 수도 있다고 선언한 프랑코(Francisco Franco, 1892~1975, 스페인 총통—옮긴이)와도 일맥상통한다. 이것은 러시아 정부의 첩보원으로 일했던 초창기부터, 1939년 마르크스 교리를 완전히 깨고 공산주의의 대적(大敵) 히틀러와 협정을 체결하는 거대한 도박을 할 때까지 지속된 스탈린의 논리였다.

이런 순간마다 스탈린은 가면 뒤에서 어떤 얼굴을 하고 있었던 것일까? 표면적으로 스탈린은 나치에 대해 다른 어떤 조직이나 외국인, 러시아인들에게 했던 것보다도 더 관대하고 참을성 있는 태도를 보였다. 그는 히틀러의 전속 사진사에게 그가 원하는 대로 근접사진을 촬영할 수 있도록 허용할 정도였다(히틀러는 그 사진사에게 스탈린의 귀 쪽을 유심히 찍도록 지시했는데, 이것은 그와 친분 있는 독재자에게 유대인의 피가 흐르지 않는지 확인하고 싶기 때문이었다).

스탈린의 표면적 행동은 언제나 그의 공공연한 신념과 직접적으로 부딪혔다. 스탈린이 마르크스사상에서 벗어난 길을 걸으면서 나치와 함께 폴란드를 분할한 후 그들과 축배의 잔을 들며 포옹하고 있을 때, 수백만의 러시아 농부들은 농장 국유화로 인해 굶주림에 허덕이고 있었다. "시골에서는 먹을 것이 없어 인육을 먹는 일까지 벌어지고 있다더군요." 하며 스탈린의 아내가 호소했으나, 소련 노동자와 농민의 지도자는 아무런 조치도 취하지 않았다. 사실 노동자들보다 농부들을 더욱 못 미더워했던 스탈린은 소를 키우고 채소밭을 가꾸고 곡식 자루를 지키려는 그들의 딱한 시도에 죽음이라는 형벌을 내렸다.

모든 비난에 대한 스탈린의 해명은 한 단어로 축약될 수 있다. 즉 '생존' 이었다. 그렇다면 다시 다음과 같이 물어볼 수도 있을 것이다.

혁명의 생존인가? 아니면 그 자신의 개인적인 생존인가?

스탈린의 답변은 간단히 말해서 이런 것이다.

내가 바로 혁명 그 자체이다.

3. 사랑에 빠진 한 남자

1901년 그루지야의 수도 트빌리시. 만일 당시에 그 도시의 가장 높은 곳에서 야경을 감상하는 여행객이 있었다면 그는 그곳 천문대에서 까무잡잡한 얼굴에 숱이 많은 검은 머리를 가진 청년이 너덜너덜해진 마르크스의 《자본론》 복사본을 읽고 있는 모습을 보았을 것이다. 밤의 침묵은 근처 이슬람 사원에서 들려오는 '알라후 아크바르'(신은 위대하시다)라는 소리와 저 아래 공동묘지에서 불침번을 서고 있는 러시아 수도사의 찬송 소리에 의해 간혹 방해받고 있을 뿐이었다. 청년은 가끔 몹시 아쉽다는 표정으로 책에서 눈을 떼고 거대한 망원경을 들여다본 뒤 별자리를 기록하곤 했다.

스탈린이 정규직으로 일하는 경우는 이것이 처음이자 마지막이었다. 이 야간 직장은 당시 스탈린에게는 여러 가지로 안성맞춤이었다. 밤 시간에 일을 함으로써 낮 시간에는 당 비밀 회합에 참석하거나 공장 혹은 철도 노동자들과 어울리고 그들 수준에 맞게 마르크스를 번역하는 일에 짬을 낼 수 있었다. 그들 수준에 맞게 번역한다고는 했지만 사실은 그것이 곧 그의 수준이었다. 동료가 경찰의 동태를 살피고 있는 동안 스탈린은 소규모 노동자 모임에서 연설을 했는데, 그루지야어를 쓸 때도 그는 말을 무척 더듬거렸다. 그의 태도는 수줍은 듯 경직되어 있었으며 뭔가에 억눌린 듯했다. 그의 잔인성이 신랄하고 냉소적인 말로 표출되는 것은 오직 동지들과의 사적인 대화 자리에서였다.

그의 스타일은 히틀러의 광적인 히스테리와는 정반대였다. 그러나 그의 조용한 카리스마는 그 나름으로 꽤 강력한 모습을 보여주고 있었다. 트빌리시의 노동절 기념 집회에서 대규모 군중들을 앞에 두고 첫 연설을 할 당시 스탈린은 그루지야의 국민적 염원과 노동자에 대한 착취 문제를 포도 흉작과 연관시키는 등 사고체계에 있어서 혼란스러운 면이 없지 않았다. 그러나 그의 태도, 즉 그의 권위는 좌중을 압도하고도 남았다.

레닌이나 트로츠키와 같은 인물들이 관장하고 있는 국제적인 포럼에 비해 청중의 규모는 아직 보잘것없었다. 사실 1917년 혁명기에 이르도록 스탈린의 이름은 러시아 외에 잘 알려져 있지 않았으며 그가 그토록 수년에 걸쳐 지하활동을 해왔음에도 불구하고 러시아 내부에서조차 불과 몇 사람의 동지들만이 그를 인정해주고 있었다.

그러한 상황이 그를 애태우게 했지만 그에겐 분명 힘이 있었다. 그의 적들은 그를 과소평가했다. 사람을 보는 눈이 '탁월'했던 트로츠키

는 그를 "당이 미처 깨닫지 못하고 있는 위대한 범인(凡人)"이라고 비웃음 섞어서 불렀던 반면에 레닌이 사망할 즈음에 역시 당의 지도층 인사였던 지노비예프와 카메네프는 잇따른 권력투쟁의 와중에서 스탈린을 자신들의 목적 달성에 이용할 수 있을 것이라고 생각했다. 심지어 스탈린의 능력과 결단력을 제대로 평가했던 레닌조차도 이 그루지야 농부 출신이 자신의 계승자가 될 것이라고는 상상조차 하지 못했다. 스탈린은 지역 지도자들과 일반 대중들 사이에서 조용히 그 힘을 규합하고 있었다. 그는 자신이 무대 뒤에서 이렇듯 미래를 준비하는 동안 트로츠키와 부하린이 중앙 무대에서 마음대로 활동하도록 내버려두었다. 그는 기다리는 법을 알고 있는 인물이었다.

1901년 스탈린은 새로운 삶의 출발선상에 있었다. 그는 자신만의 둥지, 즉 천문대에서 도심에 폭탄이 폭발하는 소리를 들을 수 있었다. 공포에 사로잡힌 군중들의 외침도 들려왔다. 병사들은 광장에서 피를 흘리며 죽어가고 있었고 젊은이들, 아니 열너덧 살밖에 안 된 소년들이 대살육의 현장에 뛰어들어 모스크바 중앙은행으로 보내기 위해 수송을 기다리고 있던 현금 꾸러미를 털어 순식간에 줄행랑을 치고 있었다. 그들의 이러한 행동은 사람들에게 공포를 안겨주었고 경찰당국에는 자신들이 품고 있던 분노를 적나라하게 드러내 보여주었다. 그리고 전 신학원생에게는 엄청난 행운을 안겨다 주었다. 그 누구도 이렇듯 야만적이고도 용의주도한 범죄를 계획한 자가 바로 스탈린이라는 사실을 낌새조차 채지 못했다. 천문대 관장도 상황은 마찬가지여서 자신이 이후 한 달여 동안 수백만 루블이 채워진 침대 위에서 잠을 자고 있다는 사실을 전혀 의식하지 못했다(이 돈은 혁명정당을 재정적으로 후원하기 위해 해외로 보내질 판이었다).

이 사건과 관련해서 스탈린은 심지어 권력을 장악한 이후에도 계속 침묵으로 일관했다. 그가 지방 상인들을 대상으로 자행한 강도와 갈취행위들은 탐욕스럽고 치사한 사업이었다. 따라서 그가 이러한 사건들과 관련해서 침묵을 지켰던 것도, 그의 천성에 너무도 딱 들어맞는 범죄적인 측면이 이들 사건을 통해 드러났기 때문이었다.

실제로 이후 몇 년 동안 차르 체제하의 감옥에서 여러 차례 복역할 때도 그가 교제한 사람들은 정치범들이 아니라 잡범들이었다. 그래서 그는 감방에서 뭔가 생각에 몰두하거나 에스페란토어—그는 이 언어를 미래의 언어라고 생각했다—를 공부하지 않을 때는 그의 감방 친구가 된 위조범, 절도범, 강간범, 살인범들과 술을 마시며 이야기를 나누는 것으로 소일했다.

정치범들과 미래의 유토피아에 관해 장황하게 논의를 하는 것은 그에겐 지루한 일이었다. 대신에 감옥 안에 누군가 '실질적인' 도움이 될 만한 사람이 입소했다는 소식이 들리면 스탈린의 눈은 갑자기 반짝거렸다. 식사시간이 되면 사방 너머로 이런 그의 목소리가 들리는 경우도 있다. "헤이, 대장! 빵 좀 더 줄 수 있을까?" 그리고 그는 술을 포함해서 자신이 원하는 것이면 무엇이든 그것을 얻어내고야 만다. 전하는 말에 따르면 그의 음주는 요람에서부터 얻은 습관이라고 했는데 그의 아버지가 손가락을 포도주병에 넣었다가 빼서는 갓난아기의 입에 물리곤 했다는 것이다.

감옥 안에서 그가 보여준 행동들은 그가 인생 전반에 걸쳐서 써먹는 방법, 요컨대 교활함과 잔인함을 적절히 혼합시킨 행동양식을 예고하고 있었다. 감옥에서 잡범들은 그가 원하는 것을 구해다 줄 수 있지만 도대체 정치범들이란 무슨 도움이 될 수 있을 것인가? 그가 다른 혁명가들에 대해 관심을 쏟는 경우는 그들 서로간에 싸움을 붙여 덕을 볼 수 있는 경우 아니면 약자를 지배하고 강자를 짓뭉갤 필요가

있는 경우뿐이었다. 자신이 적이라고 생각하는 사람을 제거하기 위해 상대가 밀정이라는 소문을 퍼뜨려서 그 불운한 희생자를 맞아 죽도록 만든 경우도 많았고 감옥 내 두 파벌 간에 알력을 조장한 경우도 적지 않았다. 그러니까 훗날 그의 주특기가 될 이러한 종류의 책략들을 그는 그때부터 이미 실행에 옮기고 있었던 것이다.

천문대가 경찰의 급습을 받기 전까지만 해도 스탈린은 두 세계에 용케 발을 딛고 서 있었다. 그래서 그는 '합법적'이면서 또한 한 사람의 혁명가였다. 경찰의 급습과 함께 숨겨두었던 엄청난 양의 혁명적인 인쇄물들이 발각되면서 도피생활에 들어간 스탈린은 1901년부터 1917년 혁명 발발 때까지 신분을 위장한 채 살아가야만 했다.

이 기간 동안은 비밀스런 혁명활동의 연속이었다. 체포와 탈옥, 다시 지하세계로의 잠적이 끊임없이 반복되었다. 우연찮게 비밀경찰과의 냉소적인 거래가 이루어진 것은 이러한 일련의 과정이 반복되던 어느 시점에서였다. 이와 관련해서 기록을 남긴 사람은 비밀경찰의 수장이었던 에레민으로 추정된다. 그렇다고 해서 스탈린이 아주 오랜 기간 동안 비밀경찰을 위해 일해왔다고 보기는 어렵다. 당내에서 서열이 오르면 비밀이 노출될 위험도 그만큼 커졌기 때문이다.

그러나 그러한 거래가 유지되고 있던 몇 년간 스탈린의 책략적인 거래는 유용한 면이 적지 않았다. 비밀경찰은 잠적한 혁명가들의 행적을 밝혀줄 밀고자들을 모집하는 데 열을 올리고 있었다. 군주제도를 신봉하는 사람들은 이러한 충돌이 결국 체포와 처형을 통해 급진분자들로부터 사회를 정화시킬 수 있을 것이라고 판단했다.

스탈린 역시 이처럼 과격한 대결양상을 원했지만 그 이유는 군주제주의자들과 달랐다. 레닌과 마찬가지로 스탈린 역시 정부의 폭압적 조치들은 오로지 당을 강화시킬 뿐이라고 생각했다. 말 잔등에 앉은 경찰기동대원들이 학생과 노동자들에게 채찍을 휘두르는 모습을 목격한 사람이라면 누구나 결국 마음을 고쳐먹지 않을 수 없을 것이고 그런 상황이 순교자들을 탄생시켜 마치 물 위에 던져진 돌멩이처럼 사회적인 파문을 불러일으킬 것이라고 판단한 것이다. 트빌리시에서, 바툼에서, 흑해에서, 바쿠에서, 카스피 해에서 그는 유전과 철도 분야의 폭동과 파업 그리고 사보타주를 선동했다. 바쿠 지역에서만 하더라도 감옥이 차서 넘치도록 만들고는 다시 3만 명이 넘는 노동자들을 선동해서 구속된 동지들을 위해 시위를 벌이게 했다. 그가 그루지야에서 아제르바이잔으로 활동무대를 옮긴 것은 강요에 의한 것이었다. 모든 내부 논쟁에 대해 판결권을 갖는 위원들로 이루어진 당 사법위원회가 스탈린을 축출했기 때문이다. 스탈린이 위원회 내부에서의 입지를 강화하기 위해 성원들 간에 알력을 조장하고 증오심을 부추겼다는 것이 이유였다.

홋날 자카프카지예 지역에서의 활동과 관련하여 스탈린은 "바쿠 유전 노동자들과 함께 한 2년의 세월은 나를 강하게 단련시켜주었다."고 술회한다. 실제로 그는 타인들의 고통을 대가로 자신은 강인해졌다. 그는 경찰기동대원들이 도착했을 때는 투쟁에 휘말려 들지 않기 위해 조심했다. 밀정 노릇이 가져다준 또 다른 유익한 점이었다.

경찰들이 물론 그를 전혀 체포하지 않은 것은 아니었지만 그에겐 항상 사소한 죄목이 붙여졌다. 그러다가 그가 결국 비밀경찰과 결별한 뒤부터 형세는 역전된다. 그가 가장 장기간 복역한 경우는 상냥하고 매력적이지만 표리부동한 볼셰비키파 동료 로만 말리노브스키의 배신행위에서 비롯되었다. 혁명 후 말리노브스키는 레닌에 의해 처형당한다. 홋날 스탈린은 혼잣말처럼 속내를 드러낸다. 레닌이 '마치 죽음으로 해결될 문제인 양' 말리노브스키를 처형한 것은 유감이라고

반성한 것이다. 스탈린 생각에 감옥과 강제노동수용소에서의 죽음이란 오히려 일종의 편안한 보상과도 같은 것이었기 때문이다.

1909년 원유 시추탑이 산재해 있는 카스피 해 연안, 인구 20만의 항구도시 바쿠. 페르시아, 터키, 아르메니아, 그루지야, 타타르, 아제르바이잔 등지에서 온 노동자들은 절박한 상황에 빠져 있었다. 삶의 조건이 너무도 척박했던 나머지 그들 사이에는 폭력과 범죄 그리고 혁명의 분위기가 무르익고 있었다.

혼돈상태가 임박했음을 알리는 전신이 긴 전선을 타고 흐른다. 프랑스 리비에라에 위치한 한 카지노에서 카드놀이를 즐기고 있던 한 나이 지긋한 백작에게는 이 소식이 마치 딴 세상에서 온 메시지처럼 느껴진다. 보론초프 다쉬코프(Vorontsov-Dashkov)라는 이름의 이 백작은 제정 러시아의 몇 손가락 안에 꼽히는 부자로서 공직에서 물러나 있던 상황이었는데 자카프카지예 지역의 부집정관으로 소환된다.

그는 카드를 던지며 낙담해서 뇌까렸다. "교수형 집행인으로 내 인생을 마감하고 싶진 않아." 하지만 그는 자신의 본분을 지키기 위해 당일 그루지야를 향해 출발, 대단위 포도재배 지역과 중세의 성채를 지나 트빌리시에 있는 웅장한 부집정관 궁에서 자신에게 맡겨진 집무에 착수했다. 군주정치가 살아남을 수 있다는 믿음을 거의 갖고 있지 않던 그는 열정이라곤 털끝만큼도 없이 그저 분할과 정복이라는 과거의 전략을 답습한다. 그는 보다 온건한 멘셰비키(소수파—옮긴이)를 비밀리에 무장시킨 다음 아르메니아인과 이슬람교도 간의 복잡한 인종적 갈등으로 혁명적 무질서 상태에 빠져 있던 볼셰비키를 공격했다. 스탈린은 이 부집정관이 지휘한 전방위의 검거 선풍에 휘말려든다.

이 나이 든 백작은 바일로프 감옥 안에 상설 교수대를 설치할 것을 지시했다. 그 감옥은 2층으로 된 요새로서 카스피 해를 향해 직선으로 돌출된 불모의 땅 끝에 위치해 있었다. 당시 그곳 피수용자들은 안마당 주변의 휴게실과 복도를 거닐 수 있도록 허용되었다. 당국은 정치범과 일반 범죄자들 간에 어떤 구분도 하지 않았지만 두 집단은 자발적으로 서로 거리를 두고 있었다. 그리고 정치범들은 교수대가 드리우는 바로 그 그림자에 모여 앉아 논쟁을 벌이곤 했다. 이러한 상황은 제정 러시아시대의 감옥이 보여주는 전형적인 모습이었다. 말하자면 당시의 감옥들은 '혁명의 대학' 구실을 하고 있었다. 이미 죄의 대가를 지불한 까닭에 공개적인 정치토론이 허용되는 유일한 장소였던 것이다.

밤이면 밤마다 '학교'가 파하고 나면, 한밤중에 교수대로 끌려가는 남자들의 비명소리가 감옥 안에 울려퍼졌다. 이들이 절규하는 소리 때문에 도저히 잠을 잘 수가 없을 정도다. 하지만 스탈린을 제외한 모든 이들의 잠을 달아나게 하는 것은 외침 자체가 아니라 그 뒤에 따라오는 침묵이었다.

1907년 그루지야의 고리 지방. 감옥에서 탈출한 스탈린은 그가 태어난 마을 출신의 한 소박한 시골 처녀와 결혼한다. 그녀의 아버지와 형제들 모두 혁명가였던 까닭에 결혼식은 당원들이 한자리에 모인 가운데 결혼피로연을 빙자해서 자연스럽게 향후의 당 사업을 논의하는 자리로 변했다. 이 시골 처녀는 아름답고 조용하고 소박하며 정치에는 무관심했지만 종교에 대한 신앙심은 깊었다. 그녀는 스탈린을 마치 신처럼 대했다. 불과 몇 년 안 되는 결혼기간 동안 그녀는 어머니와 함께 성상 앞에 촛불을 밝히고 스탈린의 안전을 기원하며 밤을 지샜다. 그녀는 스탈린과의 사이에 야코프라는 아들 하나를 두고는 젊

은 나이에 폐결핵으로 세상을 떠나고 만다. 그녀의 장례식에서 스탈린은 보기 드물게 감정이 북받쳐올라 이렇게 말했다. "그녀의 죽음과 함께 내 모든 인간적인 감정도 사라져버렸다." 그는 처남에게 어린 아들의 양육을 맡겼다. 그에게는 오직 혁명이 있을 뿐 가정도, 그 어떤 다른 생활도 존재하지 않았던 것이다.

그러나 그것은 모두 아직은 미래의 일이다. 그는 결혼식장에서만큼은 사랑에 빠진 남자 그 자체였을 뿐이다. 친척들은 술을 마시고 전통적인 원무를 추어댔다. 그러나 그곳에 있는 사람들 중 그 누가 알았으랴! 신랑이 최고의 권력을 손에 쥐었을 때 지금 이곳에서 결혼 축배의 잔을 높이 쳐들고 있는 자신의 처남을 해치게 될 줄을. 1930년대에 그는 암살음모와 함께 반역을 꾀한 죄를 이실직고하라고 처남을 몰아붙이게 된다. 처남은 자신의 무죄를 항변하고 스탈린은 그에게 고문을 가하라고 명령한다. 그러나 고문을 당하는 상황에서도 그는 자신이 반역자가 아니라는 주장을 굽히지 않는다. 결국 스탈린은 그에게 최후통첩을 한다. "실토하라. 그러면 방면해줄 것이다. 그렇지 않으면 너를 처형할 수밖에 없다."

사형선고를 받은 처남은 끌려가며 말한다.

"나무는 선 채로 죽는 법이다."

스탈린은 보고서를 읽으면서 한마디 툭 내뱉고는 어깨를 으쓱한다.

"내 생각엔 그가 그리 당당해 보이진 않던데."

스탈린은 지하활동 기간 중에 런던, 프라하, 헬싱키, 빈으로 해외여행을 떠났다. 이 여행의 목적은 두 가지였다. 하나는 당 대회에 참석하는 일이었고 다른 하나는 혁명이 발발할 때까지 망명생활을 하고 있던 레닌과 함께 일을 도모하고자 하는 것이었다. 서로 닮지 않은 이

두 사람 간의 관계는 깊어갔다. 레닌은 실질적인 문제들에 대한 그의 대처 능력과 자카프카지예 노동자 시위 당시 그가 보여준 당당함과 폭력성 그리고 그가 볼셰비키의 대의명분을 펼쳐나감에 있어서는 한 치도 물러설 줄 모른다는 사실 등에 깊은 인상을 받는다.

스탈린은 현실적인 인간이요, 노동계급 출신의 혁명가였다. 바로 이런 이유로 해서 레닌은 스탈린의 무례함과 난폭성을 너그러이 받아들이고 그의 판단을 신뢰했다. 당내에서 두각을 나타내려면 반드시 필요한 것이 이론적 저작물인데 그것은 일종의 신임장 구실을 하고 있었다. 그런데 스탈린에게는 바로 그것이 없었다. 그래서 레닌은 스탈린이 이러한 저서를 집필하는 데 도움을 주기까지 한다. 두 사람이 프라하에서 만났을 때 레닌은 대(大)러시아가 러시아 제국 전반에 산재해 있는 수많은 인종집단에 대해 어떤 역할을 할 수 있을 것인가, 요컨대 민족문제에 관해 논문을 쓰도록 스탈린을 독려했다.

논문에 대한 착상들을 던져주고 문체를 가다듬어주었다는 사실보다 중요한 것은 레닌이 선택해준 민족문제라는 주제였다. 이 주제에 관한 논문은 미래의 혁명정부 내에서 스탈린이 권력의 기반을 다지는 데 큰 힘이 되어주었다. 민족문제는 그루지야 출신의 스탈린에게는 피부에 와 닿는 문제로서 장차 러시아제국이 소비에트 '연합'으로 탈바꿈할 때 대단히 중요한 문제로 다가오게 된다. 혁명 후 스탈린은 레닌의 정치국에 민족문제 인민위원으로 참여한다. 그리고 그 지위를 적절히 이용함으로써 결국 최고의 권좌에 오른다. 그 과정에서 신이 내려준 그만의 독특한 선물인 야만성과 교활함의 절묘한 조화가 동원되는 것은 물론이다. 레닌은 죽기 직전 공포의 외마디소리와 함께, 예전에 자신이 한 편지에서 했던 표현대로 그 '놀라운 그루지야인'이 비인간적이라는 사실을 깨닫게 된다. 그는 야수요 괴물이었던 것이다.

그러나 때는 너무 늦었다.

그러나 1901년에서 1917년까지 혁명 초창기에 이들 두 혁명가는 기나긴 밀월관계를 함께 나눈다. 야수(스탈린—옮긴이)가 발톱을 세웠다면 그것은 한결같이 레닌의 적들, 즉 반혁명분자들과 당내의 적들에 대해서였다. 사실상 이러한 관계, 말하자면 지식인과 농부의 결합은 100년 혁명사를 집약하는 것이라 할 만하다. 러시아의 인텔리겐치아가 혁명의 무자비함을 초래하는 데 어떤 역할을 했는지 상징적으로 보여주는 것이라 할 수 있겠다.

도스토예프스키는 이러한 사실을 이해하고 있었다. 그의 걸작 《카라마조프가의 형제들(Bratya Karamazovy)》에서 재기가 뛰어난 이반은 머리가 모자란 농부 하인에게 이렇게 가르친다. "(영혼의) 불멸이란 없다. 그래서 모든 것이 용인된다." 그리하여 지적인 이반은 살인이 저질러질 때 그 살인의 대행자가 되는 것이다.

이반 카라마조프처럼 레닌 역시 어떠한 윤리적·도덕적 절제도 허용하지 않는 열정으로 자유를 얻기 위해 분투하는 러시아의 정치적 지식인 세대를 대표한다. 아마도 그들을 그토록 급진적이고도 필사적으로 만든 것은 군주제의 극한적인 압제였을 것이다. '니힐리즘'이란 단어가 러시아에서 생겨난 것도 우연은 아니다. 1820년대의 초기 데카브리스트(1825년 12월 러시아에서 농노제 폐지를 목표로 봉기한 일파로 러시아력으로 12월(데카브리)에 봉기한 까닭에 12월 당원이라고도 불린다—옮긴이) 운동에서부터 19세기 중반 네차예프(Sergei Nechaev, 1847~1882)의 저작물 《혁명적 교리문답서(Katikhizis Revoliutsionnoi)》 그리고 정치와 종교, 또는 어떤 종류의 권위도 무시하고 오로지 "신성한 혁명의 본능"만을 숭앙하던 세기의 전환점에 활동한 무정부주의자 크로포트킨 공에 이르기까지 러시아의 정치적 급진주의 속에는 파괴적이고 모든 것을 절멸시키려는 성향이 깃들어 있다.

네차예프는 자신의 저작물 《혁명적 교리문답서》에서 이렇게 기술하고 있다. "혁명가는 불운을 타고난 인간이다. 그는 어떠한 우정이나 애정도 갖지 못한다……. 그는 세계 속 그 어떤 지역, 장소 혹은 그 어떤 사람을 파괴하는 데도 망설여서는 안 된다. 추악한 사회질서는 대여섯 개의 범주로 나눠질 수 있을 것인데 그 첫번째 범주는 지체 없이 죽음으로 처단되어야 할 사람들로 구성된다."

레닌이 그의 계승자들보다 더 정교한 사상가임에는 틀림없지만 그는 윤리적인 이해에 있어서 그 누구 못지않게 공상적이고 불완전했다. 20년 후 스탈린이 설치한 숱한 고문실들의 책임을 망명객 레닌과 그의 연구 성과물들에 두는 것은 타당한 것이다. 왜냐하면 레닌은—트로츠키와 부하린 그리고 모든 마르크스 이데올로그들과 마찬가지로—스탈린에 의해 자행된 그 모든 유혈극들에 대해 도덕적 책임을 지고 있기 때문이다.

땀으로 뒤범벅된 채 얼굴은 온갖 영감들로 붉게 달아오른(그의 아내 크루프스카야가 열광적으로 묘사하고 있는 것처럼) 한창때의 레닌을 생각해보자. 그는 철학에 대한 열정을 지니고 있었다. 망명객 시절 한번은 파리의 한 도서관에서 2주일 동안 두문불출하면서 급박한 용무로 찾아온 혁명가 대표단을 만나는 것조차 거절한 경우도 있었다. 교리상의 어떤 애매모호한 문제에 관련된 책 한 권을 독파하느라 바빴던 것이다. 그러니까 학문의 폭에 있어서 그를 닮은 동료 '예언자' 마르크스의 책들을 파리의 어느 도서관에서 골라 읽고 있는 모습이야말로 레닌의 전형적인 모습이라 할 것이다. 아니면 아마도 그는 마르크스의 열정적인 팜플렛들 중 어느 하나를 읽으며 불의에 대해 분노하고 있었는지도 모른다.

이번에는 어마어마한 사회주의적 원칙들을 천명하고 있는 레닌의 이론과 함께―그게 아니면 차라리 헤겔의 현상학이나 콩트의 경험론에서 그가 경탄해 마지않았던 추상적이고도 난해한 철학적 구절들을 설명하고 있는 레닌과 함께― 숱한 남녀들이 탁자에 가죽끈으로 묶여 있는 스탈린의 루비얀카 교도소를 떠올려보자. 그들은 이미 발에 차여 이가 깨져나간 상태이다. 그들은 커다란 오줌통 속에 서 있거나 2,000와트의 백열전구를 강제로 응시하고 있고 혹은 엉덩이가 다 타들어가도록 뜨거운 파이프 위에 앉아 있다. 젖은 수건으로 성기를 후려치거나 척추에서 경련이 일어나도록 목덜미를 바늘로 찔러대는 고문도 자행되고 있다. 임신한 여성이 남편의 면전에서 발에 차여 숨을 거두고 아이들은 어머니들이 보는 앞에서 서서히 살해당하고 있다. 그러한 공포를 체험한 이후라면, 추락한 인간성에 대해 설교하는 혁명의 예언자 레닌의 고매하고 지적인 이마를 보는 것만으로도 우리의 가슴은 혐오감으로 가득 차게 될 것이다.

1914~1917년 극지대 인근의 동부 시베리아 지역. 제1차 세계대전 발발 당시 스탈린은 여전히 유형지에서 자신에게 언도된 형을 살고 있었다. 경찰과의 특수한 관계는 이미 오래전에 단절된 상태였고 탈출은 너무 위험했다. 계엄령 하에서 당국은 모든 탈출자들에게 발포로 대응하고 있었기 때문이다.

전쟁은 그 어떤 혁명적인 선전활동보다도 효과적으로 군주주의 체제의 취약성과 무능력을 드러내 보여주고 있었다. 러시아는 서방에 비해 산업적으로 50년이 뒤쳐져 있는 상태였고 정부는 보기에 딱할 정도로 난감한 태도를 취하고 있었다. 병사들은 탄약은 말할 것도 없고 군화조차 없이 전선으로 내몰리고 있었다. 러시아는 독일의 전쟁

병기에 오로지 인해전술로 맞설 수밖에 없었고 그것은 이내 궤멸될 처지에 놓여 있었다. 그러나 이들 시체 더미는 뜻밖에도 파리를 구하는 효과를 거둔다. 두 개의 전선에서 전쟁을 치러야 했던 독일은 러시아와의 전투를 위해 서부전선으로부터 군대를 철수시키지 않을 수 없었던 것이다.

레닌은 대규모의 탈주사태를 지켜보면서 "농민들은 스스로 우리와 뜻을 같이하고 있다."며 의기양양해 한다. 농민들 사이에서 토지에 대한 약속이 집단농장과는 대치되는 개념으로 통하고 있었던 까닭에 그는 자신의 슬로건, 즉 "빵, 토지 그리고 평화"가 진정한 의미에서의 마르크스주의는 아니라 할지라도, 머지않아 거스를 수 없는 대세가 될 것이라는 사실을 깨닫고 있었다. 농민들이 토지에 굶주려 있고 주민 대다수가 농촌에 거주하고 있는 현실에서 레닌은 불가피하게 현실에 양보할 수밖에 없었다. 그리고 이후 레닌과 그 뒤를 이은 스탈린은 숱하게 현실에 양보하는 선택을 한다.

"폐하, 마을이 텅 비어가고 있습니다." 라스푸틴(Grigory Y. Rasputin)이 차르에게 경고하지만 니콜라이 2세(Nikolay Ⅱ, 1868~1918)는 귀를 닫아버리고 순박한 러시아 국민들, 노동자, 병사들로서는 이해할 수 없는 전쟁에 몰두한다.

그러는 동안 스탈린은 낚시와 사냥을 즐기고 사색에 몰두한다. 여름철이 되면 모기들이 어쩌나 극성을 부렸던지 한 죄수가 신문에 기고한 바에 따르면 암소가 모기의 공격으로 죽어나갈 정도였다.

스탈린은 곤충들의 등쌀을 견뎌내기 위해 머리에는 타르가 칠해진 말총 망사를 쓴 채 몸에는 온통 진흙칠을 하고서 역사와 경제학과 정치 이론서를 읽는다. 그러나 차르 치하의 시베리아 생활이 아무리 어렵다 해도 스탈린이 훗날 북극의 강제노동수용소에 펼쳐놓을 광경과

비교하면 아무 것도 아니었다. 스탈린 치하에서는 수많은 남성과 여성 그리고 어린이들이 한겨울에 변변한 옷가지 하나 걸치지 못한 채 운하 건설과 금을 비롯한 광석 채취작업에 내몰린다. 그들은 때때로 다리에 감각이 없어질 때까지 허벅지까지 차오른 차가운 물 속에 서 있거나 가학적인 경비병들의 따분한 감시 아래 죽음에 이르도록 채찍질에 시달려야 했다. 차르 치하의 시베리아에서 유형생활을 겪는 것이 힘들었던 이유는 자연 풍광의 끝없는 단조로움 때문이었다. 가족이나 벗과 떨어져서 지내는 데 따른 고독감, 겨울의 암흑세계, 추위, 늑대의 울부짖음, 끝없는 설원, 죄수들의 침상과 얼굴을 새까맣게 뒤덮을 만큼 엄청난 바퀴벌레들이 그들을 괴롭히고 있었다.

그곳에서도 때로는 남녀간의 사랑이 싹트기도 했다. 관대한 사령관이 부임하면 생활에 변화를 주기 위해 죄수들에게 이웃 마을을 방문할 수 있도록 허용되기도 했다. 이웃이라고는 해도 얼어붙은 불모지를 개썰매로 수백 마일씩 달려야 만나는 정착지가 전부였다. 스탈린은 거처에 틀어박혀 입을 굳게 닫고 세상을 등진 채 사람과의 교제를 피했다. 유형생활 중 스탈린은 이른바 〈레닌의 편지를 읽고 있는 스탈린〉으로 불리는 유명한 그림을 그린다. 사실 레닌은 그런 편지를 보낸 적이 없었지만 그 그림의 복사본은 훗날 소비에트 러시아 학교 전역에 내걸리게 된다.

편지를 받는 못했지만 스탈린은 시베리아에서 편지를 써 보낸 적이 있었다. 정치적인 주제는 아니었으며, 전에 몇 년간 스치듯 사랑을 나눴던 친구 알리루예바 부인에게 자연의 풍광, 꽃과 나무와 들판이 담긴 그림을 보내달라고 부탁하는 편지였다. 그는 그곳 생활의 견딜 수 없는 황량함으로부터 벗어나기 위해 그 그림들이 필요했던 것이다. 그리고 이는 그가 그곳에서 쓴 유일한 편지였다.

4. 레닌의 무덤에 함께 묻힌 비밀

만약 크루프스카야가 입을 닥치고 있지 않으면 다른 사람을 레닌의 미망인으로 삼을 수밖에.
— 스탈린

1917년 페트로그라드. 혁명이라는 뜻밖의 선물이 레닌을 기습한다. 러시아는 혼돈에 빠지고 차르가 급작스럽게 퇴위한다. 시베리아에서 이 소식을 접하고 유형지로부터 풀려난 스탈린은 수도에 제일 먼저 도착하는 볼셰비키 지도자가 되기 위해 즉시 페트로그라드로 향한다.

임시정부는 전쟁을 계속 수행할 것을 천명했다. 레닌은 망명지에서 그 전쟁을 시장과 식민지들을 둘러싸고 벌이는 자본주의적 전쟁으로 규정하고, 마르크스를 인용하며 전 세계 노동자들을 향해 하나의 세계혁명 안에서 단결할 것을 호소했다. 그리고는 자신의 슬로건인 "빵, 토지 그리고 평화!"를 반복해서 주장했다. 독일 정부 관리들은 자신들

의 목적을 위해 레닌을 이용하기로 결심했다. 그들은 차창도 없이 밀폐된 기차를 이용해 레닌이 독일을 통과해서 러시아로 돌아가도록 주선을 해주었다. 처칠은 이를 두고 독일 황제가 자신의 적들을 물리치기 위해 러시아에 볼셰비즘이라는 세균과도 같은 사상을 소개한 것이라고 말했다.

모든 소비에트 시민들은 레닌의 귀국길에 스탈린이 그를 영접하는 사진들을 보아왔다. 그리고 소비에트의 교과서들은 핀란드 역에서의 두 지도자의 만남에 관해 기술하고 있다. 하지만 실제로 그러한 만남이 이루어진 적은 없었다. 그 사진들은 변조된 것이며 목격자들의 설명 역시 날조된 것이었다. 요컨대 스탈린이 혁명 과정에서 실제보다 더 큰 역할을 했음을 보여주기 위한 눈속임이었던 것이다.

사실 스탈린은 귀환했을 당시 그의 지도자에게 인사를 할 때조차도 조심스러워하는 모습을 보였다. 임시정부가 어떻게 반응할지 알 길이 없었던 것이다. 레닌은 전쟁에 종지부를 찍고 공산주의 국가를 세우는 쪽으로 기울었다. 반면에 자유주의 성향을 지닌 르보프 공(Georgy Y. Lvov, 1861~1925)과 케렌스키 등 임시정부 지도자들은 전쟁을 계속하면서 민주공화국을 수립하는 쪽으로 방향을 정했다. 만일 당시 스탈린이 케렌스키의 입장에 처해 있었다면 그는 당장에 레닌을 체포해서 처형해버렸을 것이다. 여느 때와 마찬가지로 이 경우에도 최악의 상황을 가정하고 타인들에 대해 무자비한 칼날을 휘둘렀을 것이기 때문이다.

따라서 며칠 후 『프라우다』지 사무실에서 있었던 두 사람의 만남은 흔히 묘사되듯 영광스럽거나 감동적인 장면을 연출해내지 못했다. 레닌이 자신의 성향에 맞지 않은 몇몇 기사를 기고한 스탈린에게 책망의 말을 던졌던 것을 제외하고 두 사람 간에는 그 어떤 감정도 존재하지 않았던 것이다.

그러나 러시아의 위기상황은 임시정부로서는 도저히 감당할 수 없는 지경으로 치닫고 있었다. 볼셰비키의 선전활동은 군을 통해 확산되었다. 레닌과 트로츠키는 병사들에게 장교들을 살해하고 탈영하도록 부추겼고 권력을 장악하려는 일부 조급한 시도도 있었다. 정부는 레닌에게 자진출두해서 재판정에 서도록 요구했다. 스탈린은 시베리아로 풍경화를 보내줬던 바로 그 여인 알리루예바 부인의 집에 머물고 있었다(그녀는 이미 결혼을 해서 두 딸을 둔 어머니였다). 그는 그녀의 집에 레닌의 은신처도 마련해주었다. 팽팽한 긴장감이 감도는 이 인생극의 한순간에 스탈린은 레닌의 이발사 역을 맡아 그 유명한 레닌의 염소 수염을 밀어준다. 물론 그를 변장시키기 위한 것이었다. 그러나 이 볼셰비키 지도자에게 닥친 위험은 그리 오래 가지 않았다. 임시정부가 1년도 채 안 돼 무너져버린 것이다. 오직 한 여성여단 소속 병사들만이 결연히 겨울궁전을 사수하고자 했을 뿐이었다.

케렌스키는 미국 국기를 단 군용 차량을 타고 탈출하고 레닌은 볼셰비키 신정부를 이끌기 위해 은신처로부터 발빠르게 모습을 드러냈다. 민족인민위원에 임명된 스탈린은 알리루예바의 딸 중에서 열여섯 살 난 나데즈다를 레닌의 비서로 채용했다. 미모를 갖춘 그녀의 아버지는 그루지야의 노(老)혁명가였다. 그녀는 스탈린과 사랑에 빠진다.

스탈린의 나이 서른아홉에 그녀가 열여섯이었다는 사실이나 스탈린이 막 감옥생활을 청산하고 귀환한 비정한 혁명가라는 사실, 혹은 그의 최측근 동지들이 그의 잔인성과 위압적인 면에 불만을 터뜨리고 있다는 사실 이 모든 것들이 그들의 행복에 불길한 전조를 드리웠다. 그들이 실제로 언제부터 연인 사이였는지 정확히 말하기는 어렵다. 혁명가 커플들 사이에서는 첫 아이를 낳을 때까지 거추장스러운 결혼

증명서 없이 부부관계를 맺어오는 일이 다반사였다. 소비에트의 성 관련 규정에 따른다면 나데즈다는 스탈린과 함께 살기엔 너무 어린 나이일 수 있었다. 그러나 성 관련 규정이란 혁명을 통해 이제 막 역사의 장막을 찢고 태어난, 게다가 세계전쟁의 와중에 있는 사회에서는 관심거리가 되지 못했다. 실제로 볼셰비키가 권력을 장악한 시점에도 러시아 영토의 광활한 지역은 독일의 점령하에 놓여 있었다.

독일에 항복하는 것을 반대하는 일부 세력도 있었다. 한 급진 정파는 공산주의자들이 최후의 일인까지 맞서 싸워 1848년 파리코뮌의 영웅들처럼 역사에 하나의 선례를 남기면서 장렬히 산화해야 한다고 주장했다. 그러나 레닌은 그럴 마음이 전혀 없었다. 그는 무선을 통해 도니콘 러시아군 총사령관에게 명령을 내려 독일군에게 항복하도록 지시를 내린다.

하지만 도니콘은 명령을 거부한다. 이에 군 역사상 가장 극적이라 할 만한 승진이 이루어진다. 레닌은 즉석에서 엔신 크릴렌코(Ensign Krylenko)라는 인물을 총사령관으로 임명하고 모길레프로 가서 도니콘으로부터 작전권을 인수하도록 명령한다. 도니콘은 이렇듯 치욕스런 조치가 내려지자 모길레프를 떠나려 하지만 기차역에서 이제는 혁명군으로 변한 병사들에게 몰매를 맞아 죽고 만다.

레닌은 마구잡이식 폭력이 난무하는 상황을 무정부 상태가 임박했다는 한 징표이자 군의 기풍이 땅에 떨어졌다는 징후로 이해한다. 그래서 트로츠키에게 이를 견제하기 위한 임무를 부여한다. 트로츠키는 적군(赤軍)을 강도짓이나 일삼는 집단에서 훈련된 전투병력으로 탈바꿈시킴으로써 명성을 얻는다. 이 열정적인 선동가는 자신이 노련한 조직가이자 전략가임을 입증했다. 그러나 스탈린은 역사를 변조시키는 과정에서 트로츠키의 업적이 마치 자신의 것인 양 날조한다. 핀란드 역에서 찍은 역사적인 사진에서 트로츠키의 얼굴을 제거하고 대신 자신의 얼굴을 삽입한 것도 그런 행태 가운데 하나였다.

훗날 스탈린은 혁명 과정에서 자신의 역할이 부차적이었다는 사실을 지우는 데 혈안이 된다. 이는 단순한 선전활동 이상의 의미를 지니고 있었다. 그는 자신의 재능이 군사적이기보다는 정치적이라는 사실을 받아들일 수 없었다. 그의 재능은 완전히 분열된 사회에 강제로 질서를 부여하는 데 어울렸다. 그가 공개석상에서 군인—주코프(Georgy K. Zhukov, 1896~1974) 장군—으로부터 명령을 받는 것은 제2차 세계 대전의 전황이 가장 절망적이었을 때, 그러니까 나치가 모스크바 바로 코앞까지 진격해 들어왔을 당시가 유일했다. 그러나 위기상황을 벗어나자 전쟁을 수행하는 데 오히려 지장을 초래하는 그의 간섭이 다시 시작된다.

마찬가지로 혁명에 뒤이어 내전을 거치는 동안에도 스탈린은 주로 정치적인 부분에서 공헌을 했다. 볼셰비키는 국가 채무의 지불을 거부하고 제1차 세계대전의 연합국인 영국, 프랑스, 미국과의 관계를 청산했다. 또한 그들은 차르인 니콜라이 2세를 황후 및 다섯 자식과 함께 처형해서 그들의 시신을 광산의 수직 갱도에 처박아버렸다. 트로츠키는 "이제 그들은 다시 돌아올 수 없음을 알게 될 것이다."라고 자신 있게 말했다. 그러나 그들은 다시 돌아오도록 예정되어 있었다. 러시아 장군 브랑겔과 해군 제독 콜차크의 지휘 아래 공산주의 혁명 이념에 적대적이었던 프랑스, 영국, 미국 세력의 지원을 등에 업은 '백군'과 반혁명분자들을 통해 그들은 부활한 셈이다.

혁명의 운명은 바야흐로 풍전등화의 위기에 처해 있었다. 레닌은 무너지고 있는 여러 전선으로 자신의 최측근들을 파견했다. 백군은 북서부 전선에서 레닌그라드(1924년 레닌이 죽자 그의 이름을 기념하여 페

트로그라드를 레닌그라드로 개칭—옮긴이) 수마일 전방까지 진격해 들어왔으며, 남부전선에서는 모스크바까지 불과 150마일도 남겨두지 않고 있었다. 모스크바를 아사시키지 않으려면 당장 차리친이라는 도시를 구하는 것이 급선무였다. 남부에서 보급되는 식량은 바로 차리친의 철로를 거쳐 북쪽으로 향하게 되어 있었는데, 백군이 그 도시를 포위하고 있는 바람에 식량 수송이 중단된 것이다. 통제된 적군(赤軍) 내에서는 바야흐로 적전 분열 양상이 벌어지고 있었다.

그리하여 스탈린이 차리친으로 파견된다. 그곳에서 스탈린은 레닌에게 전보를 쳐서 자신을 포함한 모든 사람들의 결사항전 의지를 다졌다. 전투는 격렬했고 적 앞에서 주저하는 혁명군은 즉결 처형되었다. 시체가 즐비한 전장에서 스탈린은 열여섯 살 신부에게 사랑을 호소했다. 그것이 그들의 신혼여행이었다. 그리고 그는 볼가 강 위에 떠있는 검은 바지선으로 돌아온다. 그곳에서는 밤이면 밤마다 장교들에 대한 '군사' 재판이 열리고 재판이 끝나면 어김없이 시체가 강으로 던져졌다. 그런 식으로 삽시간에 질서가 회복되고 식량 수송도 재개되어 훗날 스탈린그라드로 개칭될 차리친은 수호될 수 있었다.

그러나 내전기에 스탈린이 거둔 성공은 불완전한 것이었다. 그는 적어도 백군과의 전투에 들인 공만큼 당시 전쟁인민위원이자 어느 모로 보나 레닌의 '법적 상속인'인 트로츠키를 깎아내리는 데 힘을 쏟았기

G. K. 주코프 | 제2차 세계대전 후에 독일 점령 소련군 총사령관을 거쳐 소련 지상군 총사령관이 되었으나 스탈린으로부터 신임을 잃고 좌천되었다.

때문이다. 그는 트로츠키의 명령서 위에 '비승인'을 휘갈겨 쓰고는 자신이 신뢰하는 지휘관들, 가령 보로실로프(Kliment Y. Voroshilov, 1881~1969)나 부데니(Semyon M. Budenny, 1883~1973) 같은 충복들에게 이 '유대인' 전쟁인민위원에게 항명할 것을 부추긴다.

스탈린은 현명하게도 정규병들 사이에 호응을 얻지 못하고 있던 사안을 포착해냈다. 트로츠키가 조직한 신적군에 전(前) 제정 러시아군 장교를 그대로 활용하고 있는 문제가 그것이었다. 트로츠키의 입장은 이들 장교들이 적군의 승리에 결정적인 역할을 할 수 있다는 것이었다. 말하자면 그들은 궁전이 파괴되면서 떨어져나온 돌과도 같은 존재로서 이제 혁명 건설사업에 값지게 활용될 수 있다는 쪽이었다.

사병들은 전 제정 러시아군 장교 밑에서 군복무를 한다는 생각 자체를 싫어했다. 스탈린은 그들의 입장을 두둔했다. 스탈린은 낡은 시대에 병사들이 로마노프에게 충성했다면 이제는 '아브라마노프', 즉 레프 브론스타인이란 유대인식 이름을 갖고 태어난 트로츠키에게 충성을 바치고 있다고 말함으로써 군 내부 갈등에 반유대인적 요소를 덧붙였다.

처음에 레닌은 스탈린의 손을 들어주었다. 제정 러시아군 장교를 활용한다는 사고방식 자체가 그에게도 전혀 마음에 들지 않았던 것이다. 그러자 이번에는 트로츠키가 이에 맞섰다. 구 정권에 속했던 4만여 명의 전문적인 군사들이 없다면 새로운 군은 그야말로 도살장에 불과할 것이라고 주장한 것이다. 트로츠키도 인정했듯이 전쟁 기간 동안 이들 전직 제정 러시아군 지휘관들 중에 양다리를 걸쳤던 경우가 없는 것은 아니었다. 그러나 이들 지휘관들 중에 영웅적으로 전투에 참가한 사람들이 있었던 것도 사실이었다.

이 문제와 관련해서는 트로츠키가 군 지휘관들을 감시하기 위해 당

으로부터 정치위원들을 임명하자는 의견을 내놓음으로써 불안정하게나마 타협에 이르게 된다. 이 방안은 대단히 성공적으로 실행에 옮겨져서 스탈린이 권력을 쥐게 되었을 때에도 그 체제는 계속 유지되었다. 다만 스탈린은 이 제도를 자기 방식으로 왜곡시켰다는 차이가 있을 뿐이었다. 제2차 세계대전 당시 당 정치위원들은 스탈린의 명령을 좇아 행동하면서 온갖 종류의 괴상망측한 방안들을 쏟아놓았다. 예를 들면 군 장교들이 일몰 시까지 목표한 적의 진지를 점령하지 못할 때는 그들을 사살할 것이라고 위협하자는 식이었다.

그러한 위협은 결국 병사들의 사기만 꺾어놓을 뿐이었다. 그러나 스탈린은 군인정신을 진정으로 이해할 수 없었기 때문에 그러한 사실에 둔감했다. 그는 마치 농민들이나 노동자들에게 호통치듯 군에 대해서도 호통을 쳤다. 그는 그들이 단지 원하기만 한다면 지금 당장이라도 모든 일을 착착 끝낼 수 있을 것이라고 생각했다. 그는 제2차 세계대전이 끝난 뒤 원자폭탄을 개발하기 위해 징발한 과학자들에게조차 위협을 서슴지 않았다(과학자들은 결국 강압조치와 가택 연금이 그들의 작업을 방해할 뿐이라며 불평을 늘어놓았다). 그에겐 불가능한 명령이란 없었다. 어떠한 실패도 자연스러운 원인에 따른 결과가 아니었다. 그는 자신의 명령을 이행하지 못하는 사람들에 대해 딱 한 가지의 해답을 갖고 있을 뿐이었다. "그들을 사살해버려! 그들을 모조리 사살해버려! 반역자, 파괴분자, 게으른 돼지 같으니라구!"

러시아 내전의 최절정기였던 1919년, 차리친 외곽의 한 농장. 열다섯에서 스물다섯 살 정도의 청년들이 나무 기둥에 묶여 있었다. 사형 집행을 기다리고 있는 그들의 표정은 표독스럽게 반항하는 표정에서부터 비굴함이 덕지덕지 달라붙은 앳된 얼굴에 이르기까지 다양했다.

그들은 새로 모집된 적군의 신병들로서 백군의 매복공격을 받고 이곳 전투사령부로 끌려온 것이었다. 그곳에서는 그 어떤 자비도 기대할 수 없었다.

군 사령부로 이용되고 있는 버려진 농장에 나부끼는 깃발에는 두 개의 머리를 가진 독수리, 즉 왕실의 휘장이 그려져 있었다. 반동의 혐오스러운 상징물들, 즉 이미 혁명군 내에서는 폐지된 견장과 훈장들을 잔뜩 달고 있는 한 지휘관이 형을 선고받은 적군 포로들 앞을 거들먹거리며 걷고 있었다.

"내 아이들아(dety maee)" 그는 가식적이고 귀족적인 느린 말투로 프랑스어와 러시아어를 번갈아가며 그들에게 우스꽝스런 연설을 했다. "제군들에게는 두 가지 선택의 길이 있다. 협력해서 목숨을 구하느냐, 아니면 협력을 거부해서 죽느냐. 하지만 어차피 제군들이 죽기 전에 우리가 제군들로부터 원하는 것을 결국은 얻게 될 것이라는 사실을 알고 있어야 할 것이다. 그러니까 그 어느 쪽을 선택하든 우리에게 결과는 마찬가지야."

그는 자기 옆에 정중하게 서 있는 부관 한 사람과 귀엣말을 나눈 뒤 포로들 사이를 오락가락하며 그들 한 사람 한 사람마다 의사를 타진했다. 더듬거리는 말투로 그의 요구에 동의하는 사람도 있고 그의 제안을 경멸하며 거부하는 병사도 있었다. 그러나 이 상황은 익살스런 광대극이었음이 곧 입증된다. 그 소극(笑劇)이 끝나자 지휘관은 고개를 끄덕여 명령을 내린다. 그러자 병사들은 조금 전 협력 의사를 밝힌 젊은이들만 골라 사살한다. 나머지 사람들은 묶였던 끈이 풀리고 자신들을 체포했던 자들이 자신들을 껴안자 분노에 이글거리는 눈으로 응시했다.

그들이 백군으로 변장한 동료 병사들에 의해 매복공격을 받았으며

그것은 그들의 충성심을 시험하기 위한 속임수에 불과했다는 사실을 깨닫기까지는 꽤 오랜 시간이 걸렸다. 그러나 어쨌든 그들은 그 시험을 통과했고 이제 신뢰받는 적군의 병사—즉 불안한 좌절의 고통을 겪지 않아도 되는 사람들—가 된 것이다. 그들은 견장과 훈장을 달고 백군 역을 감쪽같이 해낸 바로 그 지휘관으로부터 축하의 인사를 받았다.

지휘관은 스탈린이 당을 위해 은행강도 짓과 온갖 강탈행위를 저지를 당시 그의 파트너였던 카모 바로 그 사람이었다. 그는 어떤 역을 맡아 연극을 해야 할 때 특히 기지가 번뜩이는 인물이었다. 혁명 전에 독일에서 특수 임무를 띠고 활동할 당시 현행범으로 붙잡힌 적이 있었는데 그때는 미친 사람 역을 감쪽같이 해냈다. 그가 미친 사람 연기를 어찌나 난폭하고 실감나게 했던지 그만 정신병자수용소에 갇히는 신세가 되고 말았다. 물론 그는 이후 그곳을 탈출해서 러시아로 돌아왔다.

카모가 훌륭한 연기자라면 스탈린은 그 대본을 쓰는 작가라 할 수 있었다. 스탈린은 끊임없이 사람들의 영혼 그리고 자기 자신의 영혼을 들여다보고자 애쓰는 사람이었다. 그런데 그 자신의 배신행위와 폭력성 그리고 권력에의 욕망이라는 수단이 아니라면 도대체 그가 어떤 방법으로 타인을 판단할 수 있겠는가? 그것은 이렇듯 정교한 속임수조차도 결국은 말짱 헛된 일이었음을 의미한다. 그 '충성스러운' 새 동지들은 비록 목숨을 바칠 각오로 신의를 지켰지만 다음 순간 그를 공격할지도 모르는 일이었다. 술책이란 현명하지도 효과적이지도 않은 것이다. 다만 마음이 병든 증거일 뿐이다. "나는 그 누구도 믿지 않는다. 심지어 나 자신까지도." 언젠가 그의 시골 별장을 방문한 사람들은 그가 이렇게 투덜거리는 소리를 우연히 들은 적도 있었다. 그는 중세 회화작품에 나오는 악마에 의해 끊임없이 고통받는 성자와도 같았다. 다만 이번 경우에는 그 스스로가 동시에 악마인 것이다.

1922년 모스크바 외곽의 한 요양소. 스탈린은 한때 제정 러시아의 궁전이었던 황금빛 대리석으로 된 홀을 걸어 내려가며 섬뜩한 외마디 소리와 함께 뭔가 알아들을 수 없이 지껄이는 소리를 듣는다. 소리는 음란한 느낌으로 다가와서 웃음과 눈물로 끝을 맺는다. 스탈린의 얼굴은 기대감으로 충만해 있다. 그는 웅장한 계단을 올라 어두운 침실로 들어가서는 거대한 침대로 다가갔다. 나이 겨우 오십 줄에 죽음의 문턱에 다다른 레닌을 병문안하기 위해서였다.

스탈린은 묵묵히 레닌을 살핀 뒤 병세가 위중함을 확인하고는 자리를 떠났다. 물론 레닌은 이내 병상을 털고 일어나 몇 개월간 크렘린에 복귀하기도 하지만 이후 두 차례 더 병마가 찾아든 뒤 발작증세를 보이다가 결국 숨을 거두고 만다.

이는 스탈린에게는 행운을 가져다준 발작이 아닐 수 없었다. 병을 얻기 직전 레닌은 스탈린에 맞설 준비를 갖추고 있었기 때문이다. 내전이 끝나자 두 사람의 관계는 점점 더 긴장 국면으로 빠져들었다. 당시의 러시아는 혁명과 제1차 세계대전 그리고 내전이 잇따르면서 국력이 엄청나게 소진된 상황이었다. 그러나 볼셰비키는 내전에서 승리를 거두었고 반혁명분자들은 러시아에서 영원히 추방되었다. 이러한 전쟁의 결과 속에서 레닌은 최초의 공산주의 국가 건설에 박차를 가하려 하지만 트로츠키와 스탈린은 각종 정치적·경제적 문제들과 관련하여 사사건건 상대방에 대한 증오심을 드러내면서 갈등을 키워나가고 있었다. 트로츠키가 레닌의 '법적 상속인' 이라면 스탈린은 바야흐로 그 권리의 강탈자가 되고자 하는 것이었다.

레닌이 비로소 현실에 눈을 뜨게 되는 것도 이즈음이었다. 그는 동지들에 대한 스탈린의 무자비함과 혹평 그리고 야비함, 요컨대 그의 야만성을 목도하고 오싹한 전율을 느낀다. 인민의 행복에 대한 스탈린의 무관심도 그것이 더 중요한 원칙을 위한 것이었다면 용서받을 수도 있었다. 그러나 스탈린이 아무런 원칙도 가지고 있지 않은 음모가에 불과하며 그를 따르는 자들도 범죄자나 깡패집단처럼 행동하고 있다는 것이 점차 분명한 사실로 드러났다.

그러던 중 그루지야가 오랫동안 열망해왔던 독립 문제와 관련해서 발생한 한 사건은 레닌의 공포와 의심을 최악의 상황으로 확인시켜주었다. 이는 러시아에 국수주의가 만연하도록 방치해서는 안 된다고 주장해온 레닌으로서는 중대한 문제가 아닐 수 없었다. 혁명은 자본가에 대한 노동자의 계급투쟁이지 한 민족에 대한 또 다른 민족의 애국주의적 투쟁이 아니었기 때문이다. 레닌은 그루지야, 핀란드, 우크라이나와 같은 과거 제정 러시아의 속령들이 현재의 굴레를 벗어나고자 한다면 그들에게 자유를 주어야 한다고 주장한 반면 스탈린은 그러한 생각을 순진한 것으로 치부해버렸다. 스탈린은 레닌의 생각이 제정 러시아에 속했던 나라들을 부르주아 계급에게 통째로 넘겨주는 행위라고 여겼다.

그루지야 출신으로 이제는 대러시아와 완벽히 동일시되고 있는 스탈린은 자신이 태어난 땅과 관련해서 특히 가혹한 태도를 취했다. 그루지야에서 분쟁이 일어나자 스탈린의 심복인 오르조니키드제(Gregoriy K. Ordzonikidze)—훗날 스탈린 치하에서 중공업상을 지낸 인물로 결국 '두목'에 의해 살해당한다—는 무모하게도 자신의 입장, 그러니까 스탈린의 입장에 동의하지 않은 그루지야 공산당 간부 한 명을 잔인하게 두들겨팬다. 그러자 레닌은 이 사건에 대해 조사를 명령하면서 이렇게 쓰고 있다. "차르시대에도 정부관료가 자신의 상관과 다른 입장을 정중하게 피력했다고 해서 이런 식으로 두들겨맞지는 않았을 것이다."

스탈린은 다양한 속령들이 분리해나가는 것을 허용하는 방향으로 소비에트 구성에 관한 자신의 계획을 수정하면서 레닌을 달래고자 했다. 그러나 두 사람 모두 이것이 단지 서류상의 술책임을 알고 있었으며 훗날 스탈린은 예상대로 이를 뒤엎어 자신의 기만행위를 현실로 확인시켜주었다.

첫번째 발병이 있고 병세가 완화될 즈음 레닌은 자신의 충실한 아내 크루프스카야에게 '정치적 유언장'을 구술한다. 크루프스카야는 스탈린이라면 진저리를 치고 있었으며 스탈린 역시도 그녀를 경멸했다. 혁명이 양성 간의 평등을 설파하고 있었음에도 스탈린은 지적인 여성들에 대해(그들을 '골빈 청어'라고 부르며) 혐오감을 지니고 있었으며 특히 크루프스카야에 대해서는 거의 증오에 가까운 감정을 가지고 있었다. 반면에 그는 《성적으로 해방된 공산주의 여성의 자서전(The Autobiography of a Sexually Emancipated Communist Woman)》의 저자이자 최초의 여성 대사였던 알렉산드라 콜론타이(Aleksandra M. Kollontay, 1872~1952)와 같은 여성운동가에 대해서는 관대했다. 그러고 보면 그 두 여성 간에는 큰 차이가 있었다. 콜론타이는 아름답고 매력적인 여성으로 자신의 여성스러움을 즐기면서 스탈린 같은 남성들을 편안하게 하는 방법을 알고 있었다. 반면에 크루프스카야는 수수하고 엄격하며 매사에 솔직하고 의심도 많을 뿐만 아니라 청교도적인 엄격함도 지니고 있었다. 레닌 사후 중앙위원회의 한 회합에서 남편의 정치적 유언장이 일반에 공개되도록 배려한 이도 다름 아닌 크루프스카야였다. 스탈린은 이러한 상황에 매우 당혹스러워하며 그 기록의 공개를

막고자 했다. 거기에는 스탈린의 부정적인 면모가 담겨 있었기 때문이다.

그 유언장에서 레닌은 당의 지도자들을 평가하는 가운데 스탈린을 권력의 자리에 계속 두기에는 너무도 무례하고 경솔한 인물이라고 경고하고 있었다. 그리고 "그를 제거할 길을 찾아야 한다."라는 참으로 중대한 발언을 기술하고 있었다. 결국 레닌은 상황이 이 지경에 이르도록 그 누구도 깨닫지 못하고 있었던 사실, 즉 스탈린이 내전 종식 이후 너무도 짧은 시간에 엄청난 권력을 쌓아왔다는 사실을 인식하고 있었던 것이다. 스탈린은 연설가이자 작가인 트로츠키나 이론가이자 철학자인 부하린 등 당내에서 더욱 인정받고 있던 인물들이 회피해온 조직 업무와 같은 고역을 떠맡아 묵묵히 열심히 일해왔다. 그러나 새로운 소비에트 관료체제 내부, 특히 노동자 검열관 제도 내부에서의 이러한 활동 때문에 그의 주변에는 엄청난 지지세력이 형성되었다. 각 속령들, 모스크바, 상트페테르부르크 출신의 무수한 당 간부들이 스탈린 덕분에 출세를 할 수 있었고 따라서 이제 그는 레닌이 마음만 먹으면 언제든지 제거할 수 있는 단순한 시골뜨기 잡일꾼이 아니었다. 그렇지만 레닌은 여전히 스탈린을 제거할 방법을 찾아야만 했다.

하지만 레닌의 유언장이 공개되기 전까지는 아직 레닌의 뜻을 알 길이 없었던 당 정치국은 악화일로에 있는 '혁명의 아버지'의 건강을 염려한 나머지 스탈린을 레닌의 '보호자'로 임명한다. 레닌이 하루에 몇 분 이상 정치적인 문서에 접할 수 없도록 하고 휴식을 취하면서 흥분하지 않도록 조심하라는 주치의들의 당부를 잘 따르는지 확인하는 것이 스탈린의 임무였다.

몇 년 후 트로츠키는 스탈린을 레닌의 독살 혐의로 고발한다. 물론 증거는 없었다. 트로츠키는 스탈린처럼 도덕성이 결여된 인간이라면 지도자가 자신을 파멸로 몰아가려 하고 있다는 사실을 깨닫는 순간, 더군다나 그가 자신의 손아귀 안에 있다고 생각하는 순간 일단 뻗은 마의 촉수를 결코 거두지 않을 것이라고 주장했다. 그러나 이러한 혐의는 그다지 설득력이 없어 보인다. 그것은 스탈린이 양심을 지닌 인물이란 의미가 아니라 단지 스탈린이 굳이 레닌을 독살할 필요가 없었기 때문이다. 레닌의 건강상태가 그 자체로 심각한 상황이었기 때문이다. 물론 병세가 견딜 수 없을 정도로 악화되자 레닌이 스탈린에게 독약을 요구했고 스탈린이 이러한 요구를 당 정치국에 되풀이해 이야기한 사실이 사람들의 마음속에 의혹을 증폭시켰을 수는 있었다.

오히려 스탈린이 공격 대상으로 삼았던 이는 레닌을 죽을 때까지 간호했던 아내 크루프스카야였다. 물론 그는 이러한 사실이 레닌의 귀에 들어갈 것이라는 사실을 알고 있었다. 몹시 흥분한 크루프스카야는 한 동지에게 중재해줄 것을 요구하며 서신을 띄웠다.

'레프 보리소비치(카메네프)! 어제 스탈린이 저에게 차마 입에 담을 수조차 없는 욕설을 소나기처럼 퍼붓더군요. 블라디미르 일리이치(레닌)가 의사의 허락을 맡고 저에게 구술했던 간단한 통지문과 관련해서였어요. 어제 전 당에 합류하지 않았거든요. 지난 30년을 통틀어서 동지로부터 그처럼 상스러운 말을 단 한 번도 들은 적이 없었어요. 당과 일리이치에 관한 것이라면 스탈린만큼이나 저에게도 소중한 것 아니겠어요? 그 순간만큼은 제가 할 수 있는 한 모든 자제력을 총동원해야 할 판이었어요. 일리이치에게 어떤 말을 해야 하고 어떤 말을 해서는 안 되는지 그 어떤 의사들보다 제가 더 잘 알고 있다고 생각해요. 그의 마음을 어지럽힐지 아닐지 저만큼 잘 알고 있는 사람이 또 있겠냐구요. 그리고 어쨌든 스탈린보다는 제가

더 잘 알고 있을 거예요.

그래서 저는 일리이치의 가장 막역한 동지라 할 당신과 그레고리
(지노비예프)에게 이렇게 호소하는 거예요. 내 사생활에 대한 이런
천박한 간섭과 비열한 모욕과 위협행위로부터 제발 저를 보호해주
세요. 통제위원회의 일치된 결정에 대해 저는 그 어떠한 의심도 하
지 않아요. 스탈린이 그것을 제멋대로 해석해서 저를 위협하는 데
사용할 뿐이죠. 그러나 지금의 저로서는 그처럼 어리석은 광대 짓에
허비할 시간도 에너지도 없어요. 저 역시 한 사람의 인간에 불과합
니다. 지금 제 신경은 거의 한계상황에 달해 있습니다."

레닌에게 절대적인 안정과 정신적인 평온이 필요하다는 사실을 알
고 있는—실제로 당 정치국으로부터 그 누구도 병마에 시달리고 있
는 지도자를 괴롭히지 못하도록 보살필 임무를 부여받은—스탈린이,
크루프스카야에 대한 자신의 이러한 행동이 레닌의 귀에 들어갈 것이
라는 점을 계산에 넣고 있었을까? 도대체 그 어떤 다른 설명이 있을
수 있을까? 크루프스카야에 대한 스탈린의 모욕행위는 다시 한 번 되
풀이된다. 그리고 그녀는 이번에는 레닌에게 달려가 눈물로 호소한다.

이 사태와 관련해서 스탈린에게 보낸 레닌의 편지는 폐기되지 않은
채 기적적으로 살아남는다. 몇 가지 이유로 해서 스탈린은 이 저주스
러운 비난의 편지를 온전히 보관해왔다. 그리고 이 서신은 스탈린 사
후 크렘린에 있는 그의 책상에서 발견되었다. 레닌은 편지에서 이렇
게 기술하고 있다. "당신은 내 아내에게 전화를 걸어 그녀를 모욕할
만큼 무례한 사람이더군요. 아내는 그 당시 발설된 이야기들을 잊기
로 했습니다. 하지만 그녀는 지노비예프와 카메네프에게 그와 관련한
이야기를 털어놓은 모양입니다. 나는 나에 맞서서 당신이 취했던 행

동들을 잊어버릴 마음이 추호도 없습니다. 또한 나는 당신이 내 아내에 대해 취했던 말과 행동들이 나를 겨냥한 것으로 간주하고 있습니다. 따라서 당신이 내뱉은 말을 철회하고 사과할 의사가 있는지 아니면 우리의 관계를 이쯤에서 끝내는 쪽을 선택할 것인지 당신의 의사를 묻고자 합니다."

스탈린은 사과했다. 사과문에서 그는 도대체 무엇이 레닌의 감정을 상하게 했는지 이해할 수 없다는 듯한 태도를 취했다. 그러나 이러한 광대극이 더 이상 지속되지는 못했다. 레닌이 사망한 것이다. 수수한 개인 장례식을 원했던 그의 소망과 달리 그의 시신은 방부처리되어 전시되었다. 스탈린은 러시아 농민들에게 숭배할 대상이 필요하다는 사실을 이해하고 있었던 것이다. 그리하여 레닌의 묘소는 순례여행의 명소로 변했다. 그 시신이 실제로 레닌의 것인지에 대해서는 일부에서 의문이 일기도 했다. 시신은 손상이 되어서 방부처리도 하기 전에 부패하기 시작했다. 처리 과정에 하자가 있었던 것이다.

레닌이 사망한 지 몇 달 후 크루프스카야의 고집에 못 이겨 그의 유언장이 중앙위원회 회의에서 공개되었다. 그러나 이미 위원회는 스탈린의 수하들로 채워진 상황이었다. 당 정치국에서 레닌과 손을 맞잡고 일해왔던 지노비예프와 카메네프는 그 자리에서 행한 연설을 통해 레닌은 스탈린이 정치국원들 간에 분열을 야기시킬 것을 두려워했지만 실제로는 오로지 평화와 조화만이 있을 뿐이라는 입장을 밝혔다. 카메네프는 지노비예프보다 더 단호한 입장을 피력하면서 스탈린 동지를 의심할 아무런 이유도 없다고 결론을 내렸다. 결국 레닌의 유언장을 당 전체회의에서 공개하는 문제는 무산되고 말았지만 1930년대 카메네프와 지노비예프는 이처럼 곤경에 처했던 스탈린을 도와준 데 대해 '보상'을 받는다. 무자비한 고문을 당하고 거짓 자술서에 서

명하도록 강요받은 끝에 처형당한 것이다. 유대인이었던 지노비예프는 감방에서 처형대로 끌려가면서 히브리어로 기도를 올린다. "들으소서, 오 이스라엘이여! 신은 하나이십니다!"

전직 이발사이자 배우인 간부 중 한 사람이 지노비예프의 기도와 비탄을 흉내내자 스탈린은 한 손으로는 배를 움켜잡고 다른 손으로는 그만두라는 시늉을 하면서 발작적으로 웃어댔다. 그리고는 심지어 웃으며 눈물까지 찔끔거렸다.

하지만 크루프스카야는 또 다른 문제였다. 1930년대 들어서면서부터 스탈린은 그 어떤 공공장소에서도 비판적인 말을 하지 못하도록 그녀에게 함구령을 내렸지만 그녀는 오래전부터 스탈린을 비판해온 사람이었다(숙청 기간 동안 그녀는 만일 레닌이 살아 있었다면 레닌도 결국 처형당하고 말았을 것이라고 입버릇처럼 말하곤 했다). 그녀는 레닌의 와병 중에 또 그의 사망 시에 스탈린이 어떻게 처신했는지를 결코 잊지 않고 있었다. 스탈린의 두번째 부인이 자살하자 크루프스카야는 그에 대한 복수를 한다. 스탈린이 아내의 장례식을 종교적 의례에 따라 치르고—당원들에게는 전례가 없는—

묘지까지 관의 행렬을 따라갔을 뿐만 아니라 슬픔에 겨워 정신을 잃을 지경이었다는 소식을 들은 크루프스카야는 그를 '위로'한답시고 신문에 몇 줄의 글을 기고한다. "친애하는 요세프 비사리오니치(Josef Vissarionych)." 이렇듯 첫머리부터 그

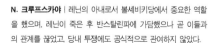

N. 크루프스카야 | 레닌의 아내로서 볼세비키당에서 중요한 역할을 했으며, 레닌이 죽은 후 반스탈린파에 가담했으나 곧 이들과의 관계를 끊었고, 당내 투쟁에도 공식적으로 관여하지 않았다.

녀는 스탈린의 이름을 일부러 틀리게 적었다(스탈린의 정식 이름은 'Joseph Vissarionovich Stalin'이다.—옮긴이). "최근 들어 당신을 생각하면 저는 당신에게 손을 내밀고 싶은 마음이 듭니다. 가장 가까운 사람을 잃는다는 것은 고통스러운 일이 아닐 수 없습니다. 난 일리이치가 병석에 있을 때 그의 사무실에서 당신과 나눴던 몇몇 대화들을 기억하고 있습니다. 그 대화들은 그 당시 저에게 힘을 주었습니다. 이제 다시금 당신의 손을 꼭 쥐어주고 싶습니다."

1939년 2월 26일 저녁, 크루프스카야는 자신의 일흔번째 생일을 자축하기 위해 자신의 '친구'(스탈린—옮긴이)를 초대한다. 스탈린은 파티에 참석하는 대신 생일 케이크를 보냈다. 밤이 이슥해지고 크루프스카야는 갑작스레 심각한 식중독 증세를 보인다. 그리하여 황급히 병원으로 이송되었지만 다음날 아침 숨을 거두고 만다. 장례식에서 그녀의 유골이 담긴 단지를 안고 간 사람은 다름 아닌 스탈린이었다.

5. 그녀는 그의 아내인가, 딸인가

    스탈린이 정치국 내의 정적들을 제거하고 최고의 권좌에 오른 과정은 동맹관계의 변화 과정과 함께 당내분쟁과 복잡하게 뒤얽힌 공작정치의 역사—말 그대로 마키아벨리의 역사—를 그대로 보여주고 있다. 스탈린은 선두주자였던 트로츠키에 대해 지노비예프와 카메네프라는 강력한 두 정치국원과의 동맹을 통해 맞서고, 일단 트로츠키라는 장애물을 제거하고 난 뒤에는 지노비예프와 카메네프를 제거하기 위해 부하린과 손을 잡는다. 그리고 이후에는 물론 부하린에 대항할 책략을 꾸민다. 일일이 열거할 것도 없다. 그의 모든 정적들이 단 5년 내에 당으로부터 축출되어 권세를 잃었다고 말하는 것만으로도 상황을 설명하기에 충분하다. 해외로 추방된 트로츠키는 그나마 행운아에 속했다. 그의 명성이 잠시나마 그의 생명을 부지시켜주었던 것이다. 여타 인물들은 심지어 '자신의 주장을 철회하고' 스탈린이 원하는 것이면 무엇이든 말하고 행동하겠다고 동의했음에도 불구하고 고문당한 후 처형되는 신세를 면치 못했다.

레닌의 정치국 전반을 송두리째 파괴하여 볼셰비키의 옛 수호자들 중 가장 뛰어난 인물들을 철저히 파멸의 길로 몰아간 이면에는 그 어떤 정치적인 목적이 도사리고 있었다. 위업과 명성 혹은 명망을 갖춘 그 누구도 남아 있어서는 안 된다는 것, 그 어떤 도전행위도 있을 수 없다는 것을 보여준 것이다.

그러나 지겹도록 계속된 숙청사태는 스탈린에게 아무런 실질적 이득을 가져다주지 못했다. 그와는 반대로 숙청은 러시아 최고의 지성들, 즉 가장 충성스럽고 헌신적인 공산주의자들(군의 모든 장교군단은 그렇다 치더라도) 중 일부를 파멸시켰던 것이다. 한 고령의 볼셰비키는 스탈린에게 편지를 써서 자신의 어머니가 혁명에 헌신한 죄로 수형생활을 하던 바로 그 감방에서 자신이 세상의 첫 빛을 보았다고 말하며 이후 자신의 모든 호흡과 모든 행동은 당의 고결한 이상을 수호하는 가운데 이루어졌음을 고백한다. 그러면서 그는 자신이 비장이 파열될 정도로 심하게 두들겨맞았다고 호소하며 이 편지를 감히 쓸 엄두조차 내지 못할 정도로 야만적인 취급을 받았다고 기술한다. 그를 이토록 무자비하게 다룬 자들은 절대적인 권력을 위임받은 10대의 신참 당원들이었다. 그러나 그는 이 편지에 대해 아무런 답장도 받지 못한다.

이 늙은 당원의 경우는 당시의 상황을 전형적으로 보여주고 있다. 자비나 정의를 구하는 거의 모든 호소는 귀머거리에게 전달된다. 스탈린은 나이 든 동지가 자비를 구하는 탄원서 위에 "건달, 남창"이라고 휘갈겨 쓸 것이다. 그리고 그 탄원서를 다른 정치국원들에게 회람토록 하면 그들은 한결같이 "그렇습니다!" 아니면 "미친 개에게 총살형을!"이라고 덧붙인다. 그렇지 않으면 자신의 목숨이 위태로워지기

때문이다.

공포정치에 어떤 목적이 있다면 그것은 무목적성이라고 할 수 있다. 누구나 언제든지 체포되어 고문당할 수 있다. 물론 고문을 가하던 당사자가 체포될 수도 있다. 아무도 안전을 보장받지 못하고 결백이란 것은 아예 존재하지도 않는다. 비밀경찰 요원들이 무너진 모습으로 눈물을 흘리며 "오늘은 당신이, 내일은 내가 고통을 받을 것이다."라고 말하면서 심문을 하는 경우도 있었다.

비밀경찰은 암살 담당자들의 신경성 불안증세와, 대부분 10대 후반에서 20대 초반의 나이인 수천의 사형집행인들 및 심문자들 사이에 만연한 알코올 중독과 성기능 불능증세를 치료하기 위해 요양소를 운영했다. 그러나 이 정도는 놀랄 일도 아니었다. 볼셰비키에 의해 자행된 야만적 행위는 매일 매일 잔학행위를 실행에 옮겨야 하는 부담감을 안고 있는 사람들의 성격을 왜곡시키거나 그들을 미치게 만들었다. 총 100만 명을 수용하는 감옥들을 관장하던 한 장군은 심문을 주재하는 자리에서 급기야 외마디 비명을 질러대고 환각증세를 일으켰지만 계속 사령관 자리를 지켰다. 그의 정신이상은 어차피 광기 어린 체제하에서 지위 박탈의 요건이 되지 못했던 것이다.

숙청은 끝없는 고발의 연속이었으며 마녀사냥과 비슷하게 신경증적인 형태로 진행되었다. 그것은 정화와 희생의 의식(儀式)이라는 리듬을 타고 있었다. "당신의 눈을 보면 당신이 계급의 적임을 알 수 있어!" 한 여성이 지역 당 모임에서 이렇게 소리친다. 그러면 그것으로 충분했다. 한 사람의 목숨이 사라져버리는 것이다. (그러자 고발당한 관리가 재치 있게 맞받아친다. "네 눈을 보니까 네가 매춘부임을 알 수 있겠다!" 재치 있는 말 한마디로 그는 자신의 목숨과 함께 가족들의 목숨까지 구한다.)

수감자들은 자백을 강요당하고 고발자는 그들의 배신행위에 대해 온갖 욕설을 다 퍼부어댔다. 군중들은 얼이 빠진 채 멍청히 바라다보고 각종 신문들은 화젯거리로 가득 찼다. 이처럼 상황은 혁명 초기와 같이 지나치게 과장되었고 밀정과 배신자들이 도처에 우글거리면서 공포와 혼돈이 최고조에 달하게 되었다.

　　혁명의 시기에 벌어지는 드라마와 그에 따른 희생은 사람들의 상상력을 사로잡아 영웅을 양산하는 결과를 낳았지만 1930년대의 스탈린은 인민들을 똑같은 열정으로 무장시켜 훨씬 더 세속적인 임무에 동원할 방법을 찾아야 했다. 그것은 기력이 소진된 국가를 위한 제2차 혁명이었다. 국민적 열광이 재점화될 필요가 있었다. 그렇지 않을 경우 오로지 정체와 환멸만이 이어질 뿐이었다. "그대, 불타오르지 않으면 썩어 문드러질 것이다."

　　스탈린은 계획경제를 제안한 최초의 인물로 자신의 제1차 5개년 계획을 실행에 옮겼다. 그것은 후진국 러시아가 미래를 향해 나아가도록 신속히 이끌어나가는 것을 의미했다. 비현실적으로 높은 생산량이 할당되고 인민들은 이를 달성하기 위해 혹사당했다. 사탕무 수확량이나 채광량에서 탁월한 실적을 올린 자는 훈장과 명예로 보상받았다. 산업화라는 말은 곧 러시아의 생존과 동의어로 받아들여졌다. 결국 산업국가들만이 세계를 지배할 수 있었다. 스탈린은 미래의 전쟁은 철로의 길이와 철강 생산량에 달려 있다는 사실을 누구보다도 잘 알고 있었다. 스탈린이 자신의 혁명적인 이름으로 '코바'(Koba, 그루지야 민간 전설에서 가난한 자를 위해 헌신한 의적)를 선택하면서 본격적인 혁명의 길로 들어섰다면 이제 중공업의 부흥이라는 모험적인 무용담이 자신의 상상 속에서 그 의적의 자리를 대신 차지하게 된 것이다.

그것은 세계권력에 이르는 열쇠였다.

농업 역시 그 거대한 구도 속에서 일정한 역을 맡았다. 엄청난 수의 노동자를 수용하고 있는 산업도시를 지원하기 위해 농업은 보다 효율적으로 이루어질 필요가 있었다. 이는 곧 소규모 농장과 조밀한 토지 구획이 집단농장으로 탈바꿈해야 하며 수확에는 기계가 동원되어야 한다는 것을 의미했다. 그러나 농민들은 완고한데다 토지에 대한 애착이 강해서 자발적인 협조를 얻어내기란 쉽지 않은 일이었다. 스탈린은 도시 사람들이 먹고 살 식량을 강제로 살인과 강탈에 의해 '징발'하기 위해 당 노동자 수천 명을 시골로 파견했다. 만일 농민들이 자발적으로 곡물을 포기하지 않을 시에 그것을 어떻게 빼앗아야 하는지 그는 알고 있었다. 도시인과 농민 모두가 먹고 살 만큼 식량이 충분하지 않을 때엔 바로 그들이 굶어 죽어야 할 판이었다.

당원들이 스탈린을 비판하자 그는 쁘띠부르주아 지식인들과의 관계 단절을 생활 속에서 실천하고 그들을 당과 노동자와 혁명으로부터 축출해버려야 한다고 공격했다. 국가의 급속한 산업화 기간 동안 인민들은 식량을 줄이고 심지어 성관계조차 자제하도록 통제를 받았다. "우리의 모든 에너지는 오로지 중공업과 생산에 집중되어야 한다!" 스탈린은 이렇게 열심히 떠들었고 인민들은 묵묵히 들었다.

도처에서 '부농', 이른바 쿨라크(kulak, 러시아어로 '주먹'이라는 뜻. 혁명 후 러시아에서 근대 기계들을 도입하고 머슴을 부림으로써 공산당원들로부터 부농으로 간주된 농민을 말함―옮긴이)들이 심판대에 올랐지만 실제로 그들이 소유하고 있는 것이라고는 암소 한 마리나 작은 채소밭뿐이었다. 농민들은 자신들의 수확물과 가축들을 양도하는 대신에 불을 질러버렸다. 스탈린의 분노는 극에 달하게 되었다. 농민들로서는 차라리 굶어 죽는 편이 나을 그런 상황이었다. 스탈린은 러시아를 누가 지배하고 있는지 그들에게 가르쳐줄 참이었다. 기근은 처참한 지경에 이르렀고 스탈린은 이렇게 위협했다. "그들은 기근을 퍼뜨리고 싶어한다. 그들은 가축들을 도륙하고 있다. 나는 그들에게 기근이란 것이 무엇을 의미하는지 똑똑히 가르쳐줄 참이다."

우크라이나에서만 총 2,000만 명에 달하는 농민들 가운데 500만 명이 목숨을 잃었다. 감시인들은 밀을 폐기해버리고 곡식 낟알들은 줄기에서 검게 말라붙도록 방치해버렸다. 스탈린은 결코 농민들을 용서하지 않으려 했다. 병사들은 한 마을에 도착해서는 다음과 같이 공포했다.

> "우리는 이곳에서 여러분이 수확량을 채울 수 있도록 여러분을 돕게 될 것입니다. 아직 조달받지 못한 곡물의 양이 1억 푸드(소련의 중량 단위, 1푸드는 16.38킬로그램—옮긴이)에 달하고 있는데 이는 무엇을 의미하는 것일까요? 수많은 도시와 산업중심지 그리고 적군 내에 굶주림이 만연하고 그로 인해 사람들이 죽어간다는 사실입니다. 여러분은 조달 계획이 완수될 수 없는 것이라고 말하실 것입니까? 모두 허튼소리입니다. 식량은 풍부합니다. 쿨라크들의 곡식 창고와 가축 우리는 차서 넘치고 있습니다. 모든 쿨라크들은 국가에 바치지 않은 5~6만 푸드의 곡식을 가지고 있습니다. 쿨라크들은 그 생명의 양식을 파는 조건으로 국가에 두세 배의 가격을 요구하고 있습니다. 이러한 사례를 다루는 법조항이 있습니다. 형법 107조 투기적 거래와 사재기 행위에 대하여……."

학생들까지 대학으로부터 징발된다. 시골에 내려가 곡물들을 보는 족족 거두어오는 것이 그들의 임무였다. 당시 사진들을 보면 어른 아

이 할 것 없이 길 양옆에 드러누워 죽기만을 기다리는, 피골이 상접한 사람들을 볼 수 있다. 그런데도 이들을 향해 애국적인 연설은 계속되었다. "조국을 위해 여러분의 밀을 포기하라!"

스탈린의 장모이자 한때 그의 정부였던 올가 알리루예바는 시골 출신 여성이었다. 그녀는 농민들을 위해 간청을 해보라고 딸을 다그쳤다. 스탈린은 경멸적인 투로 이제는 두 아이의 어머니가 된 아내 나데즈다에 대해 적대감을 보이며 비아냥거렸다. 그리고 이렇게 덧붙였다. "당신은 누구요? 당신의 정체는 뭐냔 말이요? 당신은 내 것이요, 아니면 쿠르나테프스키 것이요?" 이 말은 자신의 아내인 그녀가 자신의 딸이거나 아니면 쿠르나테프스키의 딸이거나 둘 중 하나라는 것을 뜻한다. 쿠르나테프스키는 스탈린이 그녀의 어머니와 사랑을 나누던 당시에 역시 그녀의 어머니와 성관계를 맺은 또 다른 혁명가였다.

이러한 의심은 그렇지 않아도 크렘린의 감옥과도 같은 분위기에 심각하게 주눅이 들어 있던 젊은 여성을 여러모로 괴롭혔음에 틀림없다. 사실 크렘린이란 곳은 야망과 권력에 사로잡힌 수많은 노인네들이 거주하고 있는 곳일 뿐더러 말과 행동을 일일이 엿듣고 주시하는 감시인들의 촉수를 벗어나기 힘든 곳이었다. 그 무렵 스탈린도 역시 며칠 동안 움츠러든 채 가족들에게조차 거의 말을 나누지 않거나 아니면 가족들에게 온갖 비아냥과 함께 잔인한 짓거리를 해대곤 했다. 그의 아들은 훗날 과도한 음주로 죽게 되며 딸은 소련으로부터 도망쳤다가 다시 귀국하는 등 비운의 생을 살게 된다.

전쟁인민위원 보로실로프의 집에서 열린 한 연회에서 스탈린은 아내의 인내심이 한계에 도달할 정도로 심하게 군다. "어이, 너!" 그는 술에 만취한 채 그녀를 불렀다. 그녀는 분노에 치를 떨며 벌떡 일어서서 "도대체 내가 누구에게 '어이, 너!' 란 말이에요?" 하며 소리쳤다.

스탈린이 그녀에게 온갖 음란한 말들을 퍼붓자 그녀는 울면서 연회장을 떠났다. 파울리나 몰로토프는 그녀와 함께 크렘린의 정원을 몇 시간 동안 거닐었다. 그녀가 털어놓는 불평을 들어주며 산책하던 파울리나는 마침내 그녀가 자기 방으로 가는 것을 지켜보았다. 다음날 아침, 짤막한 발표가 전 세계를 충격으로 몰아넣는다. 젊은 나데즈다 알리루예바 스탈리나가 사망했다는 소식이었다. 아이들은 시골에 있는 스탈린의 별장으로 보내졌다. 스탈린은 그녀가 총으로 자살하기 전에 남긴 유서를 읽고 또 읽었다. 비난의 글로 가득 채워진 유서에서 그녀는 그가 저지른 죄과에 대해 그를 꾸짖고 있었다. 그는 노보디비치 묘지까지 그녀의 관을 따라갔다. 그곳에서 그는 그녀의 무덤 옆에 앉아 생각에 잠겼다. 그리고 크렘린으로 돌아와서는 혼수상태에 빠질 때까지 술을 마셨다. 까다롭고 불 같은 성미로 볼 때 그녀는 진실로 그녀 어머니의 딸이었다. 하지만 그녀는 그녀 아버지의 딸이기도 한 것이었을까?

6. 히틀러가 스탈린에게 남긴 것

1941년 6월 22일 모스크바. 스탈린은 한밤중에 깨어나 독일군이 국경수비대를 강타하고 러시아 영토로 수백 마일을 물밀 듯이 진격해 들어오고 있다는 소식을 들었다. 러시아 진지는 하나둘씩 적의 수중에 떨어지고 있었다. 러시아 전투기들은 이륙도 해보지 못한 채 파괴되고 수천의 러시아 병사들이 적의 포로로 붙잡혔다. 그야말로 최악의 참사였다.

오랫동안 침묵이 이어졌다. 스탈린은 숨이 찬 듯 전화기에 대고 가쁜 숨만 몰아쉬었다. 그리고는 갈라진 목소리로 정치국원들을 크렘린으로 집합시키라고 속삭이듯이 말했다. 그는 국내외 정보통들로부터 쏟아졌던 수많은 경고를 무시한 자신에게 책임이 있다는 사실을 알고 있었다. 그는 독일군의 러시아 국경 집결이나 매일같이 발생한 러시아 영공 침범사태와 같은 신호들을 어깨 한 번 으쓱하는 것으로 무시해버렸다. 게다가 히틀러를 자극할 우려가 있다는 이유로 러시아군이 경계 태세를 취하거나 전쟁 준비를 하는 것도 허락하지 않았다.

공격이 개시된 바로 그 순간까지도 그는 전쟁물자가 제때에 정확히 인도되어야 한다고 역설하면서 히틀러와의 약속을 충실히 이행했다. 그토록 신중하고 의심 많고 편집증적인 사람이 어떻게 이런 실수를 저지를 수 있었을까? 문제는 거의 정신병적이라 할 만큼 아무렇지도 않게 수백만의 인명을 살해하게 한 바로 그 편집증이 이번에는 그의 시야를 가렸다는 데 있었다. 그의 편집증은 서방 민주국가들, 즉 영국, 프랑스, 미국에 초점이 맞춰져 있었다. 확실히 모든 보고서의 배후에는 이들 나라가 있었다. 그에게 이들 보고서는 나치 독일과 공산주의 러시아 간의 관계를 분열시키려는 목적에서 작성된 단순한 거짓 정보에 불과했다. 그의 논리적 추론은 이런 것이었다. 요컨대 러시아와 독일 간의 전쟁은 민주국가들에 대한 압박을 풀어버리는 결과를 가져와 결국 공산주의의 붕괴에 이른다는 것이다. 서방 민주국가들은 히틀러가 러시아에 덤벼들기를 바라고 있었다. 그들은 어떠한 희생을 치러서라도 공산주의 국가가 파괴되는 것을 보고 싶어했다. 공산주의 국가는 자기들 나라 노동자들에게 좋은 선례를 제공함으로써 서방국가들의 존립 자체를 위협하고 있었기 때문이다.

전쟁이 시작된 지 일주일이 지나도록 그 어디에서도 그의 모습을 볼 수 없었고 그의 목소리를 들을 수 없었다. 그는 몰로토프에게 대국민 담화를 발표하라고 시킨 뒤 자신은 모스크바 인근의 한 별장으로 물러나 의기소침한 상태로 시간을 보냈다. 그가 부재중인 상황에서

국가 구출위원회가 구성되었다. 이는 전에 없던 일일 뿐 아니라 생각할 수도 없는 일이었다. 그리고 결국 그의 조언과 지침을 얻기 위해 크렘린으로부터 대표단이 도착했을 때 그는 그들이 자신을 체포하기 위해 온 것이라고 착각했다.

그러나 그 누구도 반역에 대해 입도 뻥긋할 수 없을 정도로 이미 그들 사이에는 맹목적으로 복종하는 습관과 독재자에 대한 공포감이 스며들어 있었다. 그는 수천의 잠재적인 적들을 숙청했으며 살아남은 사람들도 자신의 생존이 스탈린을 신인(神人)으로 받아들인다는 조건하에서 가능했다는 사실을 이해하고 있었다. 설사 그가 가장 기본적인 국가방위 조치와 군대의 동원조차 거부한 채 히틀러의 손에 나라를 송두리째 넘겨주었다 해도 사람들은 그래야만 하는 것으로 생각했을 것이다.

결국 스탈린이 나섰다. 그는 크렘린으로 돌아와 인민들에게 자신들의 영웅적인 과거를 상기시키는 대국민 담화를 발표한다. "형제들이여! 자매들이여! 우리는 쿠투조프가 나폴레옹을 물리쳤던 것처럼 이제 러시아 땅에서 침입자를 몰아낼 것이다." 그의 입에서 제정 러시아 시대의 장군 이름을 듣는 것은 충격이 아닐 수 없었다. 그러나 바로 이 순간 이후 스탈린의 관심은 오직 하나 수단과 방법을 가리지 않고 전쟁에서 이기는 것뿐이었다. 만일 과거가 국민들의 사기를 끌어올리는 데 활용될 수 있다면 이데올로기는 중요치 않았다. 장성들과 과학자, 사제들이 국가방위를 돕기 위해 수용소에서 풀려나왔고 영국, 미국 외교관들이 크렘린에서 환영받았다. 그때는 이미 독일군이 스탈린그라드까지 진격해 들어온 가운데 350만 러시아 병사들이 포로로 붙잡히고 200만 명이 목숨을 잃은 상황이었다.

스탈린은 한 정치국 회의에서 이렇게 말했다. "우리는 레닌이 우리에게 물려준 나라를 완전히 망쳐놓았다." 독일군은 모스크바 진격을 눈앞에 두고 있었다. 정부 관리들은 모두 피난을 갔고 도시는 군의 지배하에 놓이게 되었다. 그러나 스탈린 자신은 그곳에 남기로 결정했다.

그것은 공황사태를 막는 중대한 결정이었다. 몸소 전쟁 한가운데 뛰어든 스탈린은 이후 결코 뒷걸음질치지 않았다. 그는 결연한 태도로 전쟁을 지휘했다. 숙청이 이루어지는 동안 군의 탁월한 지휘관들을 처형함으로써 군의 사기를 떨어뜨렸지만 아직 그는 군인들의 충성심을 믿고 있었다. 스탈린도 난관에 봉착했을 경우 두려움 없이 그들의 판단에 따를 수 있을 정도로 그들의 스탈린에 대한 복종은 절대적이었다. 모스크바의 해방자 주코프 원수는 스탈린에게 정직하게 단도직입적인 발언을 하도록 허락받았다. 하지만 결국 전쟁 후에는 모든 영광을 자신에게 귀속시키려는 스탈린에 의해 한직으로 밀려나고 만다.

스탈린은 밤낮없이 일에 몰두했다. 그는 이제 나이보다 20년은 더 늙어보이는 모습을 하고 있었다. 전쟁이 끝난 후 그를 본 사람들은 그의 외양에 충격을 받았다. 어쨌든 러시아는 위기에서 벗어났다. 하지만 그 과정에서 어떠한 희생을 치렀는지 그 진실을 아는 사람은 아무도 없었다. 진실에 대한 두려움 때문에 실제 통계자료는 비밀에 부쳐졌다. 혹자는 2,000만 명의 러시아인이 사망했을 것으로 추정하기도 한다. 전쟁 후 승리를 축하하는 퍼레이드에서 나치의 군기와 깃발이 스탈린의 발 아래 던져졌다. 그가 충성의 예를 받을 때는 문자 그대로 수천의 호위대가 그를 호위했다. 그는 외부의 적을 정복했지만 아직 내부의 적은 정복하지 못했던 것이다.

7. 넌 나쁜 짓을 했으니 벌을 받을 거야!

> **오늘 생쥐들이 고양이를 매장했다.**
> — 스탈린의 장례식에서 흐루시초프

1953년 2월 모스크바 외곽의 시골에 자리 잡은 한 수수한 별장. 덧문은 닫혀 있고 커튼은 드리워져 있었다. 열람이 금지된 서류들로 그득한 탁자 앞에 한 노인이 홀로 앉아 있다. '긴급'이라고 표시된 서류들, 비밀경찰의 수장인 베리아가 수용소의 남녀들에 관한 보고서에 사용한 담청색 폴더들, 역시 베리아 담당이었던 핵무기 개발 계획 관련 보고서에 사용된 검붉은 색깔의 폴더들이 탁자 높이 쌓여 있었다. 사실 베리아는 길거리에서 어린 소녀들을 유괴해서 자신의 호화로운 저택으로 데려간 뒤 마약을 먹고 그들을 강간하는 짓이나 일삼는 자로 널리 알려져 있었음에도 그러한 중책을 맡고 있었다.

그러나 그는 '두목'을 알고 있었고 무엇이 중요한지를 알고 있었다. 그는 자신의 그루지야 출신 동료 스탈린을 찬양하는 내용이 담긴 그루지야 혁명사를 쓴 인물이다. 그리고 이제 그의 비밀 보고서들은 스탈린의 의심과 공포를 교묘하게 자극하고 있었다. 거기에는 예술가들, 작가들, 장성들—심지어 주코프 장군까지도—의 행적들이 상세히 기록되어 있었다. 특히 제2차 세계대전의 영웅이요 모스크바의 수호자이자 베를린을 접수한 장본인인 주코프 장군이 감시의 대상이 된 것은 그의 명성이 스탈린에 버금간 까닭이었다. 그것은 위험한 일이었다. 스탈린의 첫번째와 두번째 아내의 인척들에 관한 파일, 정부 주요 인사들, 즉 외무인민위원, 전쟁인민위원, 중공업인민위원에 관한 두꺼운 서류철, 이들의 아내와 아이들에 관한 산더미 같은 보고서들, 요컨대 철저한 염탐을 통해 얻어낸 결과물들이 모두 있었다.

그러나 소비에트 핵 보유 능력의 약진을 평가하는 보고서를 포함해서 이들 긴급을 요하는 서류들과 특별 보고서들은 모두 옆으로 제쳐둔 상태였다. 대신에 그 노인은 잡지에서 사진을 오리며 앉아 있었다. 새끼 양에게 먹이를 주는 꼬마 소녀, 강가에서 꽃을 꺾는 꼬마 소년 등 아이들을 이상화시켜 놓은 이 사진들로 그는 텅 빈 벽을 장식할 생각이었다.

이 사람이 과연 강철의 사나이로 세계에 알려진 바로 그 남자일 수 있단 말인가? 오로지 매혹적인 포스터나 실물보다 큰 동상들을 통해서만 이 '세계 노동자들의 지도자'를 알아온 사람이라면 탁자 위에 몸을 구부리고서 뭔가를 중얼거리고 있는 이 노인네에게서 그를 발견하기란 불가능할 것이다. 휴양을 하고 있는 그의 눈동자는 누렇게 탈색되어 있고 초점이 없었으며 표정은 공허했다. 그러나 일순간에 그의 얼굴은 미친 듯한 분노로 일그러지고 의심과 함께 어두워지거나

냉소적이고도 가학적인 웃음으로 밝아질 수도 있었다. 그가 숨을 쉴 때마다 수십 년간 방치된 채 썩어가고 있는 치아에서 악취가 풍겨나오고 있었다.

스탈린에게 치과의사의 진료를 받아보라고 재촉하는 일은 화를 자초하는 짓이었다. 그는 자신이 진료받고 있는 동안 그를 살해할 음모를 꾸미고 있는 것이라고 생각할 게 분명하기 때문이었다. 말렌코프, 베리아, 흐루시초프 등 그의 최측근 인사들은 결국 그 문제를 어떤 식으로든 거론하려고 시도하면서 매우 신중하고 우회적인 방법을 동원하기로 했다. 스탈린의 요리사들 중 한 사람의 건강한 치아를 칭찬하기로 한 것이다. 그가 식탁으로 스탈린이 좋아하는 음식을 날라올 때 치아를 활짝 드러내고 웃도록 이미 말을 맞춰놓은 상태였다. 하지만 그 계획은 수포로 돌아가고 만다. 스탈린이 의기소침해 있을 때는 좋은 분위기에서 누군가를 만나는 것을 싫어했기 때문이다. 결국 그 요리사는 속사포 같은 욕설을 듣게 되지만 목숨을 건진 것만도 다행이라고 생각했다.

체포와 처형이 그야말로 제멋대로 이루어지고 있던 당시의 상황에 비추어볼 때 그 요리사는 분명 행운아였다. 그 요리사가 환하게 웃었던 것처럼 참으로 어이없는 이유들로 인해서 사람들은 전 가족과 함께 처형대에 오르는 신세가 되곤 했다. 스탈린의 눈을 똑바로 쳐다보지 못한다는 것, 혹은 그의 눈을 너무 똑바로 쳐다보았다는 것만으로도 사형당할 이유는 충분했다. 자신이 어떻게 행동해야 하는지에 관한 규범 같은 것은 있을 리 만무했다. 숙청이 시작된 이후 고문과 처형의 합당한 이유를 식별해내기란 더 이상 불가능했다. 이것은 스탈린이 가진 절대권력의 속성이었다. 그것은 신성한 것이요, 또한 불가해한 것이었다.

그의 권세 밑에 있던 2억의 인민들을 대상으로 그는 자신의 공상을 실현한다. 그가 어떤 사람 혹은 어떤 인종집단 전체에 대해 유죄를 선고하면 그들은 유죄였다. 남녀노소를 막론하고 어린아이까지 포함된 수만의 타타르인들이 불모의 유형지로 가축운송 화물열차에 실려 강제 이송되었다. 그들은 허기와 갈증에 허약해진 몸으로 유형지에 도착했다. 창문도 목욕시설도 없는 열차는 오는 동안 간간이 멈춰섰다. 이송 도중 사망자가 발생하면 그들의 친인척들이 땅을 파서 시체를 묻어야 했기 때문이다.

유대인들 역시 스탈린의 처단 대상 목록에 올라 있었다. 그는 죽기 직전에 유럽의 전 유대인을 고비 사막 언저리로 집단 강제 이송시키려는 계획을 세웠다. 이 계획은 카가노비치(Lazar M. Kaganovich, 1893~1963?)라는 인물의 지원을 받고 있었는데 그는 자신이 '유대인이 아니라 공산주의자임'을 입증하기 위해 사력을 다한 측근들 가운데 한 명으로 잔인한 품성을 지니고 있었다. 크렘린 병원에 근무하던 의사들 중 절반이 단지 유대인이라는 이유로 재판에 회부되기도 했다. 의사들은 스탈린 살해 기도 혐의로 고발 조치되었으나 스탈린이 사망한 덕분에 목숨을 건졌다. 훗날 흐루시초프는 '의사들의 음모'와 관련한 어떠한 근거도 찾을 수 없다는 점을 공개적으로 밝히고 그들을 감옥에서 풀어주었고 오히려 거짓 증거를 만들어낸 비밀경찰의 하수인들을 재판에 회부했다.

스탈린은 평생 동안 유대인에 대한 편견을 지니고 있었다. 하지만 그가 유대인들의 위협에 대해 편집증적인 강박관념을 지니게 된 것은 생의 마지막 단계에 이르러서였다. 혁명기에 중요한 역할을 한 당내 인물들 가운데에는 놀랍게도 많은 수가 유대인이었다. 그 중 몇 사람만 거명하면 카메네프, 지노비예프, 카가노비치, 리트비노프 등이 있었

다. 이러한 사실 때문에 스탈린은 정치국 내 고위급 정부관리들 중 예상을 훨씬 뛰어넘는 숫자가 유대인과 결혼했다는 점에 '주목한다'. 스탈린의 아들과 딸이 모두 유대인과 결혼했다는 사실은 접어두더라도 외무인민위원 몰로토프, 문화인민위원 주다노프, 국방인민위원 보로실로프 등이 모두 유대인 아내를 두고 있었다. 그리하여 그의 편집증이 시작된다. 1953년 스탈린은 이 모든 것이 시온주의자들과 미국의 음모 중 일부였다고 생각하는데, 원래 소비에트 연합은 1948년 이스라엘을 신흥 사회주의 국가라고 지지했던 적이 있었기 때문에 이러한 생각은 신빙성이 결여된 것이었다. 그의 편집증이 시온주의자들에게 집중되기 훨씬 이전에도 향후의 사태를 암시하는 징후들은 이미 있었다. 골다 메이어(Golda Meir)는 모스크바 주재 초대 이스라엘 대사였다. 그런데 스탈린은 파울리나 몰로토프가 1948년에 메이어 대사와 히브리어로 대화를 나누는 장면이 목격되자 그녀를 5년 동안 수용소에 가두었던 것이다.

1950년대 초반 정치국 모임에 앞서 외무인민위원 몰로토프가 베리아에게 아내의 근황을 물었다. 스탈린이 아직 도착하지 않은 상황에서 그가 귀엣말을 던졌다. "파울리나는 어때?" 그러자 베리아가 역시 귀엣말로 속삭였다. "아직 살아 있어!" 스탈린은 등장하자 몰로토프가 돌연 입을 다무는 상황은 나이 든 독재자를 에워싸고 있는 그들의 노예근성을 전형적으로 보여주는 것이다. 아첨꾼들은 앞다투어 스탈린을 찬양할 거리를 찾기 위해 혈안이 되어 있었다. '전지전능한 존재' '널리 만물을 내다보시는 분' '세계 노동자들의 천재적인 지도자' 라는 수식어 정도는 스탈린에게는 예사였다. 심지어 "달력이 그리스도의 탄생일이 아닌 스탈린의 탄생일로부터 시작돼야 마땅하다."는 의제가 채택되고 그 의제는 당대회에서 만장일치로 가결되기도 했다(스탈린은 이러한 영예를 거절한다). 또한 작가연합의 회장은 아들을 갖게 되자 아들에게 가르칠 첫 단어를 '스탈린'으로 할 것이라고 선언했다. 그리고 카가노비치는 한 측근 집단의 모임에서 자신은 스탈린이 실수를 저지르는 것을 단 한 번도 본 적이 없지만 그래도 자신이 지도자가 저지른 오류 하나를 지적하지 않을 수 없다고 교활하게 주장했다. 숨막히는 침묵이 찾아들었다. 모두들 놀란 토끼 눈을 하고 그를 응시했다. "그렇습니다." 카가노비치가 유창하게 말을 이었다. "스탈린은 자신의 가치는 과소평가하면서 레닌의 가치만을 치켜세우려는 경향이 있습니다. 그건 옳지 않습니다."

말년에 스탈린 홀로 남겨지는 경우가 많아서 측근들은 끊임없는 호출에 시달렸다. 흐루시초프는 술로 흥청대는 만찬이 새벽까지 이어지다가 결국은 조잡한 농담과 유치한 게임으로 끝난다고 묘사했다. 만찬이 시작되기 전에 사람들은 크렘린 영화관에서 몇 시간을 보냈다. 흐루시초프는 이렇게 기술하고 있다.

"스탈린은 직접 영화를 고르곤 했다. 그는 미국 카우보이 영화를 특히 좋아했는데 그들 영화에 대해 악담을 퍼부으면서 이념적 평가를 내리곤 했다. 그러나 그 영화가 끝나면 즉각 새 영화를 상영하라고 명령했다. 그런데 영화 필름에는 자막이 없었다. 그래서 볼샤코프 (영화인민위원)가 큰 소리로 번역해 말하곤 했다. 그는 모든 나라 말로 번역하는 재주를 갖고 있었지만 실상은 이들 언어를 하나도 알지 못했다. 그는 사전에 줄거리를 듣고 기억해두었다가 영화를 '번역'하곤 했던 것이다……. 우리는 그의 번역과 관련해서 자주 농담을 주고받았는데 특히 베리아가 이를 즐기는 편이었다. 볼샤코프는 많은 장면에서 무심코 줄거리를 잘못 전달하곤 했다. 아니면 그는

화면 속에서 진행되고 있는, 영화를 보고 있는 사람이라면 누구나 알 수 있는 상황을 말로 설명하는 것이었다. '지금 그가 방을 나가고 있습니다. 지금 그는 거리를 가로질러 걸어가고 있습니다.' 그러면 베리아가 끼어들어 볼샤코프를 거들었다. '보십시오! 그가 달리기 시작했습니다! 이제 그가 달리고 있습니다!'"

이러한 것들은 끔찍하고 예측 불가능한 노인네의 일시적 변덕을 보여주는 일례이다. 사망하기 전 몇 주 동안 스탈린이 일이라면 질색을 하는 바람에 정부의 업무가 일시에 마비되기도 했다. 매사를 그에게 의존하고 있던 당시로서는 그의 결재가 반드시 필요했기 때문이다. 트랙터 예비 부품을 구입하기 위한 외국 회사와의 계약 건에서부터 첩자라는 혐의로 기소된 열 살 난 소년에 대한 사형집행 결정—그야말로 스탈린 치하의 러시아를 상징하는 어처구니없고도 전율할 만한 일—에 이르기까지 모든 사안이 그의 손을 거쳐야 했다. 그의 모든 기력을 빼앗아간 그 책임감은 사실 그가 자처한 것이다. 그것은 급기야 그를 나이보다 훨씬 늙게 만들고 그의 모든 것을 소진시켜버렸다. 그리하여 권좌에 앉은 지 30년이 지난 지금, 과도한 업무와 불건전한 습관으로 점철된 일생 동안 겪어야 했던 긴장의 결과가 이 '세계 노동자들의 천재적인 지도자'에게 서서히 나타나기 시작했다. 그는 최측근 동료들의 이름조차 기억해내지 못하고 한국전쟁과 같은 긴급한 사안을 뒤로 미룬 채 『프라우다』지에 언어학과 관련된 장편의 에세이를 기고하는 일—이 주제와 관련한 그의 지식은 초보적인 수준이지만—에 몰두했다.

그러나 그가 기분전환 삼아 언어학에 관심을 쏟거나 실험 결과를 날조하는 별난 과학자 리센코의 이론을 지지하면서 생물학에 몰두하

건 간에, 아니면 잡지에서 사진들을 오리는 일을 재미삼거나 특대형 스케치북에 뭔가에 홀린 듯 늑대 그림만을 줄기차게 그려대건 간에, 그는 자신이 평생 몰두해왔던 음모라는 문제로부터 결코 자유로울 수 없었다.

세월은 스탈린의 업무 능력을 쇠퇴하게 만든 반면에 그의 공포와 병적인 의심은 오히려 강화시켜 놓았다. 그 노인네가 우두커니 앉아 세월을 보내고 있는 동안 경비병들은 겨울에는 스키를 그리고 여름에는 자전거를 타고서 별장의 높다란 담장 주변을 순찰했다. 병사들이 동심원을 그리듯 계속 순찰을 도는 모습은 설탕그릇 주변을 맴도는 파리떼처럼 보였다. 담장 내부에는 또 하나의 담장이 둘러쳐져 있고 두 담장 사이에는 전투견들과 기관총으로 무장한 경비병들이 진을 치고 있었다. 그리고 그들 경비병들을 감시하는 비밀경찰 스파이들이 경계의 눈초리를 번뜩이고 있었다.

러시아는 밀정들의 나라였다. 끝없이 반사하는 거울들로 이루어진 방과도 같은 이 나라에는 밀정들과 또 그 밀정을 감시하는 밀정들이 우글대고 있었다. 병사는 자신의 장교를 고발하고, 노동자는 자신의 상사가 하는 말을 엿듣고, 아이들은 부모를 배신해서 훈장을 받고, 기관지에 실리는 감동적인 사탕발림의 꼬임에 빠졌다. 열한 살 난 소년은 아버지가 집단농장에서 장시간의 노동에 시달리는 데 대해 불평하는 소리를 듣고는 이렇게 말한다. "아버지는 저에게 단지 계급의 적일 뿐입니다!" 그 소년은 아버지가 잔인하게 구타당한 뒤 시베리아 금광에서 강제노역에 시달리다 숨을 거두게 되리라는 것에 무관심했던 것일까? 아니면 그 운명을 온전히 이해하기에는 소년의 나이가 너무 어렸던 것일까? 공산주의청년동맹 콤소몰(Komsomol)은 다른 그 어떤 단체보다 강한 구성원 간의 결속력을 만들기 위해 온갖 노력을 기울

였다.

오로지 죽음만이 경비병들과 담장과 정교한 방호 시스템을 우회할 수 있었다. 스탈린은 자신의 별장에 홀로 남겨진 한밤중에 쓰러진다. 경비병들이 흐루시초프, 베리아, 몰로토프를 불렀다. 경비병들은 지도 자가 밤에 통상 그랬던 것처럼 먹을 것이나 마실 것을 요구하지도 않고 몇 시간째 혼자 있는 점을 이상히 여긴 것이다. 그들이 방으로 들어갔을 때 스탈린은 바닥에 쓰러져 있었다. 그들은 스탈린의 상태를 보고 어깨를 으쓱하며 무시해버린다. 술에 만취해서 그런 것으로 판단한 것이다. 잠을 재우면 나아질 것으로 생각한 그들은 스탈린을 침대로 옮긴다. 그러나 그들은 몇 시간 후에 재차 불려간다. 스탈린의 잠자는 모습이 아무래도 부자연스럽다는 것이었다. 가정부가 마음을 졸이고 있었다. 결국 열두 시간 이상 지연된 상황에서 주치의가 호출된다. 그의 동료들은 분명 지도자의 죽음으로 얻을 것이 많은 사람들이었다. 그가 회복한다고 해서 그들이 얻을 것은 아무것도 없었다.[12]

그곳에 모인 사람들은 밤을 새워 스탈린의 상태를 주시한다. 스탈린의 딸과 흐루시초프가 묘사하고 있듯이 그야말로 악몽 같은 밤이었다. 흐루시초프는 이렇게 기술하고 있다. "스탈린이 의식을 되찾은 듯하면 베리아는 즉각 달려가 스탈린 앞에 무릎을 꿇고 그의 손을 잡고서 손등에 키스 세례를 퍼붓기 시작했다. 그러다가 스탈린이 다시 의식을 잃고 눈을 감으면 베리아는 벌떡 일어서서는 증오심에 불타올

12_ 1953년 유대교 부림절(페르시아의 재상이었던 하만의 유대인 학살을 모면한 것을 기념하는 축제—옮긴이) 기간에 제2차 세계대전 당시 러시아를 탈출한 하시디즘(유대교의 경건주의 운동—옮긴이) 일파의 지도자인 루바비처 랍비는 공개적으로 스탈린의 파멸을 위해 기도한다. 그 랍비가 자신의 수많은 추종자들과 함께 "후 라! 그는 악마다!"를 노래부르던 바로 그 시간에 스탈린은 자신의 숨통을 끊을 발작으로 고통받고 있었다. 그 랍비의 대중 설교에 관한 기록, 즉 1953년의 《시코스(Sichos)》는 그러한 사실을 이렇게 증언한다. 즉 스탈린은 유대인의 저주와 구원을 위한 기도에 이어 곧바로 세상을 떠났다.

라 으르렁거렸다. 그의 악담을 듣는 것은 도저히 견딜 수 없는 일이었다."

의식이 오락가락하는 가운데 스탈린은 머리 위에 있는 그림들 중 하나를 가리킨다. 꼬마 소녀에게서 먹이를 받아먹고 있는 새끼 양의 그림이었다. 그곳에 있던 사람들은 스탈린, 그 위대한 스탈린이 이제 저 새끼 양처럼 무력한 존재가 되었다고 말하고 있는 듯했다고 전했다. 그의 딸 스베틀라나는 훗날 이렇게 기록한다.

"그 고통은 끔찍한 것이었다. 신은 공명정대한 사람에게만 편안한 죽음을 주신다. 이제 그야말로 마지막일 것이라고 느낀 바로 그 순간에 그가 갑자기 눈을 뜨더니 방안에 있는 모두에게 눈길을 주었다. 그것은 제정신이 아닌, 아니면 어떤 분노였을지도 모르는, 죽음의 공포로 가득 찬 소름끼치는 눈길이었다…… 그리고 내가 지금 이날까지도 잊을 수 없는 불가사의한 일이 벌어졌다. 그가 뭔가 위쪽에 있는 것을 가리키며 우리 모두에게 저주를 내리기라도 하려는 듯 갑자기 왼손을 들어올렸다. 그 몸짓은 협박으로 가득 차 있었다. 그리고 끝이었다. 그가 숨을 거둔 것이다."

어느 날 스탈린의 별장을 찾은 한 방문객은, 스탈린이 아내가 죽은 후 '내 꼬마 주부'라 부르곤 했던 자신의 어린 딸과 장난하고 있는 광경을 목격한 적이 있었다. 장난을 치고 있는 꼬마의 모습은 매우 진지했다. 그날 아이는 아버지에게 뭔가를 야단치고 있었고 그는 용서해달라며 빌고 있었다.

"안 돼, 안 돼. 요리사에게 이르지 말아줘!" 그가 겁에 질린 듯 짐짓 우는 소리를 했다. "네가 이르면 난 모든 게 끝장이란 말이야!"

하지만 아이의 태도는 단호했다. "상관없어. 넌 나쁜 짓을 했으니까 벌을 받을 거야!" 아이의 이 말이 떨어지자 스탈린은 참았던 웃음을 터뜨렸다.

이런 사람의 진의와 기쁨과 증오를 상상할 수 있겠는가? 그가 혼자 있을 때 그는 과연 자신이 누구인지 알고 있었을까?

열등감에서
비롯된
과대망상증 환자

후세인 HUSSEIN

▲ 가족, 친족, 일가라는 말은 사담 후세인이 권력을 얻고 이를 지키는 데 사용한 매우 중요한 수단이었다. 이라크의 모든 비밀 경찰조직 및 정부조직은 사담 후세인의 두 일가와 연계되어 있었다. 이런 배경 때문에 가족간의 균열은 매우 위험한 것이었다. 사진은 후세인의 두 아들 우다이(맨 왼쪽), 쿠다이와 함께 있는 후세인의 모습이다.

B i o g r a p h y

2003년 12월 14일에 생포된 후세인 전 이라크 대통령은 미국 등
서방의 압력에 맞서 20여년간 이라크를 지배한 철권 통치자였다.
1957년에 바트당에 입당하여 당이 주도한 이라크의 카셈 총리 암살
사건에 가담했으나 체포되었고, 1964년 알레프 정권에 의해 체포되
는 등 수난을 겪었다. 1969년 쿠데타에 참가하여 혁명평의회 부의
장이 되었고, 1979년 대통령에 취임하였다. 그는 집권 후 이슬람의
민족주의 지도자로서 군림했다. 그가 오랫동안 공들여 구축했던 '이
슬람 세계를 대표하는 지도자'라는 이미지는 한때 성공적으로 자리
잡았다. 1990년 8월 쿠웨이트를 기습 점령하였으나, 미국을 비롯한
다국적군의 공격(걸프전)으로 1991년 2월 패배하여 정치적 위기를
맞았다.

1. 소년, 증오를 배우다

나는 누군가를 증오하며 밤새도록 깨어 있었다.

― 비스마르크

　1988년 11월, 알 카나지르(돼지들의 어머니)라 불리는 티그리스 강
유역의 한 섬에 있는 대저택에서 성대한 파티가 열리고 있었다. 파티
에는 고관, 군 장교, 유전사업가, 외교관들뿐만 아니라 이집트 대통령
의 부인인 수잔 무바라크도 특별 손님으로 참석해 있었다. 유명한 이
라크 노래인 '사담, 오 사담, 당신은 위대하고 강인하신 분'을 부르는
가수의 노랫소리가 나지막이 울려퍼지고, 웨이터들은 파리에 있는 최
고급 레스토랑인 맥심에서 그날 공수해온 최고급 음식으로 시중을 들
었다. 사람들은 바로 이 자리가 한 가족의 폭력과 광기를 불러일으킨

운명적인 파티가 될 줄 꿈에도 모르고 있었다.

파티의 주최자는 사담 후세인의 뚜쟁이 친구인 카멜 한나였으며, 비록 참석하지는 않았지만 대통령의 지시에 따라 열린 국가적 차원의 파티였다.

한편 낮은 담 하나를 사이에 두고 이웃한 호화로운 저택에서도 또 다른 파티가 열리고 있었는데, 호스트는 사담 후세인의 아들인 우다이 후세인(Uday Hussein)이었다. 그는 매우 포악하고 거만한 젊은이였는데, 권좌를 계승하면 아버지보다 더 잔인한 독재자가 될 것이라고 맹세할 정도였다. 그는 원하는 여인이 있으면 애인이나 남편이 있어도 아랑곳하지 않고 둘 사이를 갈라놓았으며, 남자가 저항하면 총을 쏘아서 죽여버렸다. 며칠 전에도 전쟁영웅인 육군 장교 한 사람이 바그다드의 나이트클럽에서 이런 식으로 살해되었다.

우다이가 이 파티를 연 것은 자신을 냉대하는 카멜의 화를 돋우려는 의도에서였다. 우다이의 어머니 사지다가 아버지의 여자들과 카멜에 대해 독기 어린 불평을 늘어놓으면서 우다이와 카멜은 서로 앙숙이 되었다. 사지다는 특히 카멜이 남편에게 젊고 매력적인 안과의사 사미라 알 샤반다르를 소개해준 것을 매우 못마땅하게 여겼다. 쉽게 넘어오는 여자들에게 싫증난 후세인은 자신을 차갑게 대하는 지적인 사미라의 작전에 넘어가고 말았다. 독재자 후세인이 여러 달에 걸쳐 값비싼 선물과 과장된 애정공세를 펼치자 결국 사미라는 그의 마음을 받아들였다.

두 사람의 관계는 점점 깊어져 일시적인 외도의 차원을 넘어서게 되었고, 사미라는 자신의 남편과 이혼하고 비밀리에 사담의 둘째 부인이 되었다(이슬람교도는 부인을 네 명까지 거느릴 수 있다). 그리고 마침내 임신을 한 그녀는 대통령궁의 일부를 차지할 수 있었다.

이 일은 사담의 첫째 부인인 사지다에게는 모욕적인 일이었고 결국 가족의 분열을 가져오고 말았다. 대통령 별궁으로 이사한 사지다는 남편의 뚜쟁이인 카멜에게 모욕을 당했다며 아들 우다이가 카멜에게 적대감을 지니도록 그를 부추겼다. 아무것도 그녀에게 위로가 되지 못했다. 믿기 어려울 정도의 값비싼 보석들도, 유럽의 최고급 백화점들을 돌아다니며 흥청망청 돈을 쏟아붓는 쇼핑도, 값을 매길 수 없는 진귀한 골동품과 예술작품들로 가득 찬 저택도 아무 소용이 없었다. 사지다는 계속해서 같은 말만 되풀이했다. 그녀의 아버지가 가난한 시골 소년이었던 사담을 거두어주었으며, 그녀와 사담의 약혼은 아주 어릴 적에 이루어졌는데 그러한 사담이 지금 '매춘부들' 가운데 한 명과 혼인을 했다는 것이었다.

이러한 상황에서 카멜과 우다이의 집에서 동시에 파티가 열리게 된 것이다. 우다이의 파티에는 지하 조직원, 매춘부, 퇴폐적 식객 등 우다이의 변덕을 참으며 온갖 비위를 맞추는 그의 측근들—한 예로 우다이를 매우 싫어하면서도 그의 수행원이자 대역으로 있었던 라티프 야히아는 후에 이라크를 탈출한 후 후세인 가족에 대한 일급 정보를 제공하게 된다—이 참석해 있었다.

이와는 대조적으로 카멜의 파티에는 정치인, 장군, 사업가 등 저명인사들이 향기 그윽한 꽃밭 한가운데 자리 잡은 연못가를 거닐거나 금빛으로 빛나는 호화로운 방에서 춤을 추고 있었다.

저녁 무렵 기분 좋게 술에 취해 춤을 추던 카멜은 흥을 돋우기 위해 허공에 대고 총을 쏘아댔다. 그러자 우다이는 사람을 보내 총쏘기를 멈추라는 전갈을 보냈고 이에 카멜은 자신은 대통령의 명만 따른다는 답변과 함께 그를 돌려보냈다.

화가 난 우다이는 충전된 전기칼(요술지팡이라고 불리는 장미 절단용

기구)을 들고 울타리를 가로지르기 시작했다. 품위 있게 차려입은 손님들 사이를 활보한 끝에 연회장에서 춤추고 있는 카멜을 발견한 우다이가 이렇게 소리쳤다.

"내려와!"

그러자 카멜이 춤추고 있던 단상에서 뛰어내려와 우다이의 얼굴을 마주보고 섰다.

"조용히 하라고 했다." 하고 우다이가 성난 어조로 말했다.

"나는 네 아버지인 대통령의 말만 듣는다." 하고 카멜이 조금 전에 한 말을 되풀이하자, 순간 우다이가 들고 있던 전기칼이 카멜의 머리를 가르며 지나갔고 흉측하게 벌어진 카멜의 머리에서는 피가 흘러내렸다. 우다이는 놀라서 뒷걸음질치는 카멜의 목을 베었다. 카멜이 바닥에 쓰러지자 여자들은 소리를 질러댔고, 무바라크 영부인의 경호원들은 그녀를 에워쌌다. 정보국 관리인 카멜의 남동생이 우다이를 죽이려고 나서자 우다이의 경호원들이 그를 제지했다. 카멜은 죽어가면서도 우다이를 쏘기 위해 총을 집으려 했지만 우다이가 발로 총을 걸어찬 뒤 자신의 총으로 카멜을 향해 대여섯 발을 쏘았다. 그리고는 조용해진 손님들 사이를 유유히 걸어나가 자신이 있던 파티장으로 돌아갔다. 그가 나간 후 일대 혼란의 상황에서 한 육군 장교가 황급히 대통령에게 전화를 걸었다.

메르세데스 자동차 한 대가 육군 차량들의 호위를 받으며 바그다드 시내를 질주하더니 곧이어 끼익 소리와 함께 이븐시나병원 입구에 정지했다. 이미 얼마 전에 두 대의 구급차가 도착한 바로 그 병원이었다. 곧이어 차문이 덜컥 열리더니 흐트러진 모습의 사담 후세인이 안에서 나왔다. 그의 눈은 분노로 활활 타오르고 있었다.

사자 같은 몸놀림으로 후세인은 곧장 의사들이 카멜의 시체를 붙들고 소생시켜보려 애쓰고 있는 응급실로 걸어들어갔다. 한참 동안 서서 죽은 친구의 모습을 바라보던 그는 주먹을 불끈 쥔 채 스물네 살의 우다이가 누워 있는 또 다른 응급실로 향했다. 그곳에서는 의사들이 아버지 사담 후세인의 역정을 감당할 자신이 없어 약을 먹었다는 우다이의 위 세척에 안간힘을 쏟고 있었다. 후세인은 병실에 들어서자마자 의사들을 밀쳐내고 몇 차례나 반복하여 아들의 뺨을 때렸다.

"너도 내 친구가 흘린 만큼 피를 흘리게 해주마!"

후세인은 공포에 떨고 있는 의사들이 하던 일을 계속하도록 자리를 비켜주고는 병실 유리벽을 내리치며 소리쳤다. 병원에서 나온 후세인은 빠른 속도로 차를 달려 '프로젝트 2000' 회의장으로 돌아갔다. 이 프로젝트는 유럽의 저명한 건축가들을 고용하여 자신을 위한 5억 달러 규모의 호화로운 왕궁을 새로 짓는 것이었다. 회의장에 들어서자 후세인은 가장 잔인하면서도 야만적인 얼굴을 드러내며 분노를 터뜨렸다. 그는 재규어, 페라리, 마세라티, 포르셰, 메르세데스 등 100대도 넘는 아들 소유의 최고급 외제 승용차들을 태워 없애라고 명령했다. 자신의 장남이 자신의 친구를 죽였으니 이것은 시작에 불과하다고, 아들에게 '사자 새끼'의 고통이 무엇인지 보여주겠노라고 으름장을 놓았다.

두려움에 떨던 사지다는 곧장 요르단의 후세인 국왕(Hussein, 1953~1999)에게 전화를 걸어 남편이 자신의 아들을 죽이려 한다며 미친 듯이 울며 호소했다. 사태가 심각해지자 요르단 국왕은 즉시 이라크로 날아가 가족분쟁의 중재에 나섰고, 그의 노력 덕분에 사담의 아들에 대한 노여움은 어느 정도 진정되었다.

이 다툼으로 해서 후세인과 그의 가족이 지닌 본성은 만천하에 드러났다. 여기서 '가족'—친족, 일가—이라는 말은 후세인이 권력을 얻고 이를 지키는 데 사용한 매우 중요한 수단을 일컫는 것이다. 이라크의 모든 비밀 경찰조직 및 정부조직은 후세인의 두 일가와 연계되어 있었다. 즉 알 마지드라 불리는 친아버지의 사촌 일가와 후세인의 어머니가 두번째 결혼해서 낳은 후세인의 의붓동생 일가인 이브라힘 집안의 사람들이었다.

이런 배경 아래서 가족 간의 균열은 매우 위험한 것이었다. 후세인의 처남이자 전투 사령관인 아드난 카이랄라 툴파는 매일같이 동생 사지다를 찾아가 자신이 사담에게 부당한 취급을 당하는 그녀를 지지한다는 것을 보여주었다. 또한 후세인의 장인이면서 후견인인 카이랄라 툴파는 한때 바그다드의 시장을 지낸 뒤 부하에게 그 자리를 물려주었다. 후세인 일족 중에서도 중요한 구성원인 이 노인은 자신의 딸을 등한시하는 후세인의 처사를 매우 못마땅하게 생각하고 있었다.

이렇게 가족들이 점점 양편으로 갈라져서 내분만 심해지자, 후세인은 스위스에서 후세인의 해외 투자를 관리하면서 헤이그의 유엔 이라크 대사로 있던 그의 의붓형에게 아들 우다이를 보냈다. 그의 임무는 그곳에 숨겨둔 무기를 가지고 이라크로 돌아오는 것이었다. 피해자 가족들이 역으로 우다이에 대한 관대한 처사를 바라는 상황에서 후세인은 우다이를 잠시 멀리 보냄으로써 분열된 가족을 돌보고 가정 내의 추문을 잠재울 여유를 갖게 되었다.

어떤 점에서는 이 싸움이 그동안 국제적인 정치·경제적 압력에도 동요되지 않았던 후세인의 마음을 움직이게 했다고도 볼 수 있다. 그의 세계에서 믿고 의지할 수 있는 것은 오로지 가족뿐이었다. 아랍에서 전해내려오는 말 중에 '세계에 대항해 싸우는 나와 내 사촌'이라는 말은, 충절과 배반이 엇갈리는 세상에서 믿을 수 있는 끈은 오로지

혈연뿐이라는 그들의 정서를 반영하고 있다. 이러한 정서는 제1차 세계대전까지 하나의 온전한 국가가 아닌 단지 오스만제국의 3개 변방 지역들에 불과했던 이라크 역사 속에 깊이 뿌리내려 있었다. 부패한 터키 관료들은 그들의 지배하에 있던 쿠르드족(Kurdistan, 이라크 북부 지방의 방랑·호전적인 이슬람교도―옮긴이)들과 아랍인들에게서 최대한 재물을 짜내는 일에만 힘을 쏟았다. 이렇게 오스만의 지배하에 있던 500년 동안에는 남녀 상관없이 한 사람의 부족장이 부족을 보호하고 그들 간의 분쟁을 관리하며 그들을 하나의 정체성으로 뭉치도록 했다. 그러나 혈연에 얽힌 원한이나 이슬람교도들 간의 갈등, 즉 종파분리주의를 부르짖는 시아파와 정통 수니파 간의 극심한 종교적 갈등 같은 문제는 한 개인이 해결하기에는 너무도 벅찬 것이었다. 언제 위험과 대면하게 될지 모르는 상황 속에서 친족은 그들에게 매우 중요한 의미가 있었던 것이다.

사담 후세인이 태어난 1937년 당시는 제1차 세계대전 후 이라크 지배권이 오스만제국에서 영국으로 넘어가고 1921년 영국을 등에 업은 군주제가 세워지는 과정을 거쳐온 뒤였지만 세상은 달라진 것이 많지 않았다. 몇 차례나 피비린내나는 폭동이 일어난 후 그에 따른 대가가 너무 크다고 판단한 영국은 위임 통치를 포기하고 간접 관리방식을 선택했다.

서방에 세력의 근거지를 둔 것으로 알려진 메카 강 유역 하세미트 일족의 아들이 왕으로 등용되었다. 기민하고 인품이 고매한 파이살 1세(Faisal I, 1885~1933)는 왕이 된 후 자신이 이라크 국민들과 영국 추종세력 사이에서 훌륭한 중재자가 될 수 있으리라 생각했다. 그러나 피할 수 없는 사실은 나라의 자원이 소수세력에 의해 좌우되고 서양 열강에게 이용당하는 현실이었다. 이에 대한 국민들의 불만은 불발에 그친 쿠데타나 대량학살로 표출되었다. 수백 명의 아시리아인들, 고대 기독교인들이 광분한 군중들에 의해 불구가 되거나 살육당했으며, 사람들은 사지가 절단된 그들의 시체를 들고 열을 지어 행진했다.

이와 비슷하게 수세기 동안 유대인들이 살아온 바그다드의 한 지역도 공격을 받아 주민들이 살해되고 시가지 벽에는 휘갈겨 쓴 증오에 찬 문구들로 가득 메워졌다. 그러나 이런 대량학살에도 불구하고 변화되는 것은 없었다. 이라크는 독립 후에도 여전히 과거의 무지몽매와 봉건제도에 빠진 채 깊은 잠에서 깨어나지 못했다.

이라크의 이러한 상황을 가장 여실히 보여주는 곳이 바그다드 북쪽에서 100여 마일 떨어진 알-오우자라는 마을인데, 이는 사담 후세인이 태어난 곳이기도 하다. 구운 진흙으로 지어진 집들이 밀집해 있고 온통 진흙탕 길이 널려 있는 이곳에는 수도와 전기도 들어오지 않았다. 좀도둑이 날뛰고, 사람들은 가난에 지쳐 아무런 희망도 없이 살아가고 있었다. 이라크의 높은 영아 사망률을 감안하면 이런 곳에서 아이들이 살아남는다는 것은 거의 기적에 가까운 일이었다.

사담 후세인의 아버지는 그가 태어나기도 전에 죽었다. 그러자 무식하고 가난한 농사꾼이었던 사담의 어머니 수브하는 좀도둑이었던 이브라힘 알 하산이라는 남자와 곧 재혼했다. 의붓아버지인 하산이 아이를 귀찮게 여기자 사담의 어머니는 이제 막 두세 살이었던 사담을 이웃 마을 타크리트에 살고 있던 작은아버지에게 보냈다.

타크리트도 알-오우자와 마찬가지로 진흙집과 먼지, 비포장도로 그리고 가난이 만연한 곳이었다. 하지만 비교적 큰 마을이라 바그다드와 모술을 잇는 철도가 지나갔으며 역사적으로도 유서가 깊은 곳이었다. 지금은 폐허가 된 마을의 한 성채는 옛날 아랍 전사들이 머문

곳이었으며, 500여 년 전에 살았던 위대한 아랍의 정복자인 쉴레이만 1세가 태어난 곳으로도 유명한 마을이었다.

한편 사담의 작은아버지인 카이랄라 툴파에게는 사담 또래의 딸이 있었다. 그는 딸이 크면 아직 어린 조카와 혼인하도록 정혼해놓았다. 거름으로 쓸 소똥을 주워 나르던 이 여자아이가 바로 지금 남편의 외도로 토라져 별궁에서 지내는 사지라였다.

이라크 육군 장교로 열렬한 아랍 민족주의자였던 사담의 작은아버지 카이랄라는 서양의 열강을 좇기에만 급급해 민생에는 별 관심이 없는 당시의 이라크 왕정을 경멸했다. 그의 이러한 정치적 관심은 그대로 사담에게 전수되었으며 어릴 적부터 작은아버지 집에서 벌어지는 열띤 논쟁을 보며 사담은 깊은 인상을 받게 된다.

카이랄라는 서양 열강에 맞설 수 있도록 비옥한 초생달 지대(이스라엘·레바논·요르단·시리아를 거쳐 이라크에 이르는 반달형 지대를 이름—옮긴이)에서부터 나일 강 유역에 이르는 지역에 근대적으로 통일된 아랍국을 건설해야 한다는 자들과 의견을 같이했다. 그러나 이것은 이룰 수 없는 이상이요, 꿈이었다. 그 당시 가장 중요한 문제는 왕권 뒤에서 절대권력을 행사하고 있는 영국의 속박에서 벗어날 방법을 찾는 일이었다. 1930년대에 이라크는 나라 건설 초기의 모습을 그대로 유지한 채 정서적인 응집력도, 국가적 정체성도 없이 그저 이름만 국가인 상태를 지속하고 있었다.

이라크의 왕 파이살 1세는 이러한 이라크의 현실을 한탄하며 1933년 56세의 나이로 생을 마감했다. 그는 죽기 전 마지막 연설에서 다음과 같이 말했다. "아직도 진정한 이라크 국민을 찾을 수 없으니 짐의 마음은 슬픔으로 가득하다. 애국심도 없고 사회와의 연결고리도 끊긴 채 수많은 사람들이 불합리한 종교적 믿음에만 매달려 악마의 말만 듣고 혼란을 야기하고 있다. 이들은 어떤 정부하에서도 반발하고 봉기를 일으킬 준비가 되어 있다."

파이살 1세의 뒤를 이어 그의 바람둥이 아들인 가지(Ghazi)가 왕위를 계승했으나 그도 몇 년 동안 환락만 좇다가 1939년 어느 날 술에 취해 차를 몰던 중 연못으로 질주하여 목숨을 잃었다. 상황이 이렇게 되자 당시 다섯 살 된 파이살 2세가 왕위를 계승했고, 이와 함께 영국의 섭정이 이루어졌다. 영국을 지지하는 교활한 총리 누리 앗 사이드(Nurias-Said, 1888~1958)가 열네 번이나 총리에 임명되면서 그의 기나긴 정치경력의 마지막을 장식하게 된다.

1941년 영국의 지원은 한계에 도달했고, 나치 추종자였던 새 총리 라시드 알리(Rashid Ali al-Kilāni, 1882~1965)는 뜻이 맞는 자들과 함께 현 정권을 뒤엎고 독일을 지원하고자 시도했다. 사담의 작은아버지인 카이랄라도 이 부류에 속해 있던 군 지휘관들 중 한 사람이었다.

그러나 이들을 지원하기에 히틀러는 러시아 문제로 너무나 바빴다. 그래서 반란군들은 곧 고지대 사막에 고립되었고, 얼마 후 인도를 통해 영국으로부터 지원군들이 도착했다. 어린 군주가 있는 왕실은 영국의 섭정과 새 총리의 신속한 임명으로 다시 자리를 잡았다. 라시드 알리는 다른 반란 주도세력들과 함께 처형당했으며, 그 외에 사담의 작은아버지를 포함해서 반란에 가담했던 사람들도 모두 감옥으로 보내졌다. 주위 상황이 이렇게 되자 당시 다섯 살이었던 사담은 다시 알-오우자에 있는 그의 어머니에게 보내졌다. 사담의 의붓아버지는 틈만 나면 소년을 때리고 구박했다. 그가 쇠막대기를 휘두르며 위협하면 사담은 매를 피하기 위해 억지로 춤을 추어야 했다. 훗날 사담은 전쟁포로들로 하여금 친족들의 시체 위에서 춤을 추게 만든다. 게으르고 매정한 의붓아버지는 소년에게 이웃 농장의 양을 훔치게 했고,

매일 아침 사담을 깨울 때면 아이의 머리카락을 난폭하게 잡아당기며 "어서 일어나지 못해, 이 고약한 창녀 자식아!"하고 소리질렀다.

이렇게 5년이라는 시간이 흘렀고 사담은 증오하는 법을 알게 되었다. 열 살이 되던 해 작은아버지가 교도소에서 풀려나자 사담은 뛸 듯이 기뻤다. 그도 사촌동생인 아드난처럼 작은아버지 밑에서 읽고 쓰는 법을 배우고 싶었다. 그러나 이번에는 어린 사담이 심부름꾼이나 도둑으로 쓸모가 있다고 생각한 의붓아버지가 아이를 떠나보내려 하지 않았다. 그러자 일곱 살 된 사촌 아드난이 의붓아버지의 뜻을 거스르고 타크리트로 떠나도록 사담을 설득했다. 어린 사담에게는 이 일이 타크리트라고 하는 '어떤 거대한 세계'를 경험하고 모험을 펼치는 계기가 된다.

반역죄를 지었던 작은아버지는 육군에 사표를 제출한 뒤 학교 선생으로 일하게 되었다. 그러나 정치적 논쟁이 벌어지면 그는 더욱 격렬하게 자신의 생각을 피력했다. 카이랄라는《신께서 창조하지 말았어야 할 세 가지: 유대인, 페르시아인, 파리》라는 사악한 소책자를 발간했는데 이 책은 어린 사담에게 큰 충격을 주게 된다. 이렇듯 작은아버지의 현 정치에 대한 증오심은 어린 후세인의 격렬한 감정에 불을 지펴놓았다.

1947년 어느 날, 누더기 옷을 입은 한 아이가 지금은 폐허가 된 성채에 숨어서 타크리트를 내려다보고 있었다. 소년은 무너져가는 성벽의 그림자 아래 쪼그리고 앉아 자신을 놀려대는 아이들의 눈을 피해 주위를 살폈다. 작은 마을에서 온 이 아이는 당시 열 살이었으나 읽고 쓸 줄을 몰랐고, 이 때문에 다른 아이들의 놀림과 무시의 대상이 되었다. 학교 선생님이 질문을 하는 바람에 소년의 가정환경은 다른 아이들에게 모두 알려졌고, 아이들은 "아빠도 없는 놈! 저주나 받아라!"

하고 소리치며 소년의 뒤를 쫓아다녔다.

　다른 아이들보다 나이는 어렸으나 꾀가 많았던 소년은 이런 놀림으로부터 이리저리 피해다닐 수 있었다. 그러던 어느 날 아이는 작은아버지의 집 뒤 언덕에서 자신을 놀려대던 아이들에게 복수하기 위해 철봉을 들고 숨어 있다가 아이들이 하나씩 나타나기를 기다려 두 손으로 싹싹 빌 때까지 아이들을 때려주었다.

　아라비아어로 '직면' 또는 '꽉 붙들기'라는 뜻을 지닌 '사담'이라는 이름은 이 아이에게 꼭 맞는 이름이었다. 그는 이름처럼 소년이었을 때나 어른이 되어서도 일생 동안 끊임없이 전쟁을 치르며 세상과 정면으로 맞서나갔다.

2. 맞았으되 틀린 점쟁이의 예언

1950년 바그다드. 카이랄라는 조카인 사담과 아들인 아드난 그리고 딸 사지다와 함께 바그다드에서도 가난한 마을인 알 카르크로 이사했다. 그곳에는 타크리트에서 이주해온 가난한 농민들, 퇴역 장교들 그리고 상인들이 모여 살고 있었다. 그들은 서로 비슷한 생각을 지니고 가까이 지내면서 마피아 전술을 이용해 강도와 도둑질을 일삼고 함께 차를 마시며 정치를 논했다.

당시 10대 청소년이었던 사담은 작은아버지뿐만 아니라 그의 많은 친구들, 친척들, 이라크 현 장교 및 퇴역 장교들에게서도 이라크 정치의 겉과 속을 낱낱이 배울 수 있었다. 사담의 이라크 정치에 대한 지식은 날이 갈수록 쌓여갔고 파이살 1세의 죽음으로 큰 영향을 받게 된다. 언제나 정치권력의 출발지는 군대였으며 권력을 잡으려는 자에게 군사력보다 더 중요한 것은 없었다.

사담은 이러한 현실을 잘 알고 있었으나 사관학교에 들어가기에 그의 학교성적은 형편없이 나빴다. 주위 친족들의 계급이 올라갈수록 사담의 굴욕감과 낙담도 커져만 갔다. 훗날 마침내 권력을 잡은 사담 후세인이 마치 굶주린 사람이 음식을 탐하듯 군인으로서 받을 수 있는 훈장이란 훈장은 모두 몸에 달고 스스로를 육군 원수로 칭하며 전투를 운동처럼 즐긴 것도 그 때문이었다.

하지만 정작 중요한 것은 그가 군으로부터 받은 이런 소외감의 결과가 이란-이라크 전쟁 중에 나타났다는 사실이다. 열등감에서 비롯된 그의 과대망상증은 엄청난 재앙을 불러왔다. 그는 스스로를 '군 원수'라 부르며 장군들의 전략적 충고를 무시했고, 그로 인해 수만 명의 군사들을 죽음으로 내몰게 된다.

군에 있던 사담의 친족들은 사담이 사관교육을 받지 못했음에도 그를 자신의 아래에 두려고 했다. 특히 육군 준장으로 있던 사담보다 나이가 많은 사촌 아메드 하산 알—바크르(Aḥmed Ḥassan al-Bakr, 1914~1982)는 훗날 사담이 진급을 하는 데 큰 역할을 했다. 그러나 이것은 정확히 말하면 육군사관학교를 나오지 못한 사담이 도전적인 육군사관학교 출신들 사이에서 따돌림을 당할 것이 분명하고 따라서 자신에게 전혀 위협적인 인물이 될 수 없다고 판단했기 때문이었다. (결과적으로 젊은 독재자 후세인은 너무도 확실하게 명성을 얻을 수 있었다. 그의 잔혹성과 후진성으로 인해 후세인은 폭력적인 이라크 정치세계에서 아주 유용하면서도 동시에 언제든 통제 가능한 동맹세력으로 받아들여졌다.)

사담이 어른이 되었을 때 이라크는 혼돈에 빠져 있었다. 아랍 세계에서는 이집트의 대통령 나세르(Jamal 'Abdan-Nāṣer, 1918~1970, 통일아랍공화국의 대통령을 지냄—옮긴이)가 새로운 별로 떠오르고 있었다. 나세르 대통령이 이집트를 변화시켰다는 사실은 아무도 부인할 수 없

었다. 이 카리스마 넘치는 지도자는 사람들에게 사랑과 미움과 두려운 마음을 동시에 갖도록 만드는 재주를 지니고 있었다.

1952년 이집트 혁명(실은 쿠데타)을 일으키며 나세르와 그의 군 동료들은 환락에 빠진 무리들과 나약한 파루크 왕(Farouk, 1936~1952 재위, 이집트의 마지막 국왕—옮긴이)—당시 이라크의 나약한 군주 파이살 2세는 그와 너무도 닮아 있었다—을 좇아냈다. 나세르는 또한 대담하게 수에즈 운하를 국영화했으며 아랍 국가들의 통합을 요구했다. 비록 짧은 기간이긴 했으나 그는 정말로 이집트-시리아-예멘의 통합국인 '통일아랍공화국'(The United Arab Republic, 나중에 분열하여 이집트만 남았으며, 1971년에 '이집트아랍공화국(The Arab Republic of Egypt)'으로 개칭됨—옮긴이)을 출범시키는 데 성공했다.

친서방 노선을 견지하는 아랍 군주국들은 신생 이스라엘의 손에 놀아나는 '아랍의 치욕'이라는 비난을 받았고, 군주제는 이라크에서도 세를 얻었지만 그리 오래 가지는 못했다. 이렇듯 당시의 아랍 국가들 사이에서는 범아랍주의가 여러 형태로 전파되며 성행하고 있었다.

1920년대에 다마스쿠스 출신의 한 시리아 기독교인과 수니파 아랍인이 '바트당(Baath Party)'을 창설했다. '바트'는 환생 또는 부활을 의미하는 아랍어였다. 바트당원들은 사담의 작은아버지 카이랄라와 마찬가지로 서양 제국주의 앞에서 힘을 쓰지 못하는 이라크의 나약한 정치현실을 수치스럽게 생각하는 사람들이었다. 당시 300명이 조금 넘었던 바트당원들은 아랍인들이 하나의 위대한 대국을 건설하도록 운명지워진 유일한 민족이라고 설교했고, 당시 10대였던 사담에게는 소규모 사회운동을 펼칠 시위대를 구성하는 임무가 주어졌다.

바트당의 이념은 매우 난해했으며 성질이 전혀 다르고 대립되는 요인들이 많이 포함되어 있었다. 말하자면 19세기 독일에서 풍미한 비

논리적이고 신비주의적인 국수주의라든지, 엉성하고 비과학적인 사회주의, 전통적 이슬람교의 속박에서의 탈피 요구, 아랍 문화와 시, 음악에 대한 이해, 수세기 전 대제국을 건설했던 아랍인들의 마음속에 새겨진 《코란》의 세속적 이해에 이르기까지 그 내용이 모호하고 복잡하기 이를 데 없었다. 그러나 정작 사담에게 중요했던 것은 바트당의 이념이 아니라 타크리트 출신의 일족과 친구들이 이제 막 성장하기 시작하는 바트당에서 중요한 역할을 하고 있다는 사실이었다.

그러나 1958년 이라크 왕정을 뒤엎은 것은 바트당이 아니라 금욕주의자이면서 관념주의자이며 신랄한 태도를 지닌 압둘 카셈(Abdul Karim Kassem, 1914~1963, 아브드 알 카림 카셈이라고도 함) 장군이었다. 프랑스를 지지하는 레바논의 카밀 샤문(Kamil Shamun, 1900~1987) 정권을 지원하기 위해 파견되었던 카셈 장군은 제국주의 열강을 위해 동족인 아랍인들과 싸우기를 거부하고 정변을 일으켰다. 카셈은 그의 군대를 이끌고 바그다드로 회군하여 왕궁에 불을 질렀다.

그때 24세의 파이살 2세는 궁전 2층에서 속옷만 입은 채 면도를 하고 있었다. 정치에는 별 관심이 없었던 이 젊은 왕은 오로지 재즈와 스키에만 몰두했다. 파이살 2세는 시종일관 아브드 알 일라의 섭정에 눌려 지낸 왕이었다. 그는 가족과 함께 도망치려 했으나 궁정 뒤뜰에서 카셈의 군사들에게 붙잡혀 총살당했다. 파이살의 시체는 융단에 싸여 비밀리에 매장됐고, 이때부터 카스르 알 니하이야라고 알려진 이 궁전은 고문과 살인이 자행되는 끔찍한 감옥으로 변하게 된다.

또한 섭정자 아브드 알 일라도 거울 뒤에 숨어 있다가 붙잡혀 궁전 창 밖으로 내던져졌고 군중들이 그의 시체를 땅바닥에 질질 끌고 다녔다. 궁전에서 탈출한 유일한 사람은 교활한 70세의 왕실 총리 누리 알 사이드였다. 과거에도 수많은 쿠데타로부터 죽을 고비를 몇 번이

나 넘긴 그는 베일을 쓴 여인으로 위장하여 바그다드 시외로 빠져나갔다. 그러나 이튿날 한 과일장수가 그를 알아보고 거리에서 그의 이름을 외치며 따라다니는 통에 이 늙은 외교관은 군중에게 붙잡혀 말뚝에 매이는 신세가 되었다. 그의 몸은 행인들의 분풀이 대상이 되었고 굶주린 개들의 먹이가 되었다.

새로운 지도자 카셈 장군은 바트당과 군부를 즉각 소외시켰다. 그는 나세르의 범아랍적 통합에 동참하는 문제보다는 이라크를 더 강하게 키우는 데 관심이 있었다. 카셈 장군은 하루가 다르게 커나가는 공산당을 지원하면서, 쿠르드족과 같은 이라크 내의 소수 이교도 집단으로부터 신임을 얻으려고 노력했다.

그러나 그의 이러한 전략은 성과를 거두지 못한다. 이전의 왕정통치 하에서와 마찬가지로 이라크 국민들의 애국심을 불러일으키는 데 실패하고 만 것이다. 서로 대립하며 싸우는 소수민족들과 종교세력들 때문에 이라크는 중심을 잡지 못하고 분열되기 일쑤였다. 우선 이슬람교의 과격파로 전 인구의 55퍼센트를 차지하는 시아파가 있었다. 그리고 이와 대립하는 정통 이슬람 수니파가 있는데, 이들의 규모는 시아파보다 적은 20퍼센트 정도였으나 지도층 출신이 많았다. 그 다음으로 자신들만의 나라를 꿈꾸는 비아랍족인 쿠르드족이 있었는데, 세속적인 이라크 바트당원들에게 이러한 쿠르드인들의 꿈은 생각하기도 싫은

압둘 카림 카셈 | 1958년 이라크 왕정을 전복하고, 새로 구성된 이라크 공화국의 수반이 되었으나 국민의 지지를 얻지 못하다가 쿠데타로 살해당하였다.

것이었다. 그 이유는 무엇보다 이라크 원유의 40퍼센트가 쿠르드인들이 거주하는 지역에 매장되었던 데 있었다.

이렇게 복잡한 사회 속에서 각 종파나 민족들은 서로 숙적인 양 대립하며 서로에 대해 죽을 때까지 싸워야 할 대상으로 여겼다. 결국 수많은 이라크인들이 종족의 권위만을 내세우고 이라크 정부의 존재를 무시하게 되면서 종족 간의 유혈참사와 다툼은 더욱 심해지기만 했다. 그리고 이라크의 이러한 상황은 권력을 쥐긴 했으나 이를 어떻게 써야 할지 알 수 없었던 카셈 장군에게 너무나 버거운 현실이었다. 그러나 재임기간 중 카셈 장군의 주된 업적은 놀랍게도 그의 관용적 처사로 이루어진 일들이었다. 빈민들을 위해 바그다드와 이라크 전역에 걸쳐 수천 채의 집을 지은 일도 그 중 하나였다. 훗날 총살대와 마주했을 때 카셈 장군은 사형집행관에게 자신이 행한 선행을 떠올리게 하며 살려달라고 애원했다고 한다.

1959년 카셈 장군의 임기가 아직 4년이나 남아 있을 무렵이었다. 총을 소지한 바트당 요원들은 바그다드 시가지에서 그가 탄 차를 기다리고 있었다. 나세르가 제시하는 새로운 사회에 합류하기를 거부하고, 공산주의를 지지하며 바트당을 억압하려 하는 이 지도자를 무너뜨리라는 지시를 받은 자들 중에는 사담 후세인도 끼여 있었다.

후세인은 이미 한 번 살인을 한 경험이 있었으나 이번에도 긴장되기는 마찬가지였다. 몇 달 전 후세인은 작은아버지인 카이랄라의 교사를 받아 범아랍주의가 아닌 공산주의를 신봉하는 타크리트의 일족 중 한 명을 죽인 적이 있었다. 이 일로 카이랄라는 조카가 수감되어 있던 감옥으로 이송되었는데, 그곳에서 두 사람은 밤새도록 술을 마시고 노래하며 재회를 했다. 며칠 후 당시의 정치적 혼란과 군에 있던 카이랄라의 친구들 덕분에 카이랄라와 그의 조카 후세인은 감옥에서

무사히 풀려나올 수 있었고 수사도 중단되었다.

그러나 지금 동료 요원들과 함께 바그다드 거리에 서 있는 후세인은 그때처럼 단순히 변절한 일족을 살해하려는 것이 아니었으므로 그토록 긴장하는 것도 당연한 일이었다. 그날 카셈 장군은 동독 대사관에서 있을 회의에 참석하기 위해 가는 길이었다. 그가 탄 차가 막 상가와 노천 카페가 즐비한 알 라시드 거리를 내려가고 있었다. 후세인은 원래 동료 암살요원들을 엄호하도록 되어 있었다. 그러나 한 이라크 공식 선전문에는 그 사건과 관련해서 이런 구절이 있다.

"사담은 독재자(카셈 장군)의 얼굴을 직접 본 순간 충동을 억제할 수 없었다. 그는 당의 지시사항을 모두 잊은 채 곧바로 총을 쏘았다."

이 선전물은 후세인의 충동적 행동에 찬사를 보내고 있으나 엄밀히 말하자면 바트당의 암살 시도는 사담 후세인의 자제력 없는 행동 때문에 실패했다고 말할 수 있다. 후세인의 총알 세례에 카셈의 운전기사와 경호원 한 명이 즉사하고 장군의 차는 총알로 벌집이 된 채 거리를 빠져나갔다. 길가의 보석 가게와 식당 유리벽이 모두 깨지고 카셈 장군도 중상을 입었다. 그러나 사담의 급작스런 충동으로 인해 다른 세 명의 요원들은 미처 총을 쏘지도 못했고 그 사이 살아남은 카셈 장군의 경호원들은 사태를 파악하고 재빨리 대응할 수 있었다. 카셈 장군의 경호원들은 계속해서 총을 쏘며 지나가는 차를 붙잡아 카셈 장군을 안전하게 그 속으로 밀어넣었다. 이런 혼란스런 상황 속에서 사담과 다른 암살요원들은 도망치면서 서로가 쏜 총에 맞아 부상을 입었다.

사담 후세인에게 있어 이 암살기도 사건은 그의 남은 일생에서 중요한 의미를 지니게 된다. 이 사건이 있은 지 몇 년 후 후세인은 요르단의 후세인 왕에게 자신은 암살 시도 때 있었던 총격전에서 이미 죽은 것이나 다름없었다고 말해 이 사건이 그에게 심리적으로 얼마나 큰 영향을 미쳤는지를 내비쳤다. 암살기도 사건 이후 운명론자가 된 후세인은 남은 세월을 신이 선물로 준 것으로 받아들였고 아무것도 두려워하지 않게 되었다.

이러한 후세인의 개인 감정과는 무관하게 카셈 장군 암살기도 사건은 그의 경력에 크나큰 전환점이 되었다. 후세인은 이라크를 떠나고 싶지 않았으나 어쩔 수 없이 이집트로 도망쳐야 했다. 후세인이 이집트에서 보낸 시간은 그의 정치교육적 측면에서 볼 때 매우 중요한 시기였다. 비록 카이로에서 지내면서 스물네 살에 이르도록 고등학교도 마치지 못했지만 그는 나세르의 정부개혁이 어떻게 이루어지고 있는지 이집트에 있는 동안 직접 확인할 수 있었기 때문이다.

암살 시도 직후 후세인이 제일 먼저 해야 했던 일은 붙잡히지 않도록 변장하고 이집트로 무사히 빠져나가는 일이었다. 베두인(Bedouin, 사막에서 유목 생활을 하는 아라비아인—옮긴이) 복장을 한 후세인은 말을 타고(자동차를 타면 사람들의 눈에 더 잘 띄었기 때문이다) 바그다드 시외로 빠져나가 고향으로 향했다. 다리에 부상을 입은 채—그는 자신의 손으로 다리를 찢어 박힌 총알을 뺐다—암살자를 쫓는 군대와 감시망을 피해 4일 동안 거의 아무것도 먹지 못한 채 여행을 계속했다. 후세인은 고향집이 가까와질수록 점점 지쳐갔다. 고향 마을과 그리 멀지 않은 알 도우리라는 곳에서 티그리스 강을 건너려 했으나 뱃사공이 시간이 너무 늦었다며 건너기를 거부하자 후세인은 말을 버리고 혼자서 강을 건넜다. 차가운 물 밖으로 나온 그는 흠뻑 젖은 몸으로 추위에 떨며 비틀비틀 걸어갔다. 그날 밤 한 마을 사람이 그를 재워주었으나 이튿날 주인이 후세인을 의심하자 그는 힘있는 일족의 이름을 대며 주인의 입을 다물게 한 뒤에야 그 집에서 나올 수 있었

다. 천신만고 끝에 마침내 고향집에 당도한 그는 가족들의 도움으로 국경을 넘어 시리아까지 갈 수 있었다.

시리아의 수도 다마스쿠스에서 석 달간 지내며 후세인은 바트당 요원들도 사귀고 후에 그의 유력한 후원자이자 보호자가 되는 미첼 아플라크(Michel ʿAflaq, 1910~1989)도 만나게 된다. 바트당의 창설자이면서 신비한 매력을 지닌 정치가였던 미첼 아플라크는 후세인을 높이 평가하여 타크리트의 평민 출신이었던 그를 정식 당원으로 받아들였으며, 그 후 수년 동안 후세인의 든든한 후원자가 되어 주었다.

한편 카셈 장군에게 대항하는 바트당 당원들을 높이 평가하고 있던 이집트의 나세르 정부가 이라크에서 망명한 바트당 당원들을 재정적으로 지원하자 후세인은 다마스쿠스에서 카이로로 이동하기로 결심한다.

하지만 후세인은 결코 나세르 같은 인물이 되진 못했다. 불 같은 성격에 설득력이 뛰어났던 이집트의 대통령 나세르는 군중들을 선동하여 합리성, 도리, 이치 같은 것들은 제쳐두고 자신을 신적인 존재로 바라보게 만드는 능력을 지니고 있었다. 후세인은 나세르의 통일정책에 대한 사람들의 반응을 지켜보고서, 현실을 약속으로 대신하거나 실패를 승리로 여기게 만드는 그의 능력을 활용했다. 나중에 이라크를 통치하게 된 후세인은 나세르가 했던 것처럼 일당지배체제가 잘 드러나지 않도록 의회를 이용했으며, 또한 나세르처럼 그에게도 원칙이라는 것은 권력을 위해 희생되어야 하는 것이었다.[13]

13_ 이를 보여주는 좋은 예로 1961년 카셈이 쿠웨이트를 접수하겠다고 윽박지르자(1991년 이라크의 쿠웨이트 점령 예고편으로) 이에 위협을 느낀 나세르는 사회주의자이자 범아랍주의자였음에도 보수적인 걸프 만의 왕국인 쿠웨이트를 구하기 위해 식민지 개척자였던 영국과 손을 잡는다. 이집트 독재자에게는 그의 범아랍주의 이념보다는 카셈 장군에 대한 증오심이 더 중요했던 것이다.

이집트에 있는 동안 후세인은 '안디아나'라는 카페에서 많은 시간을 보냈는데, 그가 이라크로 돌아간 후에 이곳에는 그가 갚지 않은 외상값과 길거리 다툼—격렬한 정치논쟁 후 후세인은 칼을 들고 반대 주장을 편 동료 학생을 쫓아가 카이로 거리에서 싸움을 벌였다—에 대한 기억만이 남아 있었다.

마침내 고등학교를 마친 후세인은 나세르 정부에서 나오는 장학금으로 카이로 대학에서 법학 공부를 했다. 하지만 1963년 바트당이 쿠데타를 일으켜 카셈 정부를 전복시키는 데 성공하자, 그는 공부를 중단하고 바그다드로 돌아왔다. 그리고 8년 후 후세인은 이라크에서 법학 학위를 받았는데, 바그다드 대학의 한 시험장에 네 명의 경호원들을 대동하고 나타나 책상 위에 아무렇지도 않게 총을 올려놓고 시험을 치러 감독관들을 놀라게 했다.

1963년 바그다드 시민들은 텔레비전에서 괴상한 광경을 목격하게 된다. 당시 이라크 내에는 바트당원들에게 붙잡혀 총살되었던 카셈 장군이 사실은 무사히 탈출하여 재기를 노리고 있다는 소문이 나돌고 있었다. 이런 소문에 종지부를 찍기 위해 바트 당원들은 이라크의 전 지도자의 시신을 텔레비전에 공개하면서 그의 참수된 머리를 클로즈업해서 보여주었다. 사람들이 새로운 사회주의 체제를 선포하며 열광적으로 소리를 질러대는 가운데 한 군인이 죽은 장군의 머리카락을 잡아들고서 그의 얼굴에 침을 뱉는 장면이었다. 이렇게 하여 사담 후세인이 속한 당은 정권을 쥐게 되었다.

사담 후세인이 이집트에서 돌아오자 곧 성대한 결혼식이 열렸다. 카이랄라 툴파는 딸 사지다를 자기의 부하와 결혼시켰고, 바트당의 승리로 그들의 기쁨은 배가 되었다. 시끄럽게 떠들고 마시는 속에서 한

점쟁이가 카이랄라 가족의 앞날에 엄청난 부귀영화가 있을 것이라고 예언했다. 후세인의 작은아버지인 카이랄라와 카이랄라의 아들 아드난 그리고 딸 사지라에게 이 예언은 분명한 현실로 드러났다.

사담 후세인이 권력을 잡자 그의 작은아버지는 바그다드의 시장이 되었고 무상으로 값비싼 대지를 갈취하여 엄청난 부를 축적했다(사람들은 이 노인의 요구를 거부하면 어떻게 되는지 잘 알고 있었다). 갈 곳 없는 어린 후세인이 알-오우자에서 타크리트로 처음 온 이후부터 늘 그의 곁에 있어온 후세인의 사촌이자 죽마고우인 아드난은 국방장관이 되고 사담과 결혼한 아내 사지다는 세상에서 가장 부유한 여자들 중 한 사람이 되어 한없는 사치심과 탐욕을 드러냈다.

그러나 만약 그 점쟁이 집시 여인이 더 멀리까지 내다보았다면, 남편이 새 부인과 사랑에 빠져 있는 동안 별궁에서 격분하여 울고 있는 사지다의 모습을 볼 수 있었을 것이다. 그리고 누구든 상관없이 후세인을 비방하는 사람들에게 일어났던 것처럼, 아드난이 헬리콥터 '사고'로 죽는 모습도, 아들의 장례식에서 한 남자—자신이 증오하는 법을 가르친 소년—를 향해 팔을 드높이 치켜올리며 영원한 복수를 다짐하는 카이랄라의 모습도 볼 수 있었을 것이다.

3. 자애와 폭력의 두 얼굴

1968년 이라크의 카르발라. 고대 도시의 하얀 벽에 검은 띠 장식을 이루며 그림자인지 사람인지 모를 무언가가 움직이고 있었다. 길거리 위로는 구름 한 점 없는 중동의 하늘이 펼쳐져 있었고 한낮의 뜨거운 태양볕이 내리쬐고 있었다. 꼬불꼬불한 길들과 좁은 골목길들은 쥐 죽은 듯이 고요했지만, 그것은 마치 금방이라도 무슨 일인가가 벌어 질 것만 같은 분위기를 자아냈다.

갑자기 소름끼치는 곡소리와 함께 날카로운 비명소리가 한꺼번에 터져나왔다. 검은 옷을 입은 수많은 여인들이 무아지경으로 찬송가를 부르는 남자들을 둘러싸고 양팔을 검은 날개처럼 벌린 채 통곡하고 있었다. 남자들은 앞으로 나가면서 끝에 칼날이 달린 사슬을 자신의 몸에 휘두르거나 아무것도 쓰지 않은 자신의 머리를 막대기로 때렸으 며, 그들이 밟고 지나가는 융단과 먼지투성이의 거리는 온통 피로 물들었다.

이날은 성스러운 순교자 후사인(al-Ḥusayn ibn ʿAli, 626~680)이 1,000년 전에 참수된 날이었다. 그러나 이들의 세계에서 과거는 결코 단순한 과거가 아니었다. 해마다 이슬람의 무하람제(Muharram, 이슬람력으로 정월에 거행되는 제사. 태양력으로는 10월 9~12일에 해당된다. 무하람이란 '신성한'이란 의미이며, 모하람(Moharram)이라고도 한다―옮긴이)를 올리는 달의 열흘째 되는 날이면 분리파인 시아파교도들은 그들의 선지자가 마치 방금 죽은 것처럼 애도했다. 이슬람 시아파의 두 성인인 알리와 후세인은 그들이 태어난 이곳 카르발라에서 여전히 사람들에게 말씀을 전하고 있는 것으로 여겨졌다. 전 세계의 수많은 순례자들―약 1억 3,000만 명이나 되는 시아파 신봉자들―이 기도를 하기 위해 이라크 남부에 있는 안나자프와 카르발라에 있는 성인의 묘소를 찾아오곤 했다.

아랍 세계에서 정통파인 수니파의 지배를 받는 이들은 소외되고 외면당하는 이교도들이었다. 그러나 이런 박해는 오히려 시아파교도들을 더욱 열렬한 신봉자로 만들었다. 풍부한 원유 덕택에 만족한 생활을 누리는 사우디아라비아의 수니파 아랍인들이나 걸프 지역의 수장국(首長國) 국민과 비교해볼 때, 시아파교인은 그들의 믿음을 위해 기꺼이 목숨을 내놓는 광신자들이었다. 서양의 기준으로 보면 시아파교인들은 이해할 수 없는 사람들이다. 아메리카와 유럽의 젊은이들이 세속적인 성공이나 위대한 업적 또는 사랑을 꿈꾸는 반면에, 시아파의 젊은 교도들은 순교를 꿈꾸었다.

공식적으로 이라크는 비종교국가이지만 그들의 정치적 현안을 이해하기 위해서는 이라크의 이슬람적 뿌리를 상당 부분 염두에 두어야 한다. 바그다드와 바스라에는 엄청난 시아파 빈민가들이 밀집되어 있으며, 이라크 남부 시골에도 시아파교도들이 많이 살고 있다. 그 중에서도 해변 습지대는 시아파교도들에게 매우 훌륭한 피난처였다. 제1차 세계대전 중 약 2만 3,000명의 영국인들이 이 지역에서 목숨을 잃자 그들은 티그리스 강의 수면보다 조금 낮은 이곳 습지대에 묘지를 조성했다. 묘비석은 푸른빛의 진흙탕 물 위로 그 머리를 겨우 내밀 정도로 습지에 잠겨 있었다. 당시 '이슬람의 목소리'라는 뜻을 지닌 '알 다와 엘 이슬라미야(Al Dawa El-Islamiyah)'라 불리는 시아파 저항군들은 영국군 정찰 헬리콥터가 그들 위를 날아다니는 동안 이곳 묘지 위에 자라난 갈대밭에 숨어 목숨을 부지할 수 있었다. 그들은 용감하고 지략이 있는 전사들로 절대로 죽음을 두려워하지 않았다. 이들의 힘은 신앙에서 비롯되었고, 이 신앙은 처음부터 끝까지 남았다.

물론 시아파도 수니파처럼 마호메트(Muḥammad, 570?~632)를 그들의 시조로 받아들이고 있다. 서기 570년 메카 강 유역의 쿠라이시 부족에서 태어난 마호메트는 간질병을 지닌 몽상가였다. 부유한 과부와 결혼한 그는 어느 날 대상 행렬을 이끌고 사막을 건너가던 중 자신에게 외치는 "전하라!"라는 소리를 듣게 된다. 이렇게 대천사 가브리엘은 예언자 마호메트에게 《코란》의 모태가 되는 내용을 한 장 한 장 전하게 된다. 이후 100년 동안 바그다드나 다마스쿠스와 같은 문명화된 대도시에 이 사막의 소리가 전달되고 마침내는 콘스탄티노플(지금의 이스탄불)에까지 새로운 신앙이 전파된다.

마호메트가 제일 먼저 해야 할 일은 메카의 우상들을 없애는 일이었다. 당시 사람들은 거대한 흑석으로 된 '카바'(Kaʿbah, 메카에 있는 이슬람 대사원의 작은 성소—옮긴이)에 세워져 있는 우상들을 숭배했는데, 마호메트가 직접 이 우상들을 파괴한 뒤 카바는 이슬람교도 제1의 성소가 되었다. 이 새로운 선지자는 세상에 신은 하나이며 진정한 신도들이라면 모두 최고의 경전인 《코란》의 가르침을 따라야 한다고 주창했다. 〔무슬림(Muslim)이라는 말은 '아라비아 문화를 따르는 사람' 이라는 뜻이다.〕 새로운 가르침에 따르면 선지자의 생활이란 사막에서의 거친 유목생활에 순응하는 단순하고 금욕적인 것이었다. 마호메트가 죽은 후 그의 후계자는 혈연이나 부가 아니라 적합한 자격에 준하여 부족의 법에 따라 선출되었다.

이슬람 초기에는 후계자 계승에 아무런 걸림돌이 없었다. '올바르게 인도된 칼리프(후계자라는 뜻과 함께 마호메트의 후손을 칭함. 또는 이슬람교 교주로서 터키 국왕 술탄의 칭호가 되기도 했으나 지금은 폐지됨—옮긴이)들은 시조와 같은 존재'라는 인식이 보편적으로 받아들여졌다. 당시의 민주주의 사회에서는 유목민으로서의 미덕이 부나 권력보다 우위를 차지했다.

그러나 제3대 칼리프인 우스만('Uthmān ibn 'Affan, 644~656 재위)시대에 이르러 다툼이 시작되었다. 단순한 부족민들의 신앙심이었던 '이슬람'은 제국의 표상이 되었고, 칼리프는 알라 신의 이름으로 부와 권력을 얻기 위해 전쟁을 서슴지 않았다.

마호메트의 사위인 알리('Ali, 656~661 재위, 제4대 칼리프)는 이렇게 '부패'하고 '세속적'인 우스만의 맞수로 부상하며 지도자로 나선다. 알리는 메카의 빈민들과 마호메트의 발 아래에서 직접 신앙을 배운 사람들을 대변하며 그가 생각하는 진정한 신앙을 되찾으려 했다. 그 와중에 칼리프 우스만은 살해되었으나 그의 죽음은 이슬람의 분열을 더욱 가중시켰다. 시조 마호메트가 가장 사랑했던 부인인 아이샤는 개혁자인 알리를 미워했으며, 우스만을 죽인 살인자들을 처벌하지 않는 비겁자라며 알리를 비난했다.

낙타의 등에 올라탄 아이샤가 진두지휘하는 가운데 베두인들이 싸움을 걸어왔고—시아파의 성인 전기에는 '낙타의 전쟁'으로 알려져 있다—이 싸움에서 알리는 승리를 거두지만 이것은 의미없는 싸움이 었다. 661년 알리는 그의 이상에 걸맞은 이슬람제국을 건설하지 못한 채 암살되고 말았기 때문이다. 죽기 직전 순교자 알리는 자기의 낙타가 꿇어앉는 곳에 자신을 묻어달라고 부탁했고, 이렇게 해서 이라크 나자프에 있는 그의 무덤은 시아파의 성지가 되었다.

알리의 차남이자 시조 마호메트의 손자인 후사인 또한 한 손에는 칼을, 다른 손에는 《코란》을 들고 순교했다. 그의 아버지처럼 후사인과 그의 추종자들도 복병에 의해 암살되었는데, 시아파 교리에는 이들의 죽음이 향락에 물든 속세와 부패한 세상에 대항한 성스러운 것이었다고 묘사되어 있다. 시아파는 고통과 배반 그리고 순교와 구원의 믿음이었다. 시아파교도들에게 가장 성스러운 곳은 타협하지 않는 순수한 이상을 지키며 모진 역경과 싸운 자들의 성소인 것이다.

이러한 고대의 종교적 믿음은 1960년대 다수의 시아파교도들을 지배한 흉포한 바트당 사회주의자들의 철학과 평행선을 이루었다. 사담 후세인을 다시 이집트로 돌아오게 한 바트당의 1963년 첫 쿠데타는 엄청난 유혈 폭력사태를 불러왔으나 바트당은 정권을 잡은 지 9개월 만에 다시 권좌에서 내려오게 된다.

시아파교도들이 바트당을 물리치고 쿠데타로 정권을 장악한 뒤, 왕궁 지하감옥에서는 바트당원들이 저질렀던 만행이 여실히 드러났다. 한 영국 기자는 다음과 같이 그들의 잔인함을 묘사했다.

"집게 달린 전깃줄이 고문에 동원되었고, 죄수들이 앉았던 의자에는 쇠꼬챙이들이 꽂혀 있었다. 그곳에 있는 한 고문 기계에는 아직도 손가락을 절단했던 흔적이 남아 있었다. 피 묻은 옷가지들이 한쪽에 쌓여 있었고 마룻바닥과 벽에는 핏자국이 선명했다."

바트당의 첫번째 집권이 오래 가지 못했던 이유는 그들이 진압한 강도가 약했기 때문이 아니었다. 정작 그 원인은 당내분열과 숙청과정에서 지도력이 흔들렸기 때문이었다. 이라크의 새 시아파 대통령이 취임한 지 얼마 되지 않아 세상을 떠나자, 그의 동생 아브드 아르 라만 아리프가 그의 뒤를 이었다. 그러나 이 두 대통령은 정치무대에서 그다지 두각을 드러내지 못한 인물들로, 그들은 어떤 강한 목표의식 없이 불만족스럽더라도 그저 현 상태를 유지하려고만 했다.

한편 사담 후세인을 포함해 정권을 빼앗긴 바트당원들은 지하에 숨어 지냈다. 얼마 동안 그렇게 지내다가 사담 후세인은 반(反)바트당 요원들에 의해 발각되었고, 열두 시간에 걸친 총격전 끝에 붙잡혔다. 사담 후세인은 동료들과 함께 2년을 감옥에서 보내다가 마침내 탈출에 성공한다. 그 후 후세인은 바트당의 정권탈환 음모를 도모할 날만을 손꼽아 기다리며 도피생활을 계속해야만 했다.

1967년 전쟁에서 이스라엘이 승리하자 이라크 군중들은 폭동을 일으켰으며, 심지어는 바트당원이 아닌 장교들까지도 나약하고 우유부단한 지도세력에 불만을 품었다. 이런 상황 속에서 1968년에 일어난 바트당의 제2차 쿠데타는 유혈사태 없이 순조롭게 성공을 거두고, 사담 후세인의 사촌이자 육군 고위급 장교였던 아메드 하산 알-바크르는 사담 후세인에게 새 정부의 공안 조직을 맡긴다. 1958년에 왕정이 무너진 이후 10년 동안 이라크에서는 네 차례의 쿠데타가 일어나 성공을 거두었고 그밖에도 수없이 많은 쿠데타가 일어났으며 그 사이에는 대량학살과 폭동이 일어났다. 그러나 이제 바크르의 명망 그리고 사담의 폭력성과 경계심을 등에 업고 바트당은 이라크의 안정을 도모하는 지배층이 되었다.

이렇듯 그들이 이라크의 안정을 도모하는 과정에서 반대로 수십만 명의 공산주의자와 좌익세력, 시아파 그리고 쿠르드인들은 단지 정부 체제에 불만을 가졌을 것이라는 이유로 붙잡혀 고문을 당해야만 했다. 특히 이라크의 유대인들은 '시오니스트(팔레스타인에 유대 국가를 세우려는 자들—옮긴이) 첩자'로 낙인찍혀 고문의 대상이 되었는데, 광분한 폭도들은 촛불행진을 하며 이들을 끌고 다니다가 교수형에 처했다. 과거에 정부요원이었던 사람들을 재판하는 날에는 참혹한 광경이 벌어지곤 했는데, 심하게 고문당한 죄수들이 자백하는 모습을 지켜보려고 머나먼 시골에서 농부들이 몰려오는 촌극이 빚어지기도 했다.

소위 '공안부'로 불리던 정부 부처에서 승진하려면 관리들은 철저히 자신을 버리고 포악해져야만 했다. 후세인이 매우 신임했던 부하인 나드힘 하즈르는 그의 '심문' 능력을 인정받아 진급할 수 있었다. 그는 심문할 때 담뱃불을 죄수의 눈에 비벼서 껐다(그러나 하즈르 자신도 후세인과 그의 사촌을 배반했다는 이유로 1973년 처형대에서 비참한 최후를 맞았다).

이 당시의 후세인 사진들 중에는 열 살 된 딸아이의 곁에서 후세인이 바늘과 실을 들고 딸아이의 레이스가 달린 파티복 소매를 꿰매어주는 모습을 찍은 사진이 있다. 이외에도 해변에서 어린 아들 우다이와 함께 있는 모습, 알-하바니야 호숫가에서 우다이에게 사냥법을 가르쳐주는 모습을 담은 사진들도 있다. 이런 사진들에 나타난 후세인의 표정은 오로지 자애로운 아버지의 얼굴, 바로 그것이었다. 그가 이후 30년 동안 이라크 사람들을 노예로 만들 욕망의 괴뢰, 지하즈 하닌[14]의 총수가 될 어떠한 기미도 이런 사진들 속의 후세인에게는 찾아볼 수 없었다.

14_ 사담 후세인의 적대자들을 고문하고 살해하던 비밀기관.

1979년에 이르기까지 후세인은 그의 역량을 충분히 발휘했다. 그에게 더 이상 사촌 알-바크르의 군사력은 필요치 않았다. 후세인이 지휘하는 비밀조직의 엄청난 세력에 밀린 바크르는 순순히 지도자의 자리에서 내려와 오직 후세인만이 모든 세인의 주목을 받게 해주었다.

그 이후 10년 동안—1980년대—'죽음'이 이라크 전역을 휩쓸었는데, 강도에 있어서는 무차별적인 학살과 약 30만 명에 이르는 쿠르드인들의 강제추방이 있었던 1970년대의 공포가 무색할 정도였다.

1979년 이란의 샤(Shāh, 이란 왕의 존칭―옮긴이)가 혁명으로 물러나자, 이웃나라의 국력이 쇠하고 정세가 어지럽다고 판단한 후세인은 호전적인 자들의 말에 고무되어 이란을 공격하기로 결심한다. 후세인의 아첨꾼들은 이 전쟁이 한 달 이상 걸리지 않을 것이라고 호언장담했으나, 그 한 달은 8년이 되었고 수백만 명이 목숨을 잃었다. 중동의 역사에서 이 전쟁은 가장 피를 많이 흘린 전쟁으로 기록되었다.

4. 패배의 순간에도 연출의 묘를…

나는 그 무시무시한 생화학무기들에 대한 걱정으로 잠을 이루지 못했다.
— 사우디아라비아의 파드 왕

다음은 이란 – 이라크 전쟁 당시의 두 장면을 묘사한 글이다.

첫번째 장면.

1982년 5월 이란 호람샤르 변방의 평야지대. 1년 전 전쟁이 시작된 지 약 한 달 만에 이란의 대도시 호람샤르는 이라크에게 함락되었다. 혁명 뒤의 혼란과 무질서 상태에 있던 이란인들은 사담 후세인의 맹공격에 대처할 준비가 되어 있지 않았다. 그러나 이제 이란 혁명의 지도자인 아야톨라 호메이니(Ruhollah Khomeini, 이란의 시아파 종교지도자—옮긴이)가 이라크의 공격에 화답한다.

십 대로 보이는 이란의 어린아이들이 지뢰밭 가까이에 세 갈래로

나뉘어 무리지어 서 있었다. 한 사람이라도 두려움에 휩싸여 갑자기 달아나는 일이 없도록 그들의 손에는 수갑이 채워져 있다. 신호가 울리고 아이들은 천천히 그리고 조심스럽게 앞으로 나아가기 시작했다. 그들의 얼굴은 환희로 빛나고 있었다. 아이들은 이란 혁명 친위대 장교가 나누어준 나무로 된 열쇠를 목에 걸고 있었는데, 호메이니가 고안한 이 열쇠들은 아이들이 죽음과 함께 천국의 축복을 받게 된다는 증표였다.

지뢰 제거 기술자가 부족했던 호메이니는 곧 이 지뢰밭을 지나게 될 소중한 탱크가 무사하도록 이란의 십 대 아이들을 지뢰 제거에 이용하고 있었다. 아이들은 그들에게 영광스럽게 순교할 기회를 준 신을 찬양하면서 차례대로 온몸이 갈기갈기 찢겨나갔다. 아이들의 부모는 곧 순교자의 벽에 죽은 아이의 이름을 휘갈겨 쓸 것이고, 너무 어려 함께 순교하지 못한 어린 남동생들은 수도 근처의 거대한 묘소를 찾아가 자신이 선택받지 못한 것을 한탄할 것이다.

두번째 장면.

1982년 전쟁이 벌어지고 있는 이라크 바스라 외곽지대. 이라크의 군사들이 이란 땅에서 밀려난 상황에서 이란 군사들은 이라크 남부 수도 근처에서 선전을 하고 있었다. 후세인이 전장에 당도했을 때는 어려운 전투가 그의 코앞에서 벌어지고 있었다. 후세인은 아들 우다이에게 이란군을 공격하라고 지시한다. 그러자 한 장군이 신파조의 목소리로 우다이에게 그런 위험한 임무를 맡겨서는 안 된다며 간청한다. 이를 무시하고 우다이는 전투비행기에 올라 미사일을 발사한다(그러나 이 미사일들은 이라크 군대를 맞춘 것으로 나중에 드러났다). 그러나 이 모든 전시 상황은 하나의 선전물로 언론과 사진기자에게 보이기 위해 짜여진 사기극에 불과했다.

앞의 두 장면은 '이란―이라크 전쟁'의 진정한 모습을 집약적으로 보여주고 있다. 사담 후세인에게 이 전투는 하나의 기회였다. 즉 이란 혁명은 그가 이란의 영토를 빼앗음과 동시에 걸프 지역 국가들(페르시아 만 연안 8개국: 이란, 이라크, 쿠웨이트, 사우디아라비아, 바레인, 카타르, 아랍에미리트, 오만) 사이에서 우위를 점할 절호의 기회가 되었고 야수로 탈바꿈한 이라크 국민들을 이 불행한 싸움 속으로 몰아넣었던 것이다.

한편 분리파인 시아파 이란인들에게 이 전쟁은 이교도들과 싸우는 성전(聖戰)을 의미했다. 이라크의 공격을 받은 후 그들은 시아파 종교 지도자인 호메이니 뒤에서 힘을 뭉쳤다. 사담 후세인은 이 전투를 '아랍 국가 대 비아랍 페르시아인'의 싸움으로 명시하면서 '이라크 아랍인 대 시아파의 싸움'으로 몰고가는 호메이니의 주장을 약화시키려 했다. 반면에 호메이니는 이라크 내의 핍박받는 시아파교도들뿐만 아니라 걸프 수장국의 가난한 시아파 노동자들에게도 혁명을 통해 전 아랍세계에서 부패하고 세속화된 지배세력을 몰아낼 것을 촉구했다.

이렇듯 양자는 자신의 입장에 유리한 모든 문화, 종교 그리고 국민감정적 요인들을 총동원했다. 따라서 '적의 적은 동지'라는 변치 않는 원칙 아래 그 어느 때보다도 복잡한 동맹구도가 형성되었다. 한 예로 시리아의 아랍 바트당원들은 이라크의 아랍 바트당원 쪽이 아닌 비아랍 이

아야톨라 호메이니 | 이란의 시아파 종교지도자로 1979년 이란 혁명을 주도했고 이란이슬람공화국을 성립시킴으로써 이후 10년 동안 이란 최고의 정치적·종교적 권위를 행사했다.

란의 편에 섰다. 즉 비종교적 아랍 국가가 이슬람 원리주의의 비아랍 국가를 지지한 것이다. 이는 시리아의 아사드(Hafiz al-Assad, 시리아의 대통령(1971~2000)—옮긴이)와 이라크의 사담 후세인이 국가적 분쟁들을 사이에 두고 서로 반목하고 있었기 때문이다. 이와 비슷한 예로 전쟁 중 가장 곤경에 처한 시점에 사담 후세인은 자신의 적 중의 적인 이스라엘에게 군사적 원조를 요청했다가 거절당했다. '이란 – 이라크 전쟁'은 속이 텅 빈 가식적인 이데올로기와 불분명한 정체성을 여지없이 드러낸 사건이었다.

이 전쟁이 무의미한 것이었음을 집약적으로 보여주는 상징물이 바로 이란과 이라크 양자가 모두 그 권리를 주장하는 '금싸라기 지역', 즉 '샤트알아랍'(Shatt al-Arab, '아랍인의 강'이라는 뜻—옮긴이)으로 불리는 걸프 해역과 내륙을 잇는 해상무역의 통로이다. 1970년대에 이란의 샤 팔레비는 이 해상로를 얻기 위해 이라크의 쿠르드족을 재정적으로 지원하고 무기를 보내 이라크의 세력을 약화시키고, 사담 후세인으로 하여금 이 해상로에 대한 권리를 포기하도록 강요한다.[15]

1980년 사담 후세인은 이란과의 협정을 파기하고 첫 전쟁으로 샤트알아랍 건너편의 이란을 공격한다. 그리고 전쟁이 끝나갈 무렵 그는 수백만 명의 희생자를 냈음에도 불구하고 이 해상로를 얻었다면서 전쟁에서 승리했다고 주장했다. (놀랍게도, 아니 우습게도 '쿠웨이트 전쟁'을 치르면서 사담 후세인은 이란이 중립을 지켜주길 원하면서 그렇게도 탐내던 이 해상로에 대한 권리를 포기한다.)

15_ 1970년대 사담 후세인은 그의 적인 아야톨라 호메이니에게 피난처를 제공하는 모순된 태도를 취한다. 당시 사담 후세인과 적대적 관계에 있던 이란 국왕과 호메이니의 사이가 안 좋아지자 후세인은 호메이니가 프랑스로 떠나기 전까지 이라크의 시아파 성도에서 지내도록 해준다. 1979년 호메이니는 이란 국왕을 무너뜨리기 위해 프랑스에서 이란으로 귀국한다.

해상로에 대한 후세인의 이러한 집착은 부분적으로 '지세(地勢)가 이라크의 적'이라는 그의 전쟁 초기 때부터의 생각에서 나온 것이었다. '지형, 지세'라는 카드는 사담 후세인이 일을 풀어나가는 데 아주 큰 걸림돌이었는데, 왜냐하면 모든 지형적 유리함, 즉 전략적 이점들이 이란 쪽에 있기 때문이었다. 그 예로 바그다드는 이란과의 국경지대에서 불과 70마일 떨어져 있었고 바스라는 13마일 떨어져 있어서 이란의 공격을 받기 쉬웠던 반면에, 이란의 광활한 대륙은 전략적 요충지로 손색이 없어 전시에 방패막이가 되어주었다. 게다가 이란의 경우 원유를 운송할 수 있는 해안이 1,300마일에 달했지만, 거의 육지로만 둘러싸인 이라크의 경우에는 겨우 20마일 정도의 좁은 해안과 적의 땅 속에 묻힌 수송관이 전부였다(시리아는 전쟁 중에 이라크의 수송관을 막아버렸고, 이 때문에 사담 후세인은 하루에 3,000만 달러를 지불해야 했다).

이렇듯 여러모로 이란이 지형적으로 유리한 조건에 있었기 때문에 사담 후세인은 자신만의 비자연적인 무언가를 이용해 맞설 수밖에 없었다. 즉 원유를 팔아서 과학적인 죽음을 거둬들인다는 발상으로 이른바 화학무기인 이페릿(mustard gas, 발포성 독가스—옮긴이), 시안화칼륨(cyanide, 청산가리), 그리고 VX 신경가스(피부, 폐를 통해 흡수되는 치명적인 독가스—옮긴이) 등이 바로 그것이었다. 화학무기는 위협만으로도 대단한 것이었다. 8년간 광신적인 이란 순교자들이 이라크 부대에 타격을 가하고 시가전, 해상전, 모스크(이슬람 사원)에서의 성전, 은행 간의 재정싸움이 이어지지만 이들은 모두 결정적인 것이 될 수 없었다. 마지막으로 사담 후세인은 테헤란을 향해 끔찍한 최후의 일격을 준비한다. 파괴의 강도를 높이기 위해 유리파편 비산 폭탄을 대동한 엄청난 파괴력의 독가스 탄두 미사일들로 테헤란을 무차별 폭격한다

는 계획이었다.

사담 후세인의 의도대로 이러한 계획이 널리 퍼지고, 나이 든 아야톨라 호메이니는 기도를 올리던 중에 이 소식에 접한다. 사담 후세인이 무너지기 전까지는 절대 약해지지 않을 거라 맹세했던 호메이니도 사담 후세인의 잔인한 계획에 마음이 흔들리고 결국 이라크와의 협상을 받아들이게 된다.

피로스의 승리(기원전 279년 에피루스의 왕 피로스가 큰 희생을 치르고 로마군으로부터 얻은 승리―옮긴이), 말하자면 득보다 실이 많은 승리에 사담 후세인은 크게 기뻐하면서 국가적 정체성의 근원을 찾고 국민적 자존심을 높이기 위해 이라크 고대 전사들에게 관심을 돌렸다. 그는 메소포타미아(Mesopotamia, 티그리스 강과 유프라테스 강 사이의 높은 땅이라는 뜻의 그리스식 지명) 통치자들의 무덤을 다시 짓는다. 수백만 개의 벽돌에는 다음과 같은 비문이 새겨졌다.

'네부카드네자르(Nebuchadnezzar II, 기원전 630?~562, 신바빌로니아의 왕―옮긴이)시대의 바빌론(바그다드의 남쪽 80킬로미터 지점에 있는 메소포타미아의 고대 도시로 '신의 문'이라는 뜻―옮긴이)이 후세인시대에 재건축되다.' 네부카드네자르 또한 유대인과 페르시아인들을 노예로 삼았던 왕이었으므로 사담 후세인은 그와 꼭 닮은꼴이었다.

승리의 축제가 열리고 레이저 광선을 하늘에 쏘아 만든 후세인의 모습이 바빌로니아 폭군들의 영상 위에 겹쳐졌다. 그들의 모습은 불가사의할 정도로 닮아 있어서 그 섬뜩함에 탄성이 절로 나올 정도였다.

거대한 개선문이 바그다드에 세워졌다. 사담 후세인의 팔 모양을 본떠 만든 거대한 두 기둥은 40피트 높이로 그 끝에서는 철제 사브르(기병대 칼)가 십자모양으로 교차하고 있었다. 이라크 병사들이 죽은 이란인들의 헬멧들로 가득 찬 그물을 끌면서 문 아래로 보무도 당당히 행진했다.

그러나 성대한 승전기념행사가 끝나고 나자 이라크 국민들은 곧바로 끔찍하고 냉엄한 현실로 돌아와야만 했다. 이란과의 종전은 바로 쿠웨이트와의 전쟁으로 이어졌다. 그리고 이제 전장에서 돌아온 수백만 명의 이라크 군인들을 기다리는 것은 극도로 궁핍한 생활뿐이었다. 더구나 3,000억 달러 규모의 원유를 보유한 부유한 나라 이라크는 이웃나라들에게 7,000억 달러나 되는 부채를 안고 있었으며, 이 나라가 이 부채를 언제 갚을지도 알 수 없는 노릇이었다.

8년 동안 매일 살인과 폭력을 보고 살아온 군인들은 민간인으로 돌아간 뒤에도 송장이 즐비했던 전장의 기억을 잊을 수는 없었으며, 피에 굶주린 이들은 결국 내부의 끓어오르는 욕망을 외국인 노동자들에게 풀었다. 그러나 이같이 병든 이라크 사회의 모습은 처음에는 수수께끼 속에 가려져 있었다. 이집트 노동자들의 시신이 담긴 수천 개의 관들은 아무런 설명도 없이 이라크에서 카이로로 옮겨졌다. 북쪽에서는 쿠르드인들이, 남쪽에서는 시아파교인들이 끊임없이 동요하며 폭동을 일으켰으나, 이는 곧 야만적이고 무자비한 무력에 의해 진압되고 말았다.

그런데도 대국민 연설을 통해 사담 후세인은 사람들의 불만을 다른 방향으로 돌렸다. "부유한 사우디아라비아인들과 걸프 지역의 교주들이 돈 이외에 기여한 것이 무엇입니까?" 하고 후세인이 물었다. "그리고 여태껏 여러분이 감내해온 고통 뒤에 따라온 돈이란 것이 도대체 뭐란 말입니까?" 전후 황폐해진 이라크를 재건하기 위해 쿠웨이트와 사우디아라비아에 수십억 달러를 요구한 후세인은 또 다음과 같이 물었다. "광신적인 이란인들이 이 전쟁에서 이겼다면 과연 이웃나라들은 지금 어디에 서 있겠습니까?" 선전과 수사의 달인인 사담 후세인

은 항상 아라비아의 백만장자 왕족들을 의족도 살 수 없을 정도로 가난한 이라크 병사들과 대비시켰으며, 군중들은 언제나 그의 뜻대로 움직였다.

폭력과 억압의 순환은 이처럼 끊임없이 반복되었다. 쿠웨이트 침공과 그 영향은 사담 후세인이 이미 수백 번도 넘게 연주했던 곡의 변주곡이나 다름없었다. 연주자들—시아파, 수니파, 쿠르드족, 바트당원—도 똑같았으며, 동원된 요소들—전술, 목표, 탐욕, 증오의 힘—도 언제나 비슷했다.

그러나 이러한 변주곡에는 언제나 그 상황에 들어맞는 새로운 국면이나 냉소적 의견이 새로운 장식물로 첨가되었다. 한 예로 미국 군대가 사우디아라비아를 보호하기 위해 진주하자, 사담 후세인은 유대인 여군들이 카바 성소에 생리혈이 묻은 누더기를 던져 신성한 메카를 모독하고 있다는 말을 퍼뜨렸다. 그리고 화학무기를 찾기 위해 유엔 조사단이 이라크에 들어왔을 때는 유엔의 제재로 인해 죽은 아기들의 시체를 그 외국인들에게 떠안기며 울부짖는 이라크 엄마들을 보여주었다. 포악하고 야만적인 사담 후세인은 사람들을 분개하게 하고 진저리치게 하는 고전적인 이미지를 동원해 패배자의 절망을 교묘히 연출하였다.

5. 죽음의 궁전에 놓일 마지막 기념품

1356년 타크리트. 태멀레인(Tamerlane, 1336~1405, 이슬람교를 신봉하는 투르크인 정복자 티무르의 별칭—옮긴이)은 몽골족 유목민들을 이끌고 바그다드로 가던 도중 이곳에 들러 마을의 성채를 쑥대밭으로 만든다. 마을을 지키려는 사막의 전사들을 전멸시킨 후 그는 파괴의 흔적을 남기기 위해 사람의 해골로 피라미드를 쌓아놓은 뒤 이곳을 떠난다.

그로부터 600년 후 타크리트. 사담 후세인은 태멀레인의 피라미드 그늘이 깔린 폐허가 된 성채에서 유치한 놀이를 시도한다. 후세인은 이른바 카스르 알 니하야(죽음의 궁전)를 세우고자 하는 것이다. 그것은 화학무기로 죽은 쿠르드인들, 8년간의 이란-이라크 전쟁, 쿠웨이트 침공, 나자프와 카르발라에서 자행한 시아파 대학살 및 그들의 성지에 대한 신성모독 등 자신이 저지른 잔인함과 극악함을 기리는 기념탑이다. 그들은 실제로 태멀레인에 버금가는 기념물을 세우고 있는 셈이었다.

이제 남은 한 가지 질문, 언젠가 후세인이 조용한 한밤중에 자문해 보아야 할 질문은 그 피라미드에 놓일 마지막 해골이 혹시 자신의 것이 되지는 않을까 하는 것이다.

|감사의 글 |

먼저 호의와 열정을 가지고 이 책의 출간을 위해 노력해준 크리스타 스트로에버에게 감사의 말을 전하고 싶다. 미루어 짐작컨대 그녀는 이 책의 평판에도 많은 기여를 할 것이 틀림없다.

또한 열정적으로 여러 가지 멋진 제안을 해준 스티븐 S. 파워에게도 감사의 뜻을 전하고 싶다.

《폭군들》은 사실 노아 루크만의 아이디어로 만들어진 책이다. 그는 문학 분야에서 절대군주 행세를 해도 될 만큼 탁월함을 지니고 있는 분으로 필자가 어느 날 폭군 이반(필자는 그가 폭군 이반과 자신을 동일시하고 있지 않나 생각했다)에 관해 이야기하고 있을 때 이 책을 구상해주었다.

내게 정신적인 통찰력을 제공해주었던 브렌다 쇼사나 박사, 심리학적 견해를 피력해주었던 리어 콘 박사에게도 많은 빚을 졌다. 또한 세상에 잘 알려져 있지 않은 희귀하고도 생생한 정보들을 추적하는 데는 비비안 헬러 박사의 덕을 입었다. 콘스탄스와 존 스케젤 그리고 마크 로버츠는 내 길을 흔들리지 않고 가는 데 도움을 주었고 마틴 코언은 한 작가로서 갖춰야 할 품성과 관련해서 깊이 있는 이야기들을 들려주었다. 프란 플라베는 솔직한 비평과 함께 열정적인 관심을 쏟아주었다. 이 책의 제목을 정해준 마우라 스피걸에게도 감사한다. 그는 '아깝게 실패하고 만 전제군주'와도 같은 사람이다. 이전부터 이 책과 관련해서 많은 생각을 해온 로셀 거스타인에게도 감사의 뜻을 표하고 싶고 마지막으로 스탈린에 관해 많은 정보를 제공한 라비 엘리 실버스타인에게도 각별한 감사의 말을 전한다.